HULIANWANG ZENME LE

互联网怎么了？

马克·波斯特 著
易 容 译

河南大学出版社
中国·郑州

Copyright 2001 by the Regents of the University of Minnesota

All rights reserved. No part of this publication may be reproduced, stored in a retrieval system, or transmitted, in any form or by any means, electronic, mechanical, photocopying, recording, or otherwise, without the prior written permission of the publisher.

Published by the University of Minnesota Press

Poster, Mark, 1944–
    What's the matter with the Internet? / Mark Poster.
      p.   cm. — (Electronic mediations ; v. 3)
    Includes bibliographical references and index.
    ISBN 0-8166-3834-9 (HC : alk. paper) — ISBN 0-8166-3835-7 (PB : alk. paper)
    1. Internet—Social aspects. 2. Culture. I. Title. II. Series.
HM851 .P67   2001
306.4'6—dc21   00-012951

Printed in the United States of America on acid-free paper

The University of Minnesota is an equal-opportunity educator and employer.

本书中文版由明尼苏达大学出版社
授予河南大学出版社独家出版发行。
版权所有,不得复制。

著作权合同登记号:图字 16－2010－68 号

图书在版编目(CIP)数据

互联网怎么了?/[美]马克·波斯特著;易容译.－2 版.
－郑州:河南大学出版社,2017.3
ISBN 978-7-5649-2784-4

Ⅰ.①互… Ⅱ.①马…②易… Ⅲ.①互联网络—社会影响—研究 Ⅳ.①C913 ②TP393.4

中国版本图书馆 CIP 数据核字(2017)第 068587 号

Mark Poster:*What's the Matter with the Internet?*
(Electronic mediations;v. 3)
Copyright ⓒ 2001 by the Regents of the University of Minnesota
All rights reserved.
Published by the University of Minnesota Press

书　　　名	互联网怎么了?
著作责任者	[美]马克·波斯特　著　　易　容　译
责 任 编 辑	靳开川
责 任 校 对	张　珊
封 面 设 计	翟淼淼
出版发行	河南大学出版社
	地址:郑州市郑东新区商务外环中华大厦 2401 号　邮编:450046
	电话:0371-86059701(营销部)　　　　网址:www.hupress.com
排　　版	郑州市今日文教印制有限公司
印　　刷	河南省瑞光印务股份有限公司
版　　次	2017 年 3 月第 2 版　　　　　印　次　2017 年 3 月第 2 次印刷
开　　本	787mm×1092mm　1/16　　　　印　张　13.25
字　　数	215 千字　　　　　　　　　　定　价　35.00 元

未经许可,不得以任何方式复制或抄袭本书之部分或全部内容。
版权所有,侵权必究
(本书如有印装质量问题,请与河南大学出版社营销部联系调换)

在一种新的虚拟结构(图景)中,一名正统的犹太人将手机贴着他们的圣地——哭墙,以便让一个远方的朋友进行祷告。利娜·卡斯特诺娃(Rina Castelnuovo)摄,《纽约时报》(*New York Times*)图片。授权使用。

致　　谢

　　书虽然署的是作者的名字,但其实是某个领域内许多学者愉快合作的成果。许多人对我的书中的章节提出了看法——有人听取了我的陈述,提出了问题。我的加州大学欧文分校的同事,尤其是批判理论研究所的同事,在一种非同寻常的大学氛围中,仔细审读了我的作品;1997年加州大学人文研究所的"媒介与国家"学术研讨会,凯瑟琳·海勒斯给我提出了大量不失犀利的修改建议,其中有些建议使我免犯离奇的错误;我的编辑道格拉斯·阿曼托、萨缪尔·韦伯,我的朋友琼·维纳,他充分阅读了我的作品,并给予了评论;最后还有阿内特·辛利特,他带着热情的心意和无情批判的眼光阅读了这些书页——对此,我受益良多。

目　录

探询和研究马克思身后的马克思主义
　　——写在《国外文化理论研究丛书》付梓之际 ……（ 1 ）

译者序 …………………………………………………………（ 1 ）

第一章　文化的不确定性 ……………………………………（ 1 ）
第二章　技术之存在 …………………………………………（ 19 ）
第三章　资本主义的语言学转向 ……………………………（ 35 ）
第四章　数字化主体与文化理论 ……………………………（ 53 ）
第五章　模拟作者与数字化作者 ……………………………（ 71 ）
第六章　国家、身份与全球化技术 …………………………（ 91 ）
第七章　虚拟理论：鲍德里亚和德里达 ……………………（ 114 ）
第八章　虚拟的种族 …………………………………………（ 132 ）
第九章　网络民主：互联网是一个公共空间？ ……………（ 155 ）

人名中英文对照 ………………………………………………（ 172 ）

BIBLIOGRAPHY（原文参考书目） …………………………（ 182 ）

INDEX（原文索引） …………………………………………（ 195 ）

探询和研究马克思身后的马克思主义
——写在《国外文化理论研究丛书》付梓之际

如果我们对20世纪西方新左派、西方马克思主义等左翼理论做一个"盘点",不难看出,其最有贡献的研究领域当属文化理论;同样,马克思之后的马克思主义为人类做出的最重要贡献之一也是文化理论。因此,《国外文化理论研究丛书》首先把目光投向20世纪西方重要的新左派、西方马克思主义代表人物的理论成果,并以译介和研究上述理论为本丛书的首要目的,这是因为,西方新左派和西方马克思主义始终把目光投注到现实社会,试图用马克思主义原理和当代伟大的思想成果,去解决当代资本主义社会的各种社会问题。在他们的理论结构中,既有马克思主义的原理部分,又有当代思想文化的最新成果,还有面向现实的维度。这种理论结构与我国新时期的理论走向非常一致。新时期文学批评是在马克思主义基本原理的正确指导下,在对西方当代思想的合理吸收、中国传统文论精华的再度发掘等综合因素的整合之中,面对新情况、新问题的探索和解答。正是由于有上述相同或相似的境遇、动力因素和理论结构因素,中国新时期文论的发展在热点问题的提出、争论的发生、某些有代表性的理论形成等方面,都与西方新左派、西方马克思主义等左翼的文化理论有似曾相识之处。

改革开放40年来,我国社会生活的各个层面都发生了深刻的变化。到了20世纪90年代,抱着完全否定的观念研究西方新左派和西方马克思主义的人越来越少了,以前那种纯粹批判的态度,也转变成在了解、交流和撞击中发展马克思主义的主张。社会主义市场经济的建立,汹涌澎湃的商品大潮,对人们的心理造成了巨大的冲击。大众文化、商品文化的平庸性,精神价值的失落,引起了不少理论工作者的忧虑,社会批判和文化批判应运而生。有些人突然间发现,自己的处境与心态似乎和西方新左派、西方马克思主义者一模一样,在现代化的潮流中,他们放眼国内外,都感到一种"资本主义"式的压迫正在进逼。于是,西方新左派和西方马克思主义提供了抗拒和批判的张力与武器。不过,此时理论界的动力与武库并非仅此一个,后现代主义与西方马克思主义虽然在某些原则和理论上有根本差异,但这两种思潮在立场、观点、方法上的交叠重合处也很多,在我国,理论界几乎是同时在使用着这两种完全不同的武器,而并未感到有重大的区分和不便。在中国的知识界,对现代化导向最坚定和最彻底的批判者往往是这样的两位一体:他们心仪西方马克思主义又拥抱后现代主义,这就是我国理论界的现状,这也就是探讨国外马克思主义对中国理论界的影响的意义所在。

我们知道,西方马克思主义是资本主义世界工人革命运动低潮时期的产物,由于科学技术革命和西方社会自觉的或被迫的自我调适、自我变革,西方各国大体上处于相对稳定的发展阶段,身处这种社会的理想主义者和社会变革家,再去发展一种经济危机及其爆发的理论,再去制定无产阶级夺取政权的策略,既无紧迫性,也无实际意义。但是,现代化社会并不意味着完美无缺、毫无疑问,从马克思的原始出发点——人的解放,消除异化,个人自由、全面的发展看,现代发达社会中的人,一方面得到了物质享受,另一方面却在人性上付出了极大的代价。因此,西方马克思主义者不论是从主观上想坚守初衷不变,还是客观上形势使然,都走上了社会批判和文化批判的道路,并以他们的深刻和执着,提出了许多发人深省的观点。作为一种(在否定的辩证法这种意义上的)批判理论,作为一种社会病理诊断,西方马克思主义和马克思的基本精神是相契合的。

但西方马克思主义,特别是20世纪国外左翼学者所倡导的文化理论毕竟是马克思身后的马克思主义文艺理论,它本身是对马克思主义的继承和发展,同时又是对马克思主义的新的理论建构。本丛书通过对国外新左派和西方马克思主义文化理论的理论辨析,对经典马克思主义的若干原点问题展开富有新意的研究,这对我国学术界是具有启迪意义的。作为整套丛书,既有西方学者的最新研究成果,也有国内学者的研究心得;既有译著,也有专著;所涉猎的研究领域包括文化身份、社会心理、大众传媒、互联网、广告、青年与妇女问题等热点问题,涉及文化研究的方方面面。

我国改革开放40年来,取得的巨大成就举世瞩目,但巨大的社会变革也引发了社会结构、文化形态乃至社会心理等各方面的巨大变化,特别是20世纪90年代初汹涌而来的商品潮,大大激发了中国知识界的批判意识。终于有人领悟到了,时代的前进使人面临着一种问题转换:知识分子的使命不仅止于抨击守旧意识,为改革鼓与呼,而且要从价值层面对现代化的方向、后果及伴随现象加以监督,做社会公正的发言人、精神和文化的守护者。由此,西方新左派和西方马克思主义又成了人们关注的热点,它的批判理论必然成为人们寻求社会全面进步和人的全面解放的思想武器。因此,西方新左派和西方马克思主义对我国知识界的影响已经远远超出文化,乃至哲学、社会思潮的层面,而迈向更广阔的文化视野,我们有进一步了解它们的必要,这也是编辑本丛书的初衷。

愿这套丛书为国内学术界打开一扇新的窗口。

译者序

亲爱的读者：

奉献于你们手中的这本译著是一本聚焦于讨论当代人类的高科技通信载体——"Internet"（互联网）的诞生、发展及其如何给人类生活带来巨大的、颠覆性的变化的文化理论著作。作者是当今西方著名的文化学理论家马克·波斯特，生于1941年，1968年获得纽约大学历史学博士学位，美国加州大学欧文分校历史学系和电影与传播学系教授，批判理论研究所所长，并同时受聘于该校信息科学院和比较文学系。

作为当代美国著名的"新马克思主义"文化理论家，马克·波斯特的研究领域主要是：西方文化思想史、文化批判理论、新媒体研究等。在这本书里，他与你就像朋友那样交流、探讨那些关于咱们当今的网络世界"赛博空间"（Cyberspace）究竟怎么了、还会怎么样等一系列深刻的、极具智慧启发性的人类文化学话题。

"狼"来了！马克·波斯特，这位文化批判理论学者，当代西方最早系统地关注和研究网络新媒体的"领头羊"，怀着似乎迎接新世纪第一缕朝晖的期待、喜悦的心情向我们通报：狼终于来了——来自互联网虚拟空间的文化巨兽。

在这部著作里，他首先通过第一章"文化的不确定性"，揭示了"赛博空间"这只巨兽，将对当下整个现实世界的人类文化一口吞食的动向。诸如：你过去已有的价值观念被解构；你苦心孤诣营造的体系研究总是不得要领；更有甚者，过去处于庞大文化体系中心地位的权威思想理论遭到空前"恶搞"；而在这个魔幻般的"赛博空间"里，种族"文化"绝对失去它们固有的疆界已成为事实；边缘文化甚至是难民营文化成了其他群体在文化上的楷模等等。总之，在学术领域"过去被认为坚不可摧的文化概念如同经历了其后果不可估量的地震一

样动摇了"。（作者语）

重要的是，马克·波斯特以其长期研究媒介文化的敏锐目光和批判学者深邃博大的学术背景，早在21世纪初，就用他的睿思锐眼预告了我们当下这些光怪陆离的库索文化、闪客文化、博客文化、播客文化、彩客文化、晒客文化……这一切日益让我们在固有的文化秩序里有点儿"找不着北"的网络现象。

接着，在他本书以下各章里，立足于当下全球信息化时代的新媒介与文化信息载体——"互联网"进行全方位、多层面的关注与思考：从人类当今物质生活的数字化生存、社会各民族文化的根本文化转型、资本主义经济时代的高科技现象和文化消费现象，到互联网大环境下的个人、民族与种族……总而言之，咱们人类该如何进行有效交流、沟通等等；从普遍文化现象到沟通交流的"疑难杂症"；从对新锐前沿学术理论的梳理和介绍，到对未来全球化文化秩序的崭新构建；作者既有敏锐、及时开阔的关注视野，又具备系统思考、严谨分析与论证的学术理论框架。

尤其具有启发价值的是，在书中的第四章"数字化主体与文化理论"和第九章"网络民主：互联网是一个公共空间？"的讨论中，为我们提供了如何前瞻性和心态包容地认识互联网未来发展趋势——因为互联网所特别具有的，对几千年人类文化固有模式和秩序的巨大颠覆和整合力量，将促使和推动着人类文化、文明迈向不可思议的重构新纪元的可能性。

在他的文章中，媒介不仅具有一种物质性的进化意义，而且成为一种划分文化时代的标志。有的思考还充满了历史的厚重和哲学的思辨。哲学、历史、媒介，这三个看似不相干的学科，在他研讨的进程中形成了关乎人类自我发展的主题。诚然，不可否认，马克·波斯特对新媒介文化的探讨在理论上涉及和关注的路径还显得庞杂，他的思想触角十分时尚，又非常跳跃地伸向四面八方。还有，他对前人的一些理论资料的旁征博引，对文化现象、问题引发的议论，思路跳跃性较大，这样难免在有的结论上出现偏激。但是，他对当今全球化政治、宗教、民族问题和对大众文化的认识，其批判的锋芒总是难掩他一贯所持的理解和包容的治学作风。

在译者6年前经历了整整1年时间的翻译和反复修订，又经过相对漫长、近乎无望的期盼付梓出版的等待之后，马克·波斯特的这本新作终于可以在今年与你们见面了。让我既兴奋又带着些忐忑的心情!

　　近代翻译家严复对翻译西方著作的标准有著名的信、达、雅"三难"说。而当代著名翻译家林青华更在这"三难"之外描述了当今翻译劳作的"四难",即所谓文本文体、文本对话、译者体力和译者身份。当前,我国翻译学术著作的主力军是我们这样的高校教师。几年前,译者接受此翻译任务时,初衷仅是为了自己教学和科研的需要。明知如此艰巨的翻译工作在高校事关普通教师"饭碗"的所谓晋升职称活动中,根本不能算作任何"科研成果",但是,我想我们需要这样具有思想智慧开启性的西方"思想活水",来滋润调理自己和学生们日益务实功利的治学思路。所以,译者当时几乎是渴求得到这一任务,然后在工余挑灯夜战,然后孜孜于艰深苦涩的新名词如何更加准确地译介出来,不以为苦,而以终于能比较顺畅地表述一段长句子来体味那一丝成功的喜悦。

　　非专业人士的诸如本书译者这样的高校教师,匆匆行色中总有些许疏漏,在理解和表达西方新文化理论的时候,错误必定难免。还好,有了一次小小"初试",就会"难免技痒"的有再二和再三。总之,能奉献一本西方文化理论的好书给你们,希望你们在攻克当今网络文化现象这块璞玉时,手上先有着一块西方文化理论之石,作为参照物,也是我多年来一大夙愿!

易　容

2010 年 3 月

第一章 文化的不确定性

> 电子束将铁幕掀开,仿佛它只是一条丝带。
> ——罗纳德·里根1989年在伦敦的演讲

文化与新媒介

　　文化成了每一个人的问题。在学术上,过去被认为坚不可摧的文化概念如同经历了其后果不可估量的地震一样动摇了。

　　如今,文化已是一片动荡的领域,上面刻着二十年来各种不得要领的争论留下的烙印。当你伫立在这片土地上,文化问题立刻将你置于各种学术甚至是政治的争端之中。考虑到大多数人的方便,这有点过于精密了。眼下,凭借"文化"这一小小词语所具有的能量,各种人文、艺术和社会科学裂解成为许多富有争议的子群体,它们的学科界限也变得模糊。每个人都企图用自己的方式解释这个词,然而这时,"文化"就有了新的、无法预见的含义。历史学家正在实践着经验主义的文化历史学(empirical cultural history),却发现他们正面对着文学批判和理论的冲击。社会学家试图使文化量化,却仅是激发了那些位于对立面的,并且追求微妙、精细意义的人文主义者的抱怨。美学家谴责有人将该词应用于流行文化。人类学家解构"文化"的概念,并将人种学(ethnography)应用于"高级"(advanced)社会,而文化研究的专家则质疑他们的话语能否在这样的部门化分割中得以幸存。

　　大量少数民族和亚文化群体举起了文化的旗帜,坚守文化上的认同感。保守派辩称,他们看到的文化,仿佛正经历着共产主义、恐怖主义以及阿拉伯人的袭击。民族文化瓦解为多元。先锋文化被认为是现代的,因而也是怀旧的。青年人的文化并非是简单的背叛,还装饰着社会阶层,他们与成年人的生活方式和习惯对话,并且影响着成年人。性别并不是生理的,而是文化的,附带着张扬文化的人的喜好与品位。最不稳定的群体呼吁要取得文化上的特权地位:比如,边缘文化甚至是难民营文化(摩尔基,1995)正成为其他群体的文化楷模。

文化已经失去了它的疆界。高等的和低等的文化混合在一起。精妙的创意被用于百货商品的包装。文化与自然的分离正成为讨论的话题。科学家在实验室创造动物。大气、水及天空被高科技国家的社会活动所污染。没有什么东西是不可培育的,故而文化自身应当被认为是建构的而不是赋予的,是历史性的偶然而不是永恒的、确定的。怀疑论者指出,如果一切都是被建构的,那就意味着也许无一事物是被建构的了。如果所有的理论都在一个文化的进程里彰显自身,那么"文化"这个词将失去它的特异性和连贯性。

尽管存在冲突的不和谐音,"文化"这个词对于研究新媒介仍然不无裨益,甚至举足轻重。然而,悖论在于:如果没有一个文化的概念,那么,新媒介的研究就会由于对手的弃权,而将社会主流团体的文化也纳入其中。在诸多的目标之中,国家尤为希望能优化人口的管理制度,以保障其领土疆域的安全。公司和企业家们最关心的则是获取更多的利润。这些是国家的文化与经济的文化,这是他们典型的姿态与动机。国家和经济组织将这一类目标强加于新媒介,将其视作更便利的执行工具。简言之,他们用媒介文化殖民了新媒介。国家和经济组织将互联网界定为某种对己有用,且可能改善现状,并使之发展得更快速、更顺利的事物。或者相反,这些公共机构也会认为互联网可能中止或妨碍他们正在进行的活动:国家可能受到恐怖分子在网络上发动的威胁[1],银行和其他金融机构可能受到黑客的攻击。在任何情况下,他们面临的问题与媒介有关:网络将怎样为他们现有的目标带来助益,或者引发危害?即使国家和企业指望从互联网中寻求处理事务的新方法,他们也并没有对建立这些新方法的基础进行过探讨。

---

[1] 据《连线新闻》(*Wired News*)的报道,20个国家试图将互联网阻挡在国境线外,45个国家对互联网进行着严格的审查,而这还是近期互联网"自由"有所进步的情况。(麦克凯比,1999)

第一章 文化的不确定性

只要我们仍然处于一个媒介性的框架之内，我们就无法质疑它、确定它的局限性或者另找可能与新文化的产生相关的新媒介。这样一来，文化的媒介性特征就妨碍了对可能拓展文化问题新领域的互联网的研究。

并非只有国家和经济组织才会根据自身文化来研究网络，学术界内对某些民主化政治思潮的研究也常显示出类似的冲动。在这个案例中，问题并不完全是媒介的文化（虽然某些时候是这样），更是主体的问题、自我的问题。在一本集体编写的有关"互联网上的种族、阶级和性别"的书中，编辑波萨·埃博用这样一个问题给该书设定框架："互联网将创造一个'网络乌托邦'（Cybertopia），或通过创造一个网络贫民区（Cyberghetto）从而加剧阶级分化？"（1998：9）如果说国家、企业希求互联网能长期确保他们的统治、主导地位，那么如埃博那样的学者们则是在寻找改善附属群体地位的信号。他问道，对根据种族、阶级和性别而划分的各类群体而言，互联网是提升了他们的地位，还是反而使他们更加远离权力中心？在这里，互联网再次被建构为决定各群体命运的工具，**正如这些群体自身也正在被建构一样**。虽然这完全是一个正统的问题，但并不是当前文化形式的关键。在这点上，埃博和他书中的作者们没有提出另一个问题：互联网将怎样斡旋于现有文化形象的转变？或者，新的文化形式并非必然地提升现有的、正在被建构的群体的地位，但却以一些不可预见的方式改变着它们，这种文化形式是怎样显现的？讨论文化与互联网的关系这一问题不无风险，因为要进入一个恰与自我身份有关但又不甚为人熟悉的领域。如果排除这个问题，人们就无法用批判的眼光考察新媒介的政治文化。人们仅仅能提出自身现有的文化特征——种族、阶级和性别，或者市民、管理者和工人——来检验新媒介在提升他们的地位方面所扮演的角色，正如他们所认为，也正如事实上就是的那样。这样的一种框架是媒介性的，它并不是以技术决定论的方式，而是以提供鼓励实践的空间使之反过来帮助建立新的主体类型这样一种方式实现的；这样一来，这一框架就系统化地忽略了媒介的构成特质。

也许，批判性的研究采用一种更微妙的方式回避了互联网的文化问题。在这种情况下，学者们并不着力预设种族、阶级和性别的现有状态。此时，互联网的独特性得到了充分的认可。但它被设定为一种威胁——不是针对某些特殊群体，而是对于普遍的被认为"人性化"的各种交流方式。例如,玛格丽特·莫尔斯(1998)提出:"在交谈中,人对于互惠与'我'和'你'在话语中的互逆性有基本的要求——看和被看,认可和被认可,诉说,聆听和被聆听。"此外,"在交谈中被认可为同伴,既是一种人性的需求,又是一种愉悦,即使当这种关系是建立在一种与机器调解或交流的拟态上"(10,14)。莫尔斯继续说道,互联网媒介的机械性这一特质破坏了这些人性需求。她继续着上述的哀叹——互联网促进父权制和资本主义;但更令她关切的是,互联网侵蚀了"良性运行的社会"的"社会性"(35)。在这位文化批评家看来,互联网动摇了社会,破坏了面对面交流的幸福。人们会自言自语地问,既然人类是多么需要一种亲临现场(的体验),为什么他们还会频频地彼此逃避,埋头于书报,茫然若失地盯着电视,戴着随身听让音乐在耳际轰鸣,梦游般游走,或像着魔般凝视着电脑屏幕上网?作为一个文化批评家,如果假定任何影响到在场(presence)关系的事物与人的状况无关,那么他就无法研究使网络空间变得适宜居住的潜在可能性,他也提不出如何在政治上运用互联网的问题。文化批评家只有承认互联网的革新性,并检视民主群体如何开发,并在政治上使用互联网以保证它的最佳结构,才能更好地研究网络。(麦克罗比,1994)

研究互联网的文化问题不是一项简单的任务。(因为)互联网是如此根本性地改变了人们从现代社会和此前漫长的年代中习得的认识与经验。时间与空间,肉体与精神,主体与客体,人类与机器——随着网络化的计算机的应用与实践,它们都在各自相互激烈地转换(克劳,2000)。即使当一个人意识到这些,并有意识地带着与现实世界中同样的动机,像在现实生活里一样在网络空间中活动,机械调节的中介作用(mediation)仍将毫无疑问地改变人的经验。那么,这文化或网络空间文化又是什么?

不要将该问题用条条框框限制得太刻板,这一点很重要。诚然,网络空间并没有完全与先前的历史割裂。历史学家适时提醒我们,互联网并不标志着文化形成之基本条件的第一次改组(如上面列举的几组相对概念)。从洞穴壁画、烽火信号到书写与文字,意指(signification)系统的关键性转换一直伴随着人类贯穿着过去。在《信息时代:认字、识数和计算机革命》(*Information Ages: Literacy, Numeracy, and the Computer Revolution*,1998)一书中,迈克尔·霍巴特和扎卡里·谢夫曼指明了计算机生成的信息留下的长远的遗产。他们提出,早在书写诞生的那一天,网络化的处理就产生了:将意指转换为信息。他们认为,信息"……在书写给予从经验过程中抽象出来的精神对象以稳定性的情况下,和书写结合,这样人们就能容易地、反复地接触到它"(30)。因而书写改变了意指的时间与空间,使之更为持久,并使它从空气的共振转变为草纸或木浆纸。它改变了意指与身体、精神的关系,把它从生命的存在中抽象出来,保存进装订好的卷册中。它改变了主体与客体的关系。他认可意指是主体的实践活动,但同时又肯定意指存在于客观世界中。最后,印刷术出现后,书写改变了人类与机器的关系:意指需要精细的工艺、大量的资本和集体劳动。

如果霍巴特和谢夫曼能够想到将互联网与早先的意指实践联系起来,他们的见解就不会妨碍我们对网络空间文化新奇性的漏洞进行明确叙述。我们必须从历史中寻求指导,以确认互联网的被建构性,并将它和早期的媒介形式挂上钩。单是历史性的理解,可以使学者通过调查研究判明对象的轮廓,视其为偶然的、未建立的。然而,我们也必须注意那些离经叛道的、备受争议的文化历史学家,比如尼采和福柯,他们修正了只看到当下(present)与过去(past)之连续性的历史学家们暗中引入的基础主义(foundationalism)。他们对历史学家们提出的问题是,如何以某种方式将当下与过去连接起来?而这种方式,又切去了关于当下的草率的合理性,他在虑及创新的同时也认可谱系(lineage),在向不可预知的事物开放的同时探求它们之间合理性的联系。

对互联网文化的研究,必须从对人/机器、主体/客体、身体/心智、时间/空间的解析学中尝试寻找主体建构的新结构。这是我在以后的章节中试图完成的,即使不是最终的形式,至少也是一种初步确切并且系统的陈述。但是,我首先要对主体问题详加阐述。因为在考察互联网文化中,这个词也许不再有用。

主体与身份

我们有必要区分这些术语:"个体"、"自我"、"身份"及"主体"。"个体"或许应该被理解为一个根据经验给定的、需要各种详尽细节来描述其在特定时空内的参数的空泛术语。类似的,"自我"表示仍然未有定论的关于个体的思想、个性、灵魂、心智。相反,"身份"与"主体"在文化分析研究中正在被赋予更沉重的含义,比前面两个概念包含着更多理论与政治的分量。"主体"被当成"自我"的一种现代形式,这在笛卡尔的理论中被最恰当地表述为"个体"的深层内核,该个体与物质客体分离,同世界拉开一定距离以确保人们的理性活动能把握事实真理。个体的这一身份为大多数现代公共制度——民主集中制,法律,资本主义经济学,科学,教育——提供了合理性的证明。只有在这样的情况下,即存在优先的、普遍的意识,认为个体的这种身份是切实可行的,公民的职责权力、理性经济人或者长期读写教育的争论才有意义可言。当然,这里所有的论述都是基于意识形态的层面。故而,"主体"是现代社会的文化根基。

当"个体"作为一种文化形象的一致性开始瓦解时,"身份"变成了一个不得要领的散漫概念。"身份"作为一个解析性的术语第一次被正式使用是在20世纪50年代,埃里克·埃里克森(1968)回顾了弗洛伊德主体论,并以更简明的态度来研究"自我"。不同于自主掌控命运的行动者,也不同于进步主义者、人文主义者视野中的主体,埃里克森展现了一个深深为"他/她是谁?"而困扰的个体形象。埃里克森的"自我",远不同于英雄般的中产阶级主体,他把生命视为不断渡过危机的过程;它形成暂时稳定的自我,但永远面临着分离的威胁。这个不断调整、分裂的自我就是埃里克森用"身份"一词所表示的意义。从而,"身份"成了主体的一个妥协性的形象,这也说明了关于发展的宏大叙事的现代性之所以失败的原因。在检视"身份"与新媒介的关系时,我们有必要记住文化的这一重大转变。"身份"这个术语是对西方文化失败的承认,这个失败记录在20世纪的大灾难中。这是一个拯救并掩盖传统个人主义的意识形态上的妥协,并且随着无产阶级的消失、消费文化的涌现、电子传媒的传播、欧洲霸权的衰退等的变化,它不断调整以适应这些改变。当这个术语在妇女、少数民族、性取向与后殖民主义等新的社会运动中延续时,它承载着旧有的意义。考虑到主体的形象,被界定为"身份"的个体就几乎不可能是行动者(agents)了。

曼纽尔·卡斯泰斯的著作《信息时代的经济、社会及文化》(*The Information Age: Economy, Society, and Culture*)清楚地展现了将"身份"这一术语运用于新媒介研究中具有的困难。这部三卷本的作品从批判的角度概括了信息社会的总体理论框架。它包含了日本、俄罗斯等国的案例分析。这里我不陈述这本书①中的争论,而只着眼于在与信息的关系中,我们应怎样界定主体。当把信息看做社会的主要方面时,卡斯泰斯认识到了理解文化层次的需要的特殊需求。事实上,作品的第二卷就是以《身份的权力》(The Power of Identity)为题目的。

卡斯泰斯(1997)对身份作如下定义:

> 至于身份……我理解基于文化品质特征的意义的构建过程……那便是……被赋予超越其他意义来源的优先权。一个给定的个体,或是一个集体的参与者,可能拥有多重的身份。身份是参与者自身的意义来源,通过个性化的进程来建构自己……只有当社会的活动者内化它们,并在这个内在化过程中构建其含义,它们才有可能成为"身份"……与角色相比,身份是更重要的意义来源,因为它参与了自我建构和内在化的过程。简单地说,身份构建了含义,而角色构建了功能。我将意义(meaning)定义为社会参与者行为目的的符号化认同(symbolic identification)……在网络社会……对于大多数的社会参与者来说,意义被最基本的身份所构建……那就是跨越时空的自我保留……这项研究接近于埃里克森关于身份的表述……身份的社会建构总是发生在标注着权力关系的情境中。(6~7)

人们可以赞同卡斯泰斯关于身份和角色差异的表述。但他对身份的表述很大程度基于意识的模型,而这个模型很难解释媒介在建构自我中的作用。不过,当卡斯泰斯着手研究时,问题变得清晰起来。媒介成了群体手中反抗统治暴力"工程"的工具。他写道:

> 工程(project)身份从反抗性身份(比如社会生态学的批判,它企图重组社会使之与自然更协调,将人类与自然整合在一起)蜕变而来……
>
> 同样,这在妇女运动(女权主义运动和性别身份运动)和反抗父权制的运动中也成立。女性在性别和家庭中拥有更为灵活

---

① 请参看卡斯泰斯的三卷本及斯托德尔在1998年的论述,其中有相关的精彩评论。

的身份,在流动、分离中对自身拥有了更多的掌控,这使父权制得以告终。(357~358)

在厚达1500页的文章里,卡斯泰斯没有一处探讨自我与媒介的普遍关系或自我与自我——媒介之特定结构的关系。对身份的关注以一种尚未成熟的方式,将分析推向政治抵抗问题。关键不在于这些问题的有效性或紧迫性,而在于忽视了"自我在与媒介的不同关系中的(被)建构方式"这个重要的问题。如果有人要突出政治抵抗,那他应求助于某种身份之类的模型,抓住意识的动向。如果有人想要把握新的自我在建构过程中的结构,他就必须从意识转向语言/媒介之集成的模型。卡斯泰斯最接近于这一问题的是他在网络和新身份之间划出的大致并行的关系:"**网络,是组织和干涉的去中心化(decentered)形式,具有新的社会运动的特性**,它反映并且抵制了在信息社会中占统治地位的网络逻辑……(这些网络)**是文化编码的实际制作者和发行者**,不只是在网络上,还在他们交流和互动的多重形式下。"(362)卡斯泰斯无力说清楚在反映网络的组织中,网络自身是怎么一回事。他的分析还未触及媒介实践微观逻辑的层面。

在与新媒介的关系中厘清个体作为主体与作为身份的区别十分紧要。在语言学实践中,"个体"被建构为"主体"或者是"身份"(作为文化上的自我)。"个体"(的含义)被反复地阐述、质询,被认定为社会活动中一贯的自我;除面对面的互动之外,这一质询过程还日益出现在以信息机器为媒介的交流之中。首先是印刷品,然后是广播媒介,继而网络计算系统转换了"个体成为自我并继续实践自我"的场景。我用"后现代"这一术语(尽管它具有争议性),以指明影响方式的转变,即从一种面对面的交流与印刷技术的联合质询,到一种很大程度上包括了广播媒介与网络在内的质询的"转变"。

"后现代"这一术语,在利奥塔(1984)看来,是指现代文化宏大叙事进程的坍塌;而在杰姆逊(1991)看来,则是资本主义文化的一次转变。对他们而言,"后现代"与其说是制度的转型或者实践活动的转变,还不如说是自我新形象、新特性的形成。"后现代"当然涉及(精英文化和大众文化的)高低文化差别的瓦解,或者日常生活各方面之间发生的混乱等社会现象。但更重要的是,它触及了主体化(进程)或自我(的构建)。对利奥塔来说,自我从历史中分离了出来;对杰姆逊而言,除此之外,它还变得支离破碎、影响微弱、蜕变成单维度的了。这些理论家对于"自我"新特性的辨析只是以旧有的现代主体、英雄式的资产阶级/无产阶级的代理人为背景。在上述情况下,"改变"这个比喻其实是个悲剧,一次从高处向下的跌落。在随后关于新媒介文化的研究中,我牢记着这一理论遗产,同时也会认识到给后现代性的转变设定框架使之具备政治分析的可能性,而不是用一系列遗憾的叹息来结束这个讨论。

那些推进媒介的批评文化研究的人已经意识到有必要摒弃吹捧和辛辣的讽刺,以一种更适合于研究的方式使用"后现代"这一术语。例如在广播媒介的研究中,林恩·约里奇(1996)非常雄辩地认为,电视给消费者直接带来对"个体"的需求。这种需求破坏了主体和客体的分离,破坏了建构"自我"成为"主体"的基础条件。如果是这样的话,对新媒介的文化研究,除了用些术语记录这一转变外就别无选择。像约里奇那样,由于上述理由,我使用"后现代性"这个术语。

如她所认识到的,这个术语的危险在于,它不恰当地并入了一种特定的普遍主义(universalism)。利奥塔和杰姆逊肯定受到了这一倾向的不利影响。由于主体的范畴被不得要领地描述为普遍性的,即使它已经背叛了它的诞生于白人的、西方男性的文化环境,关于它已经被瓦解的意见依然融入了同样的普遍主义者的立场。

问题不在于它成为普遍性的渴望,而在于普遍性只有在普遍地被阐明的环境中才能从秘密的、分等级的共同影响中(resonances)脱离出来。缺少了这一条件,它在人类历史上就是不可能的。普遍性只能被非常小心翼翼地接近。如唐纳·哈拉维(1991)所说,除非是明显的普遍性条件出现,否则我们就必须强调所有零散的主张的偶然性以及知识所处的位置。问题不在于是谁说的,而在于他们怎么说,怎么认可自己,怎么使自己融入与西方全知的、无条件的主体相关的话语中。为了纠正普遍主义者所描述的"后现代"这个术语,我建议重点关注自我建构过程中媒介的具体特征。

约里奇将性别的范畴做了同样的拓展。性别的特殊性与偶然性关系到清晰的认识论立场。但是,性别——同种族、阶级、性偏好、年龄放在一起时——仍不足以从再次确认的基本身份中将业已阐明的东西扭转过来。虽然做不到十全十美,但如果我们将具体的机械与时空结构包含进来,使其与质询的场景相匹配,我们就能够更好地规避这种威胁。如果要研究新媒介文化,我们需要考虑那些越来越多的调节我们符号化实践活动的信息机器。这些机器(可以是印刷、广播、网络计算系统)将我们从具有现实疆域的空间和现象学的时间中剥离出来,以陌生的新方式重新定位。当然,这些媒介并不是单独诞生的,而是在与阶级、种族和性别的关系层次的现存模式中产生的;但是有了这些媒介,在过去的统治结构中无法开展的实践活动如今就有了可能。它们对这些统治结构提出了质疑,从而打开了政治学研究的新领域——如果我们不是非常保守地感激那些旧有的模式的话。在本书中,我们要看一看其中一些领域——种族,民族国家,民主政治,资本主义。我们的脑海中一直保留这些旧有的景观(prospects)。

约里奇认可了"后现代性"的多元化和解构自身带来的不稳定后果。对此,她提出让人非常乐观的想法:"对于后现代的碎片化,我既不试图鼓吹,也不感到哀伤。而是希望揭示出真人和电子人(cyborg)是如何通过节目的播放与重要的想象联系起来的。"(1996:132)在她的分析中,她称赞了诸如"小矮人剧场"(*Peewee's Playhouse*)、"马克斯头顶房间"(*Max Headroom*)和"夜袭"(*Moonlighting*)等电视节目中潜在的犯罪倾向,尽管她提醒读者留意它们的商业性和模模糊糊的限制性甚至它们重被赋予的封闭性。不过,她较少关注作为典型广播模式的信息机器——电视的机械层面的东西。而恰恰是这,帮助实现了电视剧的自我建构。当然,电视相较于其他设备(尤其是书本与网络计算系统)的特殊性和差异性,还有待进一步描述。就像约里奇指出的,如果电视和消费一样,在批判性的写作中同女性相联系,那么这些讨论也并没有较好地表述这种视觉媒介的机械特征——要么是忽略了这些特征,要么是使之媒介化。现在,我想该把话题转到这至关重要的媒介调节问题上。

不确定性

一些社会科学家告诉我们,媒介机器与机械机器至关重要的一点不同在于,我们会有意无意地把媒介机器当作人。他们说,我们的大脑是在信息机器以前成形并固结的。在我们的意识中,任何跟我们对话、对我们的符号化的行为做出反应、形成画面的机器,我们将其视同人类。布莱恩·里维斯和克里福德·纳斯(1996:5)将这一现象定义为"媒介等同"(the media equation)。在进行了大量严格控制条件的人机互动实验后,他们总结说:"我们发现个体(人)与电脑、电视机新媒介的互动**在本质上**是**社会化、自然化**的,就像真实生活中的人与人之间的互动一样。"在一项研究中,用电脑进行测试,参加者被要求对测试题做出回答;先在一台电脑上接受测试,而后在另一台电脑上。简直就像谈论朋友的事儿,当被接受测试的电脑提问时,参加者回答更加友好亲切些,当问题出现在另一台电脑上时,他们的回答会更挑剔些。但是实验参加者没有觉察到他们与媒介机器的关系就如同人与人之间的关系一样。当他们被要求面对这一事实时,还试图彻底抵赖他们曾经如此。虽然这样,研究者令人信服地说道,事实就是如此。他们宣称,"经由媒介调节的生活等同于真实生活"①。

当然,里维斯和纳斯的论文有大量问题。媒介生活与真实生活并不等同。人可以爱上电视,把连续剧里的人当成朋友,跟电脑说话,像面对朋友一样对电脑做出反应。但是"媒介等同"有它的局限性。电视这一位朋友跟现实中的朋友是不同的:你不能和它逛街或者跟它打棒球。电脑可以提供安慰或者让人生气,但你不能和它举杯对饮。我们的确可以像对待我们的朋友、家人、同事那样对待新媒介,但这些机器有它们自己的特点和区别于人类的局限性。虽然我们的很多生物学家把身体当成了一种计算机程序或者语言,但身体跟机器毕竟不一样。

即使承认了新媒介与人之间基本的,甚至是本体论意义上的区别,人们还是必须承认"媒介等同"这一说法的价值带来的重要后果。现在是去研究一个新的经验领域,一个媒介的领域,一个用一种方式将日常生活解构又不同于工业社会的人机关系的领域的迫在眉睫的时候了。第一步是要认识新媒介与人类之间构成的关系,它既不同于人与自然物的关系、人与机械的关系,也不同于人与人之间的关系(特克尔,1995)。因此这个世界上有一些新的东西,我们必须对此做出说明。

看待新的问题需要有一个带着历史疑问的、时间性的、发散性的框架。在这个框架里,把旧的终结当作新的开始,或者作为理想化(utopia)或非理想化(dystopia)的开始,是有风险的。如果概念上存有疑问,那么无须多费唇舌,我们就能看出新旧概念之间实实在在的

---

① 谢莉·特克尔在1998年的文章里称,孩子对待媒介机器也像对待人一样。

区别。福柯的来自尼采的关于谱系(genealogy)的建议,对此问题给出的答案是最让人满意的;因为它试图将每一次新事物的产生与一个动力领域联系起来,并与其自身的系统联系起来。通过这种方式,新的事物从旧有中产生,同时也割断了与后者的关联。新的事物取得合法性,成为一种历史性的重构,而且"同旧事物相比,它不那么让人满意的说法"也站不住脚了。从它的自身关系建构与历史建构的一致性上讲,新的事物"就像是"旧的;但从它所蕴涵的获得自由与权力的不同的潜在可能性上来说,新的事物又区别于旧的事物。如果我们从谱系的角度来观察互联网,我们就可以避免对技术的恐惧或天真的赞颂,不会低估不同于它的事物,也不会将它称颂为一种完全不可思议的新奇事物。

互联网这一媒介——我将其与印刷和广播区别开来——的新颖之处在于作为一个机器、世界上的一个事物、空间中的一个物体——简言之,作为又一个新的技术设备,它还没有获得足够的**确定性**(underdtermined)。请允许我解释一下。

在现代社会早期,直到大约20世纪20年代,印刷还是占主导地位的符号媒介。在极大程度上,相对于客观世界,印刷媒介扮演着主体、中介、独立个体的角色,就像笛卡尔所说的**认知的事物**(res cogitans)相对于**客观的事物**(res extensa),将客体建构成有可塑性的、一个尽管受限于自然规律却又能自我成形的世界。尽管《圣经》、训诫和小册子等印刷物发展了某些形式的宗教,或者像小说那样激起了读者的想象力,它却支撑了自治的、理性的独立个体的构建和传播。通过印刷,通过对文化客体的机械复制,报纸、刊物以及论文的广泛传播第一次成为可能。没有了印刷,公民、知识分子、民族、国家的民主目标,这些现代性的不可分割的要素是无法想象的。作为无实体的符号,印刷物能稳定地存在页面上、对视觉开放、易于在封闭环境中接受等特征,培养了人批判性的认知能力和以这些特征自豪的文化身份。问题并不在于,在超验的意义上,印刷的有无与这个笛卡尔主体是否成为可能之间存在着联系。历史事实是,由于印刷,那些主体产生、成长,并统治了现代性,并把大量的群体从它的位置上清除了出去。自此以后,那些群体就孜孜以求地梦想着能取得这种命定的光荣地位。于是在某种关系上,印刷客体就对作为主体的人开放。印刷客体是确定的(也是被确定的),允许/促进/使得/鼓励了主体形成过程中的对立关系。在鲍德里亚看来,我们存在于真实的领域,是被建构的并且自认为能够对抗周围世界的工具。

伴随着无线电、电影与电视的到来,现代社会的主客体关系部分地得到了延伸。这些媒介,比起印刷,能使同样的文化产品以更快的速度和更大的数量进行广泛的散播。像书籍一样,广播媒介制造的文化产品通过遥远的时空,从作者、生产者和发行者手里传递到大量的个体手中。由于这些媒介是以电子形式存在的(电影也算是半电子的),它们与纸张相比,就要遵守不同的时空制度。在某种程度上,无线电、电影和电视比起书籍来,将信息从内向外传播时,速度更快,范围更广,由此维持着可塑性客体与自治主体的对立。

然而,正如鲍德里亚所说,电子媒介以它们的物质形式和时空领域构建了一个超现实的仿像(simulacral)的世界。在这片技术文化的风景下,主客关系正在变化。主体被构建成为散漫的、破碎的、多样的,而不是支撑着一个稳定的、核心的形象。阿多诺、波斯特曼等人愤怒的咄咄逼人的批判,点明了业已被人察觉的广播媒介对自治个体的威胁。前者抨击广播媒介的残暴独裁,后者抨击其节目的平庸(波斯特曼,1985)。但这些悲叹不能给我们带来什么。他们沉迷于一种怀旧情绪,反倒使注意力偏离了对这个重要任务的理解。与那些在广播的接收行为中发现了一种与现代性主体相似的被改变的原创性与独立性的文化研究学者相比,他们的观点也大同小异。在文化研究中,我们有必要意识到终日懒散在家的人也能够写出科幻小说以及新奇的、从大量文化客体中产生的亚文化作品(subcultural creations)。但这些努力依旧是无足轻重的。除非出现一种能散播大量重复生产的客体(产品)并能廉价地、广泛地生产、传播它们的方法。在无线电、电影、电视时代,这样的方法并不存在,因此多多少少的广播模型在文化和主体形成之间不断摇摆。

面对一个虚拟的客体,主体并没有维持它自身的现代性。书或报纸文章渴望志同道合的回应,鼓励独立的批评;电视广告希望播放的内容能被人认同,小至一块肥皂,大至总统竞选。当然这个区别并不是绝对的。印刷品也会引起人的轻信。人们信誓旦旦地说"我在报纸上看到过",就为了达到如同说"我在电视里见到过"一样的修辞效果。然而这两者的区别巨大:广播媒介所建构的客体不同于原物(original),而且传播过程过于深入以致语言的参考作用反被减弱。而书册与报纸,至少在现代,以外在世界代表的身份出现,启发读者去思考这种替代是否与外在世界一致,还是与外在世界彼此矛盾。

在一定程度上,广播媒介也是这么做的,但更大程度上它们破坏了这种代表身份和外在世界之间的联系,而突出了仅是在自己代表自己的形象。这样,广播文化产品首先就成了广播媒介自身的代表了。它们衡量客观世界的准确性自然也会受到质疑。当然,这并不那么要紧。当播放1991年的海湾战争这样重大的政治事件时,人们就回到"代表"逻辑(人们以为他们正在看这场战争),结果大为失望。爱国者导弹并非如广播电视所示,有80%的命中率;其实在几年后,它们被揭露只有20%能命中目标。出于美国政治动员的需要,受操纵的关于海湾战争的电视报道通过对武器效力的捏造,成功地制造了一致的舆论。展示在电视观众面前的并非真实的充斥着人员死伤的海湾战争,而是一场模拟的、改变了国内政治形势的战争。复杂的国内形势有助于美国政府继续在海湾战争中进行杀戮。

于是广播媒介转变并掺和进了一种权力技术中的现代性文化标记。在福柯看来,这种技术以不同于印刷世界的方式建构主体。这个后现代主体,部分依旧属于现代主体,不希望将他/她自己融进有关进步的宏大叙事之中,成为塑造、掌控并转换这个客体的世界的工具。客体(广播媒介的文化产品)变化多端,过于代表自我又太诱惑迷人,以致不能以它旧有的形式去支撑主体。不过,即使在这个广播媒介的世界,主体和客体依然保持它们的分离和区别。或许就像鲍德里亚指出的,客体有它自己的"关键策略";或者如后现代主义者所认为,主体是多元的。尽管如此,超现实依旧与现实有着紧密的联系,虚幻事物的特征依然与原物的复制品判然有别。当问题转向新媒介,特别是互联网时,上述情况就不那么明晰了。虚幻的广播媒介文化,部分地强化了现代主体;部分地在没有原物的情况下建构了新客体;还部分地建构了新的多元、分散的主体。

相反,在互联网上,我们找到了其决定作用在很大程度上被低估了的主体。互联网极大地提高了制造、传播大量文化产品的效率,推进了现代主体和客体的关系。互联网通过将无线电、电影和电视合并,以及用"助推"(push)技术进行传播来推进最现代的主客体(关系)。但是互联网突破了印刷模式和广播模式的限制,体现在:(1)使多对多交流成为可能;(2)使文化客体的即时性接收、转换和再传播成为可能;(3)使交流行为从国家的岗位和现代性的主权空间关系中脱离出来;(4)提供全球性即时联系;(5)将现代/后现代主体插入联网的信息机器设备。结果就是一个更加完备的后现代主体,或者一个不再是主体的个体,因为它不再像从外部而来似的与世界对向而立,而是作为电路中的一个点在机器中运转。

请允许我自创一个"不确定性"(underdetermination)的概念去界定互联网的机械特征,从而与"过度确定"(overdetermination)的概念相对比。

虽然不太情愿,但路易斯·奥苏瑟(1970:87~128)仍然在社会学理论的语境中使用了心理学术语"过度确定"。在弗洛伊德的理论里,"过度确定"指明了神经症状的多个病因。一个病人由于突然的刺激,再加上过去的刺激,就产生了一些症状。病因并不是单一的,而是与病人长期的心理状态密不可分。对于奥苏瑟来说,这个术语可以帮助区分马克思和黑格尔。这个问题影响到现象在矛盾中的联合性。奥苏瑟指出,黑格尔的学说太过一统而无法允许矛盾的存在。否定(negation)的过程被赶进(sublate)意识的中心;然而在马克思的决定论里,一个客体就无法被如此同化。举例来说,上层建筑或者意识形态的决定论与底层经济基础不同,但是与它们有着千丝万缕的联系并且彼此绾结在一起。意识形态重新"激活"(reactivated)了一些旧的元素,而后者与新的阶级冲突相融合,正如古罗马的共和制在1789年的法国大革命中风行一时,以及保罗神学(Pauline theology)在路德离开罗马之后复活一样。因此,一个历史性的客体是多个不同方面的复合体,所有这些方面通过矛盾的作用,联合起来"**过度确定**"了一个结局。虽然,对于奥苏瑟来说,该结局可能是一个政治运动的障碍或者是一场革命的爆发,但是"过度确定"这个术语像悖论一样暗示了所有事件发生的可能性。因为社会中的客体组成了多个离散的确定关系,偶然性是非线性的,历史被综合体(complexity)的定律所主导。话语并不能将一起事件与一个原因联系起来。在这一点,事件在某种程度上是偶然的或是不确定的。事件作为结果是宿命的,但不是单向决定。

对于"不确定性"这个术语,我认为某些被我称为虚拟的社会客体(例如超文本)倒是被过度确定的,因为它们的综合层次或者说非确定性比一般的客体更进了一步。这些客体并不仅仅由不同的各自参与并证实了资本主义与国家矛盾的行为、话语与研究性框架所构成,而且也是对实践开放的。它们并不直接将工具导入明确的路径,而是转而引导社会建构和文化创造。在一个博物馆里,一个人在一幅画前沉思,或者进入某种装置内部。在前一情况中,一个人被艺术品中崇高的、无法言传的东西所感动；在后者中，人在欣赏艺术作品的时候成为它的一部分。从互联网上下载一幅图片，有些时候可以发现这幅图片可以在一个程序（例如 Lview）中被编辑，编辑的部分包括图像的每一个方面。不仅仅是像在程序化的装置结构内那样让图像发光或者为它添加声音，而是从内部重建这幅图像。比如在一个文本文件中放入这幅图像，使用 HTML 编辑器添加声音或者与其他图像进行合并。图像只有在被复制或修改、被一次次转换时才能说是真实存在的。在此意义上，互联网的图像都是虚拟的。某一类主体在社会空间中显现，它们经由多元的、矛盾的实践而被建构，在此意义上，是"过度确定"的；但它们同时本身还存在着进一步被想象虚构的空间，在此意义上就是"不确定"的。

有人会辩称，"虚拟化"是经常性的而非新出现的事物状态，这才是常态事实。例如，书本如超文本一般具有不确定性。哲学家列维考查并提出了这个问题。在哲学家看来，由于先验可能性总是存在，因而现在被构想出来的事物也可能在任何时候被构想。原则上，我们不能否认哲学家的观点。然而作为一个历史学者，我更愿意声称先验是一种思想状态而非历史情况。我倾向于承认先验主义的逻辑，但反对将其运用为历史分析的概念性工具。简言之，要用本体论的观点看待它。因而在事实已发生或存在的领域，尽管没有绝对的固定状态，主体和客体的结构仍然随时可能被再次符号化，并保持在场在空间与时间上的一致性。例如在现代社会，主体和客体从来不以完整的在场形式出现。它们的在场，只是由于其在时空中扎下的根使它们无法缺席罢了。虚拟化现象，我称之为"信息模式"，使主体和客体日益以空间与时间、心智与身体、人与机器这些构造出现，将真实/事实瓦解为一系列不确定（不是无定形）的综合体。我们首先要为这些虚拟的构造设定详细的参数。在电子世界，在"头盔—手套虚拟现实技术"（helmet-and-glove virtual reality technologies）、电子邮件、计算机处理的数据库、万维网、IRC（Internet Relay Chat）聊天通道等这些虚拟的"地方"，身份（如性别、种族）是怎样与人身联系起来的呢？这些性别与种族是怎样同电视节目、电话交谈、同步会谈、城市中的邂逅、集中的难民营和乡下居所中出现的性别与种族相区别，抑或相类似的呢？

在这种意义上，我们可以将互联网视为不确定的客体来进行研究并为其建构理论。这一客体是在外在于现代与当下主体的结构中建构自我的。无论怎样，提出警告是有必要的。互联网变化如此迅速，以致关于它的表述和研究都必须作为一种假设才能被人接受。比如，学者们习惯性地辩称，互联网是由男性主宰的。然而在1998年，女性上网人数第一次超过了男性。不只是关于网络的人口统计学正在转变，它的物质基础设施也一直处于改变之中。在美国，国内的主机和国外的主机差别越来越小，内部网络遍地开花；随着声音和图像的增多，文本的主导地位正逐渐弱化；网络在销售方面的作用也在增强；但是，游戏和色情仍然普遍存在。电缆的调制解调器挑战着电话的调制解调器，但是电话业务已经拓展到了宽带服务；电信公司正迅速用光纤电缆替代铜线，向客户承诺更快速的传输。这里，有必要修正人们对网络公司并购的种种抱怨。我们必须承认，如果缺乏私人企业的资源，真正的能够支持有声移动图像传输的宽带是不可能的。从供应商的层面上看，眼下美国在线（AOL）一统天下，但是媒介集团、软件制造商（比如微软）、硬件制造商（比如IBM，Sun）都在急切地寻求互联网市场。我们难以预见，将计算处理、电话和电视整合起来会有什么样的结果。由于上述这些以及其他正在进行中的转变，新兴媒介的学生们应当谨慎地表达主张和观点，留下余地。这本书很大程度上是本着这种精神进行写作的。

  我的研究是在对互联网领域做过一番探讨之后、在进行理论阐发的基础上深入下去的。通过这些理论文本和概念，我试图去厘清新媒介文化研究中那些利益攸关的问题。第二章考察了海德格尔对技术与存在所做的备受争议的研究工作。第四章借鉴了作者所理解的福柯的理论以及女权主义者的批判，提出了主体与新媒介之关系的问题。第七章则从鲍德里亚和德里达所做的批判性讨论入手，检视了"虚拟"问题。

  在其余的章节中，作者运用先前章节中所界定的概念，分析文化领域和网络空间的相互影响。第三章关注数字化的商品。第五章讨论了新出现的数字化作品的作者身份问题。第六章探讨了种族身份与全球性公民的职责、权力。第八章则提出了在电子空间中种族的命运问题。第九章则以一种批评性的立场阐述互联网在民主化进程中产生的影响。

  通过这一研究，我已经尝试树立了一个框架，它向许多可能性开放：互联网可能为新的政治学带来一次契机，它也可能在消除现代社会普遍存在的等级制度，并在为新的文化活动扫清道路、确定方向方面扮演一个重要的角色。显而易见的是，现存的组织和机构都利用媒介扩展了它们的控制范围，增加了权力。不过，我依然认为，不管是出于多么好的初衷，专门关注这些危险都导致了人们对麻痹状态的认识不清，且使新的政治运动与批判都丧失了机会。我绝不是对这些机会乐观，而是认为这一观点正是出于批判理论的最好的传统之中。

第二章　技术之存在

术语及混淆

"technology"是一个特别难定义和翻译的词语。从某种层面上理解，问题并不存在：英语中的"technology"一词，在法语、德语中都同样仍被译作"技术"。这一词条在三种语言中的词根都来源于希腊语中的 technikos，"与艺术有关"。不过问题正由此产生。在《牛津英语辞典》(*Oxford English Dictionary*)中，"technology"的定义是"关于艺术的表述"，而"technique"则被简单地定义为"手工制作某物时的艺术性或技巧"。与"technology"相比，法语中有"la technologie"更接近于"technique"的意思。而且，在法语中还有一种表述形式是"la technologie"，不过它很少被用来翻译英语中的同音异义词(homonym)。更糟的是，在最早的英语口语中，"technology"并不是指"technique"，也不是指手工艺的技巧，更不是指艺术，而是用来指称机械及工具设备。而且，"机械"这一词条也被理解为一种广泛有用的分类类别，暗示所有的机器都存在共通之处。我认为，对"technology"的这一用法在"智能机器"的时代尤其会导致人们的误解。"技术"唯一的修饰性词组"高级技术"，是指先进的合成机器。但它没有明确为特定的类别做出区分，如机械的与电子的，或制造能源的与生产物件的，以及眼下具有决定性意义、使用天然材料的基于信息或文化产品工作的机器。因此，在下文的论述中我们必须谨记，"技术"是一个充满了语言学问题的术语。

法国知识分子以及更广泛层面上的西方知识分子，对技术持两种截然相反的观点。一种认为,技术对节省劳力、消除疾病、维持地球和平等人类社会的工程多有助益。本着这种精神,丹尼斯·狄德罗孜孜不倦地研究了他所处时代的种种技术,参观生产中心,以便为《百科全书》(L'encyclopédie)制作插图。《百科全书》记录了当时最先进的生产方法,是启蒙运动中的一座丰碑。狄德罗大范围地传播应用科学知识和此前保存在行业内部的秘密知识,尽力推动人类社会进步。狄德罗这样界定编撰《百科全书》的目的及预计此书对后世的影响:"文学和艺术领域的种种发现将不再有被遗忘的危险;事实真相将为哲人所知;而反省和沉思将简化、开导我们盲目的实践。"(1965:159)工具的尽善尽美和人类的完善性(perfectibility)息息相关;在狄德罗之后,以孔多塞为代表的又一代人预言道,二者的这种关联会在未来进程中显现出无限性(indefinitely)。而站在这些乐观派对立面的,还有那些发现技术有着令人绝望的危险的人。布莱斯·帕斯卡就对17世纪的进步持怀疑态度,雅克·埃吕尔也对先进的工业化社会心怀恐惧。这些思想者早已对机器的诱惑及其对人性的潜在腐蚀作用发出了警告。总体而言,第一组是工具主义者,他们把技术理解为中立性的工具,是否要加以反对要视其用途。第二组被安德鲁·芬博格(1991)称为"实体主义者"(substantialist),这组人不顾及技术会带来什么伦理上的影响,而只关注其引人注目的作用。

不过,双方在这一点上达成了共识:他们都把技术看成是基于自然材料而工作的各种机器、机械。从锤子到机器人,技术总是一种塑造与再塑造物质的工具。到20世纪后期,作用于符号而非物质的一系列机器日益在人类社会中流行开来。这些信息机器,或者如肖沙娜·朱伯夫(1988)称为"聪明机器"(smart machine)的东西,制造、传输并储存文本、影像和声音。技术上最引人注目和层出不穷的问题都集中在了这些"聪明机器"上,其中,计算机是这类智能机器的代表。过去关于信息机器的讨论总是容易引起误解,或不够充分。持工具主义立场的人没能认识到信息机器的变革能力,而实用主义者对技术的批评只限于在涉及物质时它才起作用的工作过程。由于有大量新兴的本质上不同以往的机器涌现出来,我们也应重新考虑关于技术这一术语的争论。评价信息机器与社会、文化和政治的关系时,必须要考虑到它本身的问题。

由于没有在基于物质进行工作的机器和基于符号进行工作的机

器之间做出区分，人文主义者批判的力度受到了削弱。埃吕尔（1964:xxv）把"技术"定义为工具理性的实践而非机械。"在我们科技社会里"，他写道："技术是借由理性获得的、在人类活动的所有领域都能绝对地提高效率（在给定的发展阶段）的方法的总和。"（原文中是斜体）在《科技社会》(The Technological Society)一书中，他意图衡量总体技术对经济、政治及社会的影响。经过认真观察后，他发现，在每一种情况下技术都带来了有害的影响。但是，是否可以同样如此指责信息机器呢？埃吕尔在这个问题上保持了沉默。对这个问题的确难以作答，因为信息机器动摇了对机械机器进行批判的立场——即将人类视作与客体世界截然不同的媒介或行动者（agents）。信息机器的出现使将人类视为媒介的观点受到质疑，进而使"批判技术'非人性'"这种观点不复成立。

信息机器的理论家中又出现了以前对科技模式的讨论中曾有过的分歧。不过，这场新的讨论因为涉及的技术系统的具体特征差异而与先前的讨论有所不同。新讨论的一个突出特征是：讨论者一致认为信息技术着实为马歇尔·麦克卢汉伟大著作中的媒介"**塑造并改变了**"讯息这一观点增光添彩。信息机器改变了使用者。在麦克卢汉看来，它们改变了各种感觉之重要性的比重：从机械机器和印刷时代中的视觉优势到电子机器时代的触觉霸权。在法国，让·鲍德里亚与保罗·维利里奥已经卓有成效地推进了在"关于主体是如何被信息机器重构的"这一问题上对技术的批判。在鲍德里亚那里，焦点从麦克卢汉的感觉比重转到了语言；而在维利里奥那里，则转到了空间。

鲍德里亚早期的著作关注的是消费而非技术。他没有留意生产的力量，而发起了对马克思主义的批判，为消费的重要性乃至优先权进行辩护。鲍德里亚从符号学、拉康的精神分析理论和人类学的理论中寻找帮助，厘清了在社会重要性上从生产到消费的转向。然而，1981年，他在《仿像与模拟》(Simulacra and Simulation)一书中又根据现实建构中一种基本的改变开始探索传播技术的影响：媒介制造了超现实（hyperreality），通过破坏具象话语（representational discourse）的可信度来捕捉"现实"。报纸和书籍的印刷文化，已经让位于电视的电子文化。在这里，信号绕过了依赖信号才能象征性地再现原物的话语逻辑，以一种新的方式生成。电子媒介建构并展示了一个只存在于屏幕的符号与形象的世界。播报中的虚拟世界与之前的真实并无明确的联系。电视重现并扩展了广告的符号学逻辑：它解除了能指（signifier）与所指（signified）、符号与指代物之间的纽带，开启了文化生产的一个新领域。

从迪斯尼到购物中心，从加利福尼亚的沙漠到波堡（Beaubourg）的后现代建筑——鲍德里亚对超现实的探索在整个先进工业社会里延伸。他从不将研究局限在一种特定的技术中，也不从技术出发来界定他的文化批判。不过看来电视是超现实的助推器。在电视机面前，个体参与到一个新的、真实的概念已被改变的文化空间中。技术空间里不再有与真实相对应的东西，也不再提出批判性的问题（"我所见与所知之间有何联系？"），电视视觉的认识学（epistemology）转而会问："我在屏幕上看到的是否能吸引我的注意，还是它在使我换频道？"电视的真理就是尼尔森的收视率系统：观众能否呆在屏幕前面、锁定观看一个节目，是衡量节目好坏的唯一标准。模拟图像的身后不存在所谓的真实。所谓的"真理"就是"WYSIWYG"：你所见即你所得（What you see is what you get）。信息技术带来的暗示是革命性的：自由主义和马克思主义者的立场在超现实的后现代逻辑下瓦解了。

鲍德里亚的包容性与他对图像文化的犀利描绘紧密相关。他的论文勾勒了一个人文学者对启蒙的描述似乎已经无效甚至毫无关联的世界。这种说法激怒了很多人，但同时也令人着迷。纯粹的超现实主义展示惹恼并威胁到了自由主义者和马克思主义者。当鲍德里亚在《解放》（*Libération*）中写道"海湾战争未曾发生"时，右翼和左翼两面的人都充满怀疑地摇着头（鲍德里亚，1995b）。不过即使是他自己，在与图像文化的关系中也掺入了深深的焦虑与嫌厌。鲍德里亚在写作中掺进了人文主义的坏脾气，显得粗暴无礼。他不愿意认真对待文化新结构中的技术部分，这确实反映出他对新兴后现代主义在感性认识上的局限。他始终坚持人文主义者对"技术"的不屑，这就妨碍了他对新兴信息模式的进一步探索。他在其图像和超现实范畴中剥除了技术的交叠，接纳了一种与"真实"与"现实"相对立的关系，而没有进一步把虚拟看成是现实与想象一种新的结合。

鲍德里亚写作中流露出的对后现代的憎恶，在维利里奥身上体现得更为明显。如果说鲍德里亚主要关注消费文化和电视媒介的话，维利里奥的目光则聚焦于战争和电影媒介，而且他比鲍氏更懂得并适应20世纪的科技革新。他早期的著作通过福利事业和电影在技术上的关联而将二者相提并论。维利里奥引人入胜地探索政治分析、建筑工程与文化研究中技术性的关联性因素，以小说手法跨越这几个领域之间的界限。在他的把握中，技术研究延伸到了艺术领域中，同时文学渗入科学及科学对社会的影响之中。马丁·海德格尔引人注目的格言"技术的本质绝不在于技术本身"在维利里奥的著作中得到了经验主义的确认。在《速度与政治》(*Speed and Politics*, 1977)和《战争与电影》(*War and Cinema*, 1984)中，维利里奥随心所欲地混合、重组了文化和科技，开辟了一条理解"当下"(Present)的新路径。如果说海德格尔是从文化上对技术进行哲学批判，那么维利里奥则完成了对"技术作为文化"以及"技术的文化"翔实而令人信服的分析。

在维利里奥看来，速度是理解 21 世纪的关键；因此就需要有一种同时融合并可以永远改变科技、文化的混合性分析。他将有关交通工具运行的空间、通道与使空间得以突破的技术的观察研究绾结起来，定义了一种新的"速度科学"(Dromology)。他列举了极好的技术－文化领域学科相辅相成、互有助益的例子：战争对电影的影响以及电影对战争的影响，航空摄影对空间的文化经验的影响等等。在《解放的速度》(*La vitesse de libération*, 1995)等后期著作里，维利里奥把注意力转向计算机网络建构的虚拟空间和与电子传播相关的速度的研究。这里，技术不为人所知的另一面似乎越来越重要。互联网上电子邮件和网络聊天中符码传播的即时性完全超越了空间因素，并使时间发生了内爆(implode)。空间和时间的向量、矢量在新技术中被加以重构。他警告说，这些技术接纳，甚至鼓励对基本社会制度带来摧毁性威胁的种种狂热冲动。与鲍德里亚一样，对信息技术的意识和迷恋也使维利里奥身处高度的焦虑之中，同时敲响了未来文明的"警钟"。不过，与鲍德里亚相似但有所不同的是，维利里奥在分析具体的机械构造的时候，开创性地、富有启示性地将技术与文化的视角结合了起来。

在这两位学者的著作中，有一个问题一直存在，即机械恐惧的残余。它并非来自对创新的适度的警觉，而是来源于人文主义者对机器与人之间关系的假设。他们都不打算认可各种新涌现的信息机器基础上的人类与机器的漂移不定的关系，以及工业和后工业时代机器持续不断地、快速地散布、传播。到 20 世纪后期，机器已遍布全球，数量繁多，种类各异。在这一点上，需要对技术提出的两个问题是：共时地看（synchronically），我们怎样理解人类与机器的结合？历时地看（diachronically），我们是否能说人类是作为这个行星继承者的——机器的一个发展阶段？皮埃尔·列维和费立克斯·瓜塔里开始了以此为方向的研究。

在将信息机器理解为一种新的物体从而引发一种新的人类主体方面，皮埃尔·列维打开了一个新的层面。在《集体性智能》(Collective Intelligence, 1994) 和《什么是虚拟的》(What is the Virtual, 1995) 等相关著作中，列维将目光聚焦于互联网和超文本之类的事物，把它们描绘成一个复杂的领域，人在其中被转换、被实实在在地集成在一起，并形成一种新的社区。互联网的虚拟世界将全世界的人类智能连接起来，在理论上建立起了一种新的交流结构。这里，空间与时间、肉体与精神以及主体与客体都由传播技术的参数重塑。不是鲍德里亚的超现实而是列维的虚拟现实使互联网的存在开始智能化。在现代哲学看来，物体来源于潜能之实现或虚拟成真的过程。在计算机化的超文本、网络的实时社区或者头盔-手套虚拟现实系统等现象之中，我们面临的事物结构如此不确定以致它们必须被看做虚拟而非真实的存在。这些事物互相呼应，为人类主体创造了一种新的样式：在其中，主体融入客体并被重组为客体的一个元素。在"虚拟现实"(Virtual Reality, VR) 系统中，参与者和他们的经历是计算机生成的世界的一部分。在存在的新范式中与虚拟的空间中，客体和主体结合并互相重塑对方。

这些新的技术是完全去中心化的，尤其在互联网这个例子中。在此意义上，它们是史无前例的新生事物。虽然机械机器附着于按等级组织起来的社会系统中，遵循并强化着社会结构，但互联网并没有受到某个特定人的操控，而且，只要遵守传播协议，任何人都可以发挥奇思异想来散布或补充传播内容。吉尔斯·德勒兹和费立克斯·瓜塔里在《一千座高原》(A Thousand Plateaus, 1980) 中，从理论上预见了这种反差。在书中，他们在乔木状与根茎状的文化形式之间作了区分：前者稳定不变、中心化、有等级；后者变动不居、多样化、去中心化——就像水电站和互联网的区别。在《乔斯摩西斯》(Chaosmosis, 1992) 一书中，瓜塔里批评了海德格尔在谈及《关于技术的问题》("The Question Concerning Technology", 1955) 时对水电站的机械的举例，并详细阐释了这种反对立场，将它论述成一种机器"异形生殖"(heterogenesis) 存在论。这是迄今为止在人文主义框架之外理解机器之存在方面走得最远的。瓜塔里试图在心理分析等基于主体(subject-based)的观点之外建立一种机器的存在论。他发展出一种集成范畴,在一种令人吃惊的、出人意料的结构中提出机器和人的结合。于是,与技术相关的问题,就不再是纯粹的不负责任的使用机器破坏自然,也不是人类现实在机器中的迷失或者机器的降临使人在文化上的"扭曲",进而沦为工具,更非科学技术催生或挑战人类或将之纳入自己的框架。相反,眼下有关技术的一个保守、"明智"的问题是电子人的本质,或人类机器新秩序的问题。技术的严峻的或令人困惑的地方还在于,将来很可能继承我们这个星球的是一堆被我们称之为"机器"的东西,而我们还很难预见其实质究竟会如何。

关于海德格尔的问题

这是一些深刻的甚至让人喘不过气来的问题,从未有人像海德格尔一样提出这些尖锐而富于启发性的问题。海德格尔以给现代技术贴上"地球的精神堕落"(the spiritual decline of the earth)这一标签而闻名,所以乍看上去在本文讨论中求助于他并不合适。不过,海德格尔对技术的抵触情绪与他敏感地意识到其重要性是吻合的,他的这种意识体现在下文中:

> 当地球上最偏远的角落已经被技术征服,等待着经济开发;当任何事件,无论何时何地,都可以用人们想得到的任何速度传到世界各地;当暗杀法兰西国王的事件与东京的交响乐音乐会可以同时被人"经历";当时间除了速度、瞬时性、共时性就不再是他物,而且作为历史的时间已从所有人的生活中消失不见;当一位拳击手被视为民族的伟人;当有数百万人参加的大型聚会被看成一大胜利——同时,是的,同时,在这些骚动背后,一个问题依然神出鬼没般地纠缠着我们:为了什么?——去向何处?——然后呢?(海德格尔,1959:31)

所以说,海德格尔绝不是一个单纯的技术恐惧者。

接下来,为了在理论上对技术问题进一步加以澄清,有必要重新审视一下他的立场。我作这样一个审视,并非因为有兴趣对海德格尔的著作做全盘评价,更不是对他的生活和那些令人不快的政治言论感兴趣。① 对"作者功能"的效果,我意欲忽略不计,或最多避开,如福柯所言,把对语言的评价同名字放在一起,作者的名字就会成为评议的最后尺度(1984:101~120)。我转向海德格尔的论文《关于技术的问题》,只想弄清它松散的叙事方式与混乱的语句,并希望我的努力在其启蒙之光闪烁的同时,能够减轻那些如此拥护这一话题的人的担忧。下面我对他的文章提出这样一个问题:多大程度上,海德格尔的讨论能与信息技术挂上钩?而我的回答是:不大。②

海德格尔的论断也许简明扼要,但不够充分。技术问题并不在于技术本身,而在于现代人类存在方式的问题。对于"文明"(我将用这一术语来解释海德格尔的"此在")③而言,技术是根本性的东西。技术与文明的关系一直很重要,因为人性本身是部分地通过使用物品的方式和手工艺品展示出来的。人性的奇特之处就在于,它自我制造;同时为了与自身确定一种更自在的关系,它必须清楚地意识到这一自我制造的过程。然而技术只是一种使用物品的方法,它将人性表面化,这种表面化又掩盖了使用的过程;它侵犯自然("挑战"它),最终把同样的侵犯施加到人性身上。海德格尔把这种存在的方式或者技术的文明称为"设框"(enframing)。如果能够认识到这一"设框"过程的实质,并且能在不经意间用人性来理解所使用技术的巨大风险,那么人类就有望建立另外一种与自身的、与技术的联系;在某种意义上,这一新的联系肯定并且接受人类自己的文明形式和存在方式,因而是自由的联系。海德格尔的解决之道,并不是出于对自然的某种报答而抛弃了技术,而是在创造一种精神上的转向,从而使技术彻底改头换面。

有人可能会以一种修辞方式来处理《关于技术的问题》。比如海德格尔曾用讲故事的方式告诉读者:人性正面临"极度危险"。他不

---

① 有关海德格尔的政治与技术(以及广义上的现代性)的讨论,请参考齐曼1990年的文章。
② 科内于1995(1998)年也曾做出类似批评,但 R. L. 拉斯基(1999:2)发现海德格尔在某些地方更倾向于认可一种生产与再生产的(或代表性的)机器。
③ "Dasein"是海德格尔自创的一个词,意思大概是存在和空间的结合。此处译为"此在"。——译者注

无羞涩地说,他讲的故事"几乎无害"(1977:20),但是只要听一听,我们就会得到最终的救赎,得到自由。在这个迷人而令人警醒的故事里,有一场争论。在这场争论中,海德格尔反省了他自己的文章,还惊讶地发现主题——技术——实际上是很重要的,即使它没有给人以启示(30)。在叙述形式上,我们的故事充满了美国式的野蛮或电影里的恐怖,但结尾却可能令人愉快。听了这个故事的结果之一,就是人一定会在面临迫在眉睫的危险时感到惊恐。不过,多亏了海德格尔,我们还有一条出路。逃脱的办法不是詹姆斯·邦德电影中的那种高科技,而是像哲学家那样去思考(除了思考之外,我们还能指望哲学家提出什么建议?)。这种叙述借用了悬疑(电影)的手法。虽然叙述者这个全知全能的声音(如果真的有这样的声音的话)让受众知道危险在哪里,但对故事中的各个角色("人")而言,危险是隐蔽的。叙述者就处在一个危险的位置:他向受众披露危险,结果却可能适得其反。如果故事不起作用,受众就会觉得受了操纵,并且对叙述者发火,因为他们不相信哪里有什么危险。所以海德格尔十分巧妙地说,他不得不说的东西都是无害的,借此来保护自己。如果一个人并没有因为想到可以得救而快乐,他仍然可以选择忘掉这个无害的故事而继续自己的生活。

恐怖故事是否有效,取决于受众是否相信存在恐惧与危险。他们必须被吓倒。不过这非常困难,因为海德格尔认为危险的东西之所以危险,是因为它们被掩盖、被隐藏起来了。如果它被掩盖了,受众事先就无从得知而只能从海德格尔的故事里了解到。不知道出于什么目的,海德格尔把技术当作一种危险来加以展示、揭露。他公开地展示它,于是每一个人都看得到技术包含的恐惧。由于技术在大家看来都已相当熟悉,所以海德格尔面临着一个修辞上的难题。为了解决这个难题,他转而使用一种经过检验后发现的确可靠的手法——闪回(flashback)。闪回手法能通过及时转向另一个时间点震慑受众,使他们失去理智,达到一种孤立他们的布莱西特式(Brechtian)的效果。海德格尔把目光投向古希腊这个他认为没有危险的时代。在古希腊,技术是另一种模样。它并没有被掩盖起来,而是被当作自由开放的文明的一部分。受众在闪回中瞥见了技术在文明中的种种交叠之后,就能感受到他们自身所处环境的恐惧。

我要用五个论题来展示我对《关于技术的问题》的评价。第一个论题是文明对于生活在其中的人类是无形的,或者在与技术的关系上，由技术而来的工具主义态度通常使技术中的文明部分变得模糊。在人文学科领域之外，技术被视为依靠经济效益指标衡量的、实现预定目标的一种中立的工具。对技术的这样一种理解就把它放到了由理性、自治的行动者(agent)和被动的对象所构成的社会世界里。才华横溢的海德格尔，让人信服地展示了人必须怎样从这样的一个社会世界中撤退，而且让人看清了技术为何不仅是一个或一系列纯粹的事物，而是塑造、展示这个世界的一种方式。而且，这一塑造过程也包含了人类在内，那么人类习以为常地归于技术的那些特征也就适用于人类自己了。

于是技术的本质就成为我们世界的一种存在方式，一种对己、对人展现自身的风格；这样，一切事物似乎总会出现在手边以备使用，或是一种"常设储备"(standing reserve)，或是工具性行为的一种保留。在这些事物准备好以备使用的同时(一种存在方式)，其他世界上可能的存在方式急剧缩小。这一缩减过程十分剧烈，海德格尔形容它是一种"挑战"。对海德格尔而言，用水电厂的技术将莱茵河改造成发电站是严重的、不太可能实现的方式。不过我们现代世界是存在于这一框架内，但存在的方式却使我们感觉不到这种框架的文化结构。在本质上，我们对我们人与构建物之间的关系并不知晓。结果，我们就察觉不到我们在其间行动、塑造自身文化的种种场景。海德格尔提出的与技术有关的问题，并不是技术粗暴地改变了自然和我们与他人关系这样简单的问题。问题在于：我们存在于这个世界，但这种存在连我们自己都看不到。

第二个论题：研究一下古希腊哲学，就可以破除第一个论题中的不可视性。海德格尔回到古希腊文明并以此为区分点，试图使自己远离当代文明从而能置身事外地观察进而描述它，界定其范围并批判它。古希腊的手工艺文明是另外一种框架和结构，在本质上，它相当于一种存在的决定方式，一种展示主体和客体的严肃形式。但是海德格尔认为，也正因如此，在某种意义上，它使人的注意力转到了它的过程本身上来，让它以一种实现了的存在显现于人。精确地讲，因为人并不是预先就被界定为与外在客体世界相对立的工具，所以矛盾的是，他们有能力在存在之内感知自身的工具性。对一个人而言，现代的有特权的工具已不是完整的而是被贬损了的工具，因为它已被从与存在的关联中切离出来了；它把自己设想成超越于客体而不是容纳于存在之内，一种只能以展示或表象的方式存在的存在。

第三个论题对古希腊的回归被当成是发掘"真理"(the truth)。希腊的展示方式在某种层次上是一种路径(the way)。它在人与存在之间建立了一种被海德格尔曾经形容为"可信"(authentic)的联系,而且也以一种相似的方式继续着《关于技术的问题》的追问。例如,从希腊人那里,海德格尔知晓了展示的过程就是揭示的过程。由此,他得出结论:眼下西方主流的对技术的理解——将技术看成一种工具——显然是错误的。他断言:技术没有不确定的形式,因而不是纯粹的手段。技术是一种"揭示"方式(12)。海德格尔意识到他可能会被人指责泛化了古希腊的技术,也意识到对希腊人来说,技术可能是一种"揭示"方式,但对"现代机器驱动的技术"来说,依然是手段而已。海德格尔坚持认为现代技术是一种"揭示",但同时承认它有别于希腊的技术:后者是通过诗的方式,而前者是以一种"'欲从自然身上榨取然后储存尽可能多的能源'这样一种过分的要求带来的挑战"(13~14)。结果,现代的揭示反倒成了障碍,它阻止人类的存在建立与技术的自由联系。海德格尔用斜体字语气平缓地写道:"事实上……确切地讲人类再也不像今天那样与自己在本质上针锋相对。"(27)这里的关键词是"再也不",似乎人过去曾与自己对立过似的(原文如此)。自然,这种对立只在古希腊时代发生过。① 古希腊技术的揭示方式,给海德格尔提供了批判当代的基石,但在某种意义上,这也把希腊看成了极端的例子。海德格尔把他向古希腊的回归建构为一种"真理",把他的批判提升到了普适性的高度,同时他在学科化的哲学面前牺牲了批判的特征与力量——正如人的本质那样。②

　　第四个论题是哲学家的先验论依然提供了一种视技术为文明的理解方法。他们承认可以把技术看成一种文明(称之为"揭示"),借此为我们树立了将技术与文明关系理论化的一个起点。在当下的关节点上,最重要的是坚持并强调这一观点。

　　第五个论题是:这一理解无法辨别不同的技术、不同的技术文明

---

① 这里有一例海德格尔评价希腊的充满溢美之情的话:"在希腊,在这个西方世界命运的起点,人文科学的水平达到了上帝赐予人类的已知的最高点。希腊人创造出了诸神,并使神与人命运之间的对话丰富多彩。"(1977:34)

② 请参看雅克·德里达1987年的评论。

以及不同的揭示模式,这成为它的缺陷。① 海德格尔在关于本质的问题上主张以希腊为决定因素,但他并没有充分追究种种区别所在。在本质上,所有的技术都属于揭示的模式,但所有的现代技术都是以"设框"的方式揭示的。这一立场的局限性在于,它抓取的仅是现代技术的揭示,而不是后现代技术;是起源于物理学而且"不合理地"作用于自然的技术,而不是作为信息处理、储存和传播的技术。海德格尔这样考虑技术的多样性问题:"那么,技术的本质、设框、万物的普通种类都是涉及科技的吗?如果真是那样,那么蒸汽涡轮机、无线电广播发射机和回旋加速器都是在各自的'框子'里了。"(29)他抱怨说,他不是把本质当成一个类别,一个包含单数之类(事物)的目录。相反,在它作为揭示的形式里,技术的本质以及它内在的文明形式,是正如他所说那样具有"挑战性"的,涡轮机和广播发射机也包含在内。我认为,在它们的复杂的集成系统中,有些信息技术不仅参与了"设框"而且也带有揭示形式的特征,这种特征强化而不是掩盖了参与者与存在之间的自由联系。② 这不是对古希腊的一种回归而是一种告别,一种人与机器之间的新的交叠结构。这种告别与重构附带着诱发灵与肉、主体与客体间新联系的一种崭新的时空连续体。

海德格尔视技术为文明,这既是其出彩之处,也是其软肋所在。对他来说,技术是一个一元的、均匀的领域,他出色地将这个领域同人类生活中最深刻的问题联系在了一起。但是技术并非如此统一和一元。这样他的分析就失去了力度,这也是我即将在下文中要论证的。

无论从工具制造和进步的积极角度来看,还是从退化和衰减的消极角度来看,技术都被当作一个整体。海德格尔对前一种立场并不苟同,但在很多场合,他背叛了与技术批判家的亲密关系。在这些场合中,他把技术的令大多数人伤心之处展示为精英文化的衰减和向大众社会的倾斜。他在从 1953 年开始写的《形而上学导论》(*Introduction to Metaphysics*)中写道:"从一种形而上学(并非只有他才这么认为)的观点来看,俄罗斯和美国是一样的:同样沉闷的技

---

① 库珀也发表过这种观点(1997),但他并未探讨机械与信息技术的差别。关于海德格尔对技术的观点方面的文学作品极多,我无法在此一一讨论。

② 如果想看对立的观点,请参看切希(1997:88)的文章:他写道,"电脑在数字领域把真实世界当作一堆又一堆象征符号堆积起来",从而使信息与工业技术等同于架构。

术狂热,同样不加限制的大众的集合。"(1959:31)用民族主义者的术语来说,德国也许拥有在包围它的两个超级大国中间抵制技术的方法。不过当海德格尔把这一批评自身看成他所描述的现象的一部分时,他也就越过了这一技术的大众文化的批判。他在《回转》(*The Turning*,1949)中警告说:"所有从语形学、心理学上,用退化与衰减、宿命、灾难与破坏这样的语言来揣摩现存世界的尝试,都仅仅是技术性的行为而已。"(1977:48)虽然有很多迹象表明了海德格尔对大众社会的蔑视,以及他作为一个德国西南山区的农民对现代社会的不信任,但休伯特·德雷福斯(1995:97~107)还是反对简单地把海德格尔误解为一名对技术怀有恐惧的人。休氏当然是对的。

海德格尔观点中的技术的同质性(homogeneity)限制了他的批判力度。他可以认识到、提到不同的技术形式:古希腊的手工艺文明、中世纪欧洲的风车、工业化的水电站、旅游业以及大众传媒。

但关键问题在于:在对信息机器的研究中,把技术理解成一种"设框"会导致什么?有人可能会认为,涉及"设框"的时候,信息机器与其他的现代技术无甚差异。① 计算机的使用将模拟的文本、形象和声音转化成数字编码,后者可能会被看成挑战性的、"设框"的一种展示。这里,"1"和"0"的字位顺序对字母表、光影的视觉戏剧以及声波的运动构成了暴力。信息的储存、传输、编辑与复制在模拟的方式中常常困难到不可能的地步,但在数字化的方式中就能做到,而且效果非常好。在这种方式中,计算机对信息的处理可被视为"设框"。而且海德格尔也这么说:"今天,计算机能在一秒钟之内运算数千次。但除了技术上的用途,它们就变得无关紧要。"(海德格尔,1969:41)

但是在这个层面上,设框这一范畴对信息技术的适用性问题并没有被恰当地提出来。海德格尔没有接着通过对技术的分析提出设框的问题。恰恰相反:他指出,设框不是属于技术而是属于人类展示技术及自身的方式。它实质上是存在的一种关系,而不是客体。水电站的大坝和罗马的沟渠的不同之处,不在于技术的质量,而在于"设置"(set up),在于把技术安放在这个世界上的方式以及其中固有的对使用者而言的意图。或者,海德格尔是在谈论机器的质量。比如,他抱怨水电站是"凶暴"(monstrous)的,因为它为了兴建一个能源工厂而将河流阻断(16)。使机器对人类构成"挑战"的与其说是

---

① 萨缪尔·韦伯曾和我讨论过这个问题。请参看他关于海德格尔技术研究的重要论述(1995b)。

大坝的机械工程，还不如说是它视自然为客体的工具主义立场；那就是"设置"之所在。只有在设置是至关紧要的情况下，海德格尔才能宣称与技术之间的自由联系是可能的，并且我们能从中得救而并不需要彻底将技术摧毁。

我要说的是反面：有一种技术的存在，它随技术物性限制的种种不同而改变。当然，信息技术的工程可能参与了设框，但是它来自于水电站相同的"设置"。如果诺伯特·维纳（1950）是我们在信息技术上的导游的话，它们（信息技术）的确就是在物理学者关于信号和噪音的比例的基础上建成的。谁能否认计算机的字处理程序比打字机或钢笔在效率上更有优势？不过，如果仔细看看一些信息技术对他们的人类代理人的处理方式，或者更好一点，仔细分析一下人类和信息机器的组合情况，我们可能会得出不同的理解。

如果提出技术决定论（technological determinism），并且在联系到海德格尔的"注定论"（concept of destining）、"传送"、"开始走上一条小路"等概念时也坚持这一点，我们就有了对信息技术的另一种理解。技术的设框使人性开始走上一条隐蔽的、掩盖了我们与存在之关系的道路。不过对海德格尔而言，注定论并不是技术决定论："通常揭示的注定论对人拥有绝对的控制力，但是这种注定论从不强加于人的命运。"(25)我们只在技术隐藏着的时候，才受到设框技术的影响。技术决定论相反一面的观点是，它自身就是所设框架的一部分，就是技术文明的一部分。所以，在海德格尔看来，人类在设框中是由一种"常设储备"式的技术决定的。虽然海德格尔反对技术决定论的问题，但他对注定论的看法也回避了技术的专长所扮演的角色。他恰恰是提出了无力分辨各种技术的区别这样一个技术性问题，借此避开了技术决定论的陷阱。风车和水电站一样，容易掉进技术设置的框架之中。这听起来有些荒唐，但海德格尔不允许技术加工留下印记，从而他依然能够置身于人文主义者的框架内。

有关机械的认识论

我们要找回技术的物性（materiality），可能并不一定需要越过海德格尔人文主义者的立场并回到技术决定论。技术决定论是一面镜子,它与海德格尔将技术视为一种展示的文化主义的理解相对立。他对笛卡尔的主体/客体、认知的事物/客观的事物(res cogitans/res extensa)的二元论的批判,是一种明明白白的无意识的设框。这种批判在一种与笛卡尔不同的形式中保全了主体的特权。掌握技术本质的另一方法,就是从机械的具体专长入手。在这点上,费立克斯·瓜塔里的《乔斯摩西斯》试图将技术的存在作为一门工艺的现象学、一项与海德格尔完全不同的工程而不是"此在"的一种存在。瓜塔里宣布他的目标:"对每一种机器,我们都将提出一个问题……阐明它的非凡能力:我所称的它的具体的、阐释性的一贯性。"(1995:34)机器自己会记取、阐明意义,但它是在自己的指示而不是在人类主体的意愿下做的。用海德格尔的话来讲,这是一种客体的存在。

为了驳倒海德格尔在技术上的立场,瓜塔里提到了跑道上的飞机的例子。在海德格尔看来,这是一个纯粹的"常设储备"的案例。飞机的存在被纳入它的框架,被纳入作为一种旅行工具的存在之中。而对瓜塔里来说却是相反,机械领域构成广泛而多样的范畴,在"机器在与人对话之前已经在自我对话"(47)中建立了阐释的集合。海德格尔的主题是盯着跑道上的飞机,为非凡的哲人记下其中的意义;与之相反,瓜塔里建议超越个人的表象去钻研、质疑主体存在的不同种类的范畴。带着这个想法,我们可以理解飞机,说它是协和超音速客机,即使它根本不在旁边。瓜塔里写道:"这个协和超音速客机物体在巴黎和纽约之间高效飞行,但它依然离不开地面上的经济基础。这种不协调是它组成部分的一部分(经济上的),这显然减弱了它在本体上的整体一贯性。协和超音速客机只在十二个例子中的有限的再生产能力中存在,而且植根于将来的超音速的可能性的门类(phylum)之中。"(48)经济上的限制阻碍了飞机的使用,并将它的意义从旅行工具设置成了经济垃圾。这种设置只有通过检视全部系列的多种机械领域,才能被人洞悉。

这些领域并非千篇一律地受到设框的文化逻辑的影响。特别是信息机器,它们是抵制工具性的设框的。尤其是那些包含在复杂的技术聚合体(congery)之内的信息机器,在它们与人接触的时候尤为如此(劳瑞尔,1991)。就拿互联网来说:国防部拨用部分电话网络并通过协议将计算机连接到上面,建立一个发散性的结构以供进一步的研究。通过文本,任何个人或团体可以与其他任何个人、团体沟通。如果用户碰巧是研究生,还可以添加全球性的新闻网络组织和多用户的域（Usenet and multiuser domains），延长使用的时间。瑞士的物理学家添加了图标，接着还有声音与移动的画面。这些增强的功能进一步拓展了超文本、超媒介和虚拟现实的维度。还有，实时的声频和视频切换也已成为可能。各维度彼此覆盖，网络变得越来越复杂，正向笛卡尔主义者设置的时/空、身/心、主体/客体这些设框过程的关键要素推进，这些要素在新的甚至是不可描绘的形式中得以重建。最初，冷战推进了传播，如今也成就了计算机空间电子科学的格局，重新划定了先前的格局，开辟了新的社会、文化领地；这些领地刚刚有人开始探索，但人们很可能已经在重新定义它对人类的意义了。（德·兰德，1997）

逗留在虚拟聊天室里代表了个体回归到他或她对缺位或隐蔽性的坚守上来。"此在"作为一种开端/隐藏的形式浮出水面，而开端或隐藏都并不否定彼此。古希腊的《阿勒西娅》（*Alethea*）也没有成为撬动对现代远离存在进行批判的杠杆，而仅仅是一种可能性。听上去这也许有点古古怪怪，但肯定不是阿基米德式的提到人性时会有的论调。在虚拟聊天室里，任何人都没办法显得真实或完全展示自我，因为人的躯体并不在这个空间里，而该空间的设计也决定了在这里人们身份的虚构性。个体在虚拟空间里可能"感觉"自己更真实或更虚伪，或更孤立，也可能更与社会脱节。不过，机械的诱惑将会为人揭示：一个人从未是他自己，这一点合情合理；而且还揭示出新的人—机界面的环境以及引诱人们进入他自己的异形生殖技术的存在。而且，事情正在变得更加有趣。因为很明显，网络现在的状态只是即将发生的一些事情的开端。①

作为一种源于黑暗地带的存在，哥特式的技术故事可能被演绎成与异族电子人的浪漫，或被描绘为一个通常就是我们自己的怪物。

---

① 作为一个关于人—机界面的探究，可参考艺术家斯托克和肖波夫 1997 年的观点。当然，澳大利亚的艺术家斯蒂拉克（Stelarc）的作品不可忽视。

第三章　资本主义的语言学转向

> 资本主义使文化中的细微差别消磨殆尽。来自国外的投资、全球化的市场、法人所有权、信息在国际媒介间的流动、电子货币影响的减弱、网络空间中的性、无法触及的金钱、因为有了计算机而变得安全的性以及消费者欲望的汇集——人们并非想要相同的事物,但是他们希望有相同的选择范围。
>
> ——唐·德利罗,《黑社会》(Underworld)

一幅可怕的场景在地平线上若隐若现。在 19 世纪工业化时期,资本主义的财产关系被强加于新能源、劳动关系和生产资源。蒸汽机、薪水工和重型机械都被组织在私有化企业的羽翼下。20 世纪,工业资本主义扩张到了消费、梦想以及欲望的领域。产品的销售被广告操纵。广告为人们描绘诱人的图景,激起潜意识的消费欲望。购买者作为有价值的社会个体成为促销效果一个构成部分。如今,看起来连语言本身也落入私有财产的领域。当系统化的知识成为生产的中心,当消费产品日益以符号、声音和图像形式出现,尤其是当一切交流方式都在变得数字化时,资本主义的财产关系注定会延伸到语言。我们被告知,信息不是免费的午餐。此前被誉为人类最高追求的精神现在正以"知识产权"的名义出售。如今的文化领域是一片备受争议的领域,它正斗志昂扬地把财产的法则拓展到数字化知识产品领地而努力着。① 资本主义正经历着一场语言学的转变。

---

① 我们无法忽视资本主义对文化的入侵程度。最近的一个情况是,专利不再仅仅授予物质发明,同时也授予"商业模式"。这意味着关于如何做生意的想法也可能成为私人财产。有人为对网络电影收费的方式申请专利。在网上售卖航空机票的方法已经获得了专利权,在虚拟的数字空间里还有更多不计其数的商业实践。关于这一点请参看 1999 年米勒的论述。

当这个过程进行时,我想弄明白,它到底是如何发生的,它的进展将遇到什么样的抵制?

但是首先,我必须说明,此处这一针对社会学分析的术语"语言学转向"取自哲学范畴。理查德·罗蒂(1967:3)发明了这个词,以描述分析哲学内部将矛盾转化为分类学争端的趋势。他写道:"我将使用这个词来表明一种观点,即哲学问题能够以改造语言或更深入理解我们现在使用的语言的方式加以解决(或消解)。这一观点被许多它的推崇者看做这一时代最重要的哲学发现。"不过罗蒂对此大为光火,认为不应该轻描淡写地将实质性的问题当作语言问题。

20世纪70年代后结构主义出现后,"语言学转向"这一概念被置于一个颇为不同的语境中。将重心转向语言,并不意味着理论深度的削减,而是说明了语言的重要性在形而上学、认识学、伦理学以及其他诸学科中得到了认可(杰,1982)。在所谓的"美洲大陆哲学"背景下,语言学转向意味着摒弃观念哲学,转而投向语言哲学;意味着人类本性不再根据"笛卡尔—康德—黑格尔"式的传统被理解为观念或精神,而是处在语言中,借助于语言以及被语言建构。自我不再仅针对世界的认识层面,而是抽象符号系统内对峙,通过这些系统被动或主动地界定自身。于是语言学转向有了一种重要的含义,即重新定义真实,或者用一些人更愿意提及的说法——语言学转向是在重新定义真实的表述方式。在这些陈述中赋予语言优越的地位象征了一种哲学普遍意义上的重新定位,即一些人所称的人本主义视角向后人本主义视角的过渡。

而我使用"语言学转向"这一术语指代一种与商品生产、分配以及消费方式相同的影响深远的变化。自20世纪30年代起,观察家就尝试理解工业资本主义的种种改变:先是"管理型资本主义"代表着公司控制权从资本拥有者向资本管理者的转移;接着是"组织资本主义"(或称为"垄断资本主义");从20世纪50年代的个体或家族式企业,向股份制官僚式企业的转变;再然后是60年代的"后工业"资本主义;70年代的"服务业经济",80年代的"消费资本主义"或"后期资本主义";90年代的"后现代或后福特资本主义",以及现在的"数字经济"甚至是"全球化经济"。在每一个阶段,理论学者都努力刻画以19世纪权力下放的经济模型为参照的变化,那时人力控制着耗用自然能源的机器,将原材料转变为货物。在这些过程中,资本家和工人都需要大量的知识,但肉眼可见的制造系统的成就却是物性的:机器力量和劳动技巧。流水线批量生产的出现和泰勒的劳动力实践（Taylorist labor practices）提高了知识在生产设计中的地位。此外，体力和脑力劳动也许彼此更加分化（诺伯尔，1977）。不过，此时资本主义的中心成就仍然取决于能源的有效运用以及人力与机器生产力的迅速调动。

20世纪20年代开始，经济中心越来越远离通过有效组织人力和机器来生产产品（的模式）。生产过程的有效性依然是必需的，同时也仍然是经济的最终目标。但是，首先，资本主义生产产品的成功把人们引向了消费的问题。消费者成了问题：人们必须学会消费，并且必须消费更多更新种类的产品。于是，正如约翰·肯尼斯·加尔布雷斯（1958）很早之前就指出的，经济的重心不再是制造产品，而是如何出售产品。可以这么说，消费者必须被制造出来。当然这属于语言范畴，成为广告语言的任务。经济的定义从有效使用能源转向制造有效需求。

如果说通过广告语言建构消费者曾是资本主义语言学转变的一个主要变换表现，那么，如今的观察家把这种转变描绘成经济普遍转型的重要特征。许多人都提到"知识经济"甚至"数字经济"。这种提法与人们称为"附加值"的概念息息相关。以下是唐·泰普斯科特对语言学转向的描述：

> 我们正处于一个网络智能时代的黎明。这是一个哺育新型经济、新型政治、新型社会的时代。商业将转型，政府将更新换代，每个个体将有能力重塑自我——所有这一切都借助新的信息技术……在新经济中，越来越多的经济附加值由脑力而非体力创造。大量农业劳动和工业劳动正变成知识型劳动。已经有近60%的美国工人属于知识型工人，而每十份新工作中有八份属于信息集中型产业部门。正如工业工厂迥异于它之前的手工作坊一样，今日的工厂不同于旧经济的工业工厂。（1996：2，7）

如果泰普斯科特提供的数据是可信的，那么从中可看出劳动力绝大部分都在符号上发挥作用。机器承担了大部分的物质劳作。人类则通过运行计算机中的数据来操控计算机，进而调节和控制机器。依据上述分析，商品的价值增加并非取自资源的有效运用，而是来自产品设计及信息工具用于创造的结果。

泰普斯科特进而论述道，公司自身的组织建构日益以知识或信息为基础。产品必须在计算机中被设计出来，而计算机中存有材料供应商的名单和部分产品模型。这样的产品首先是一个虚拟的物品，而这个虚拟的物品决定了余下的生产过程。他评论道，自然这些制造虚拟产品的知识型工人就不能受到19世纪和20世纪初垂直等级制度里那样的监控。生产越来越多地倚重专家的团队协作，而这些专家们在非正式场合中的工作效率都远胜于在严格划定权威关系的机构中的工作效率。此外，全球计算机联网带来的速度提升了对产品的设计与生产灵活性的要求，即与供应商和分销商关系的灵活变通，以及随时密切关注消费者需求的变化。一切都赋予最新的知识无与伦比的重要性，而基于经验的技巧的地位则大大下降了。在泰普斯科特的数字经济里，一切都联合起来，把信息和拥有信息的人或者知道怎样获得信息的人的地位提升到十分优越的地位。怎样生产乃至推销产品已经不成问题，关键在于如何**开发**（invent）某种产品。

也许泰普斯科特夸大了经济对知识基础或数字化的依赖程度。也许，他所分析和预言的新鲜事物的好处有些言过其实。他很关注数字经济的负面影响，比如它造成了财富的巨大不均，并把这种不均推到了全球范围。他热切地推广他所称的生产平台模型，但他只看到这种模型可以消除工作场合的等级制，可以促使管理普遍朝建构在知识基础上的生产重新定位，而忽视了语言形式的另一方面：数字化商品。并非只有生产过程在经历数字化，组织的基础在知识化，就连产品本身（不论生产过程中使用到的还是消费者购买到的）也在数字化。数字化商品尽管绝不可能替代实物商品，但仍然从根子上搞混了资本主义原理。稀缺原理、边际效用原理、供需原理、目标市场生产原理等经济原理在数字化产品的领域都可能受到质疑。

看看盗版软件的泛滥，我们就可以衡量当代经济遇到的问题有多么麻烦了。这是市场上商品使用者史无前例的盗用行为。最近的研究表明，根据软件制造商的观点，1997年全球安装的40%的商业软件都属于盗版。在北美地区这个数字是28%，而越南和中国盗版率竟超过95%（《今日美国报》，1998年8月14日，8A）。估计在非商业领域，这些数字还会更高。这些令人震惊的数据显示出对资本主义至关重要的法律以及伦理规范受到的随意的亵渎。假如当年亨利·福特的小汽车以这种速率被盗版，我们很可能永远见不到汽车工业的出现。如果这些数据与现实的社会实践活动有任何关系,有些东西无疑在全球范围内缺失了。① 是否可以理解为,难道是因为有了新的复制技术条件,自由创业的规范正处于危机之中,或至少面临严重的问题?果真如此,付出更多努力去强制人们接受这些规范还有什么用?或许,新的环境能提供建立新规范的可能性?

市场原则的霸权

尽管现实中潜伏着商品电子化生产和再生产的趋势,表面上吸引人们视线的仍然是市场原则的漫延之势及其无可睥睨的支配地位。这让人们轻易地得出结论:市场而非政府才是资源配置的最佳机构。在北美和欧洲,美国的保守主义者、英国的自由主义者以及俄罗斯的改良派都颂扬着市场这种优越的经济机制。市场原则扩张到了它曾一度缄默不语的领域,比如在医药领域里保健机构在发展,高等教育领域里政府资助在减少,经济竞争的标准也开始实施。同时,经济的日益全球化刺激了 20 世纪 90 年代早期关贸总协定(GATT)和北美自由贸易协定(NAFTA)的签订,这两个协议拓展并加强了自由贸易原则。在各个角落,市场都被奉为进步与理性的圭臬。

1993 年,万维网(World Wide Web)初创,文字以及图像和声音的交换都变得非常容易,这个自由创业的节日正入佳境。僵化的 Unix 系统指令结构至今仍使其网络的使用限于高级程序员,从而给浏览器和菜单驱动的电子邮件程序留下开发空间。网络已准备好对大众开发,同时也准备对贸易和市场开放(至少商人们如此认为)。1994 年,经济机构就开始探索使网络适用于交易的途径。同时,其他媒介(纸质媒介、电台、电视)纷纷著文把人们的注意力引向网络。其他媒介在颂扬网络的同时将其妖魔化,这种腔调成功地将公众视线引到了网络上,吸引和操控着听众、读者的希望与恐惧。到 1995 年,甚至比尔·盖茨也认识到了网络在计算和交流方面的重要性。微软开发了自己的网络浏览器 Internet Explorer。很明显,互联网代表着一个投资、创业、赚钱的宽广的新天地。

---

① 更详尽的对盗版现象的检视请参看史华兹 1996 年的文章。

资本主义以一种非常猛烈的姿态进入网络。媒介及软件公司争先恐后地试图攫取网络空间新的市场（希尔兹克，1999）。电缆、电话和无线电业也你争我赶地要成为网络的通道服务商。雅虎一类的公司赚取的巨额利润引人注目。零售商和批发商也纷纷向网络抛媚眼，并不无嫉妒地注意到亚马逊公司之流庞大的销售业绩。而金融市场则对任何与网络有关的公共事业充满狂热之情。以Theglobe.com为例，这家网站的业务是帮助客户建立网站。1998年11月中旬，该公司上市第一天就破了纪录，每股价格从9美元飙升至63美元（汉密尔顿，1998：C1）。该公司甚至尚未谋利，而且近期也没有任何将会谋利的迹象。尽管如此，投资者仍然热烈地追捧该公司的股票。20世纪90年代末期，这类案例以几何级数重现。尽管网络股票真正的经济基础仅占国民经济极少量的部分，约8%，1995年到1998年间，其增长量却是庞大的：超过了经济总量增量的三分之一。（《互联网促进方案》，1999）

长期性的网迷多半会为这些变化苦恼。网络的最初目的是为了促进研究者之间免费、迅速地交流观点以及用户间更普遍地进行不受限制的沟通。许多人察觉到，假如引进资本主义原则，将毁灭他们熟知的网络形式；假如引进政府审查和经济上的版权法，网络会从交换和分享的自由空间变为充斥监视和贪婪的噩梦。早年遗留下来的黑客心态抵制任何妨碍交流的行为。互联网的基本结构也支持这些意愿。网络已经高度"去中心化"：只花很少一笔费用，无需管理者，任何人利用合适的网络协议和电话线都可以上网。这种"去中心化"使得任何一个上网者都拥有表达的机会，这一点不时会激怒管理当局。心怀不满的雇员现在可以轻易向全世界发泄他们对老板和公司的怨气（米勒，1999）。公司行政人员时常因其下属如此公开而泰然地表达对他们的不满而义愤填膺。用户的不恭态度有时会从网上转到现实生活中来，像Linux的用户就一度到微软办公室门前抗议其垄断行径。（哈蒙，1999）

此外，传送的数据包含着自身传送路径的指示，中转服务器只需根据这些指示运行。中转服务器允许数据通过任何可获得的路径直接流向终点，而不必一定要借用智能转换操作把信息传往下一站。系统的"智能性"存在于终端甚于顶部，正如电子中转器的情形。更有甚者，任何用户都可以与任意数目的其他用户相连，无需某权威机构的认可，也用不着大量资源。再者，因为批量转换代替了线状转换,这种结构的设计使得单次传送的费用也十分难以计算。

另外,正如其他媒介一样,互联网的通讯系统受益于用户数目的日益增加。越多人上线,每位用户的连接就越有价值。这条原理与资本主义的供求法则相悖。该法则认为稀缺性而非充裕性才是价值的根基。当然也有例外,比如在电视广告中,受众数目增加会带来广告价值的提升。市场原则下,商品价值增加的幅度基于其相对于需求的稀缺程度。面对可获得的产品供给,需求者越少,消费者越能以更少价钱购得所需。像其他媒介一样,互联网应用的法则与资本主义供求法则不同。在这里,通讯的价值随着到达用户数目的增加而增加,网络越多地复制自身,它就变得越具有公共性与普遍性。同时,数字化技术使信息复制更加简单和廉价。于是网络的逻辑就是越多越好,而且多并不比少消耗更多,这一逻辑看来是有违于传统的自由产业经济学了。

作为生产者的消费者

现行法律和伦理习俗、准则、与生产者和消费者之间经济关系相关的假设均源自工业资本主义背景。消费者购买的工业资本主义产品,如克莱斯勒公司生产的汽车,产品上不会像塑胶唱片一样标明"未经授权的复制是违法行为,将受到起诉"的警告。克莱斯勒确信其消费者无法复制他们生产的汽车。工业技术条件下,再生产商品是生产者独享的权利和能力。生产者和消费者截然分开,并因为这种不同受到严格的区别对待。消费者无权复制商品。不过,由于工业化背景下他们也没有能力复制商品,这个问题也就意义不大。对消费者而言,复制产品的权利,并不是消费者要面对的一个法律或伦理上的问题。复制产品局限于生产者之间的竞争。由于有充足的资源,资本主义使其生产独享行为合理化,这与前资本主义体系里政治权威压制着市场的现象是不同的。举例来说,那时候在欧洲,只有国王或王子才有权授权再生产商品,在非农产品生产领域,只有行业公会才有权调整产量。

但现在一切都改变了。信息技术使消费者拥有了生产文化产品的能力。划分两种能力的界线日益变得模糊。20世纪70年代,录音磁带技术使消费者可以在录音磁带上拷贝唱片。他们花费从唱片公司购买唱片相同的价钱，复制出的录音磁带不仅质量更佳，而且消费者可以随心所欲地复制许多遍。唱片公司以脱离现实的速度批量生产唱片——消费者似乎还没听完一张唱片，一张新的唱片又出世了。这种情况下，声音质量无疑会降低（信息丢失并且声音模糊）。生平头一遭，我发现消费者能够以微不足道的成本打造属于自己的庞大的音乐收藏库，所费不超过购买录音磁带的花费。随着录像带的发展，生产者与消费者之间的界线更加模糊，消费者能从电视或已录好的录像带上拷贝影片。同样，影印技术使消费者能够复制纸质材料，当然，复印几张纸与印刷整本书是不大相同的。现在可刻录CD和DVD的技术也唾手可得，于是消费者可以完全照搬原件、复制所有形式的信息——文本、声音、声像，花费少，速度却惊人。互联网为用户提供此类信息的庞大空间，为此，我们很难再把网上冲浪者看做消费者。网上的数字音乐可以下载到用户的计算机里播放，或者转换成另一种数字格式传送到一部廉价的便携式播放器里。如同现在所有的文化制品，音乐可以直接从艺术家流向消费者。（帕瑞利斯，1998）

互联网拓展了早期技术条件下生产消费者的角色，并使其成为一切传播中名副其实的原则，成为自然而然运作着的机制。点击网页、发电子邮件、向聊天室发送信息都是在复制和分发信息。挂在网上就意味着占用了拷贝的权利。网络空间就意味着当你消费文化的时候，同时也在生产文化。

那么，工业时期法律和伦理的弥补措施没有用了吗？当技术为拷贝音乐、电影、图像和文件提供了令人难以置信的便利条件时，当拷贝行为内在地包含于交流本身时，道德规范的作用何在？工业时期管制复制行为效率一流的法律难道没用了吗？在现行条件下，还有可能对软件程序、音乐唱片、电影及小说施行诸如版权法一类的法律条例吗？当复制技术如此先进时，还有道德义务去抵制盗版？会有人愿意甚至仅仅去尝试一下达成这种业绩吗？在机械复制泛滥的年代里，法律及伦理规范的现实价值是什么呢？现在这样的大背景下，为其存在重寻合理性还有意义吗？难道我们不能审视新的环境，重建对各方都有利的法则条例吗？总不能仅仅因为工业时期的法律伦理规范推动我们发展到了今天，而出于一种怀旧情绪，顽固地抱着它们的所谓的内在价值，对现今的新状况无所谓吧？在当下新实践、新技术和新的空间下，印刷时代、机械复制时代及工业大生产时代都重叠在一起。于是，所有的问题都颠倒过来：由于工业资本主义的条件限制，我们不再需要询问什么才是生产的最佳途径。我们需要知道的是，当消费者已经同时是一位生产者，而网络如何运用版权法也已经不再成为问题时，资本主义还能合情合理地存在吗？现在，人们想知道的是：版权法还是应用于网络的最佳法案吗？我们质疑旧的生产体系，并强迫它做出合理的回答。

文化的政治性

当资本主义经历语言学转向，当经济创造的新兴领域集中在符号化物体上，当技术最先进的生产过程依赖于符号化的过程，文化这一领域便被注入了新的能量，成为政治关注的中心。探寻的目光不再像资本主义早期阶段时那样集中在生产上，文化取代生产成为一个秩序井然的独立的生产范围。这个新兴的生产领域并不像马克思认为的那样，是自然力应用于商品机械生产条件下的劳动重组。即使这些旧有的生产关系仍原封不动，如今被理解为信息的文化、被理解为通过计算机网络进行建构活动的文化还是会带来新的问题。我们不得不问：怎样的法律和道德规范才能最大限度地促进新兴网络空间的发展呢？

视线也移向全球层面。的确，新媒介源自西方世界，并体现出西方文化与社会的种种特质，但它迅速突破了地域的限制。举例来讲，首先，通过来自世界各地的计算机部件，生产实现了全球化。其次，软件也实现了全球化。例如印度的程序员可以在家工作，然后将他们的编辑程序通过互联网发送到美国，至少可以把这当作流水线生产原理的一种非同凡响的应用表现。互联网越来越广地向这个星球的各个角落蔓延开去，英语随之逐渐成为混合语言（lingua franca），同时它的主导地位也在下降。乔治·尤戴斯（1992：209）把这个过程称为"跨文化化"（transculturation），即不同文化母体间相互影响的一种动态过程，尽管这些文化体并不发挥同等的影响力。这个过程不产生单一的结合体，而出现一个混杂的整体（heterogeneous ensemble）。由于其放射状的结构，互联网使非西方文化与西方文化处于平等地位。尽管处处向富裕者和受过良好教育的人倾斜,互联网仍史无前例地提供了全球范围内举行会议和进行文化交流的机会。这样一个全球化的传播体系对人们提出一个实践层面的问题,即如何配合、组织及实施全球性的传播活动?在非强制性的符号交换的背景下,哪一方文化喜好应居上风呢?网络应该确立名目繁多的规则吗?或者只是在现存普遍适用的规则里选用一套(比如资本主义的规则)?过去我们从未在如此现实的背景下面对这些问题,也从未发现这些问题如此亟待解决。在商品的数字化复制时代里,我们面临的挑战之一就是要建立起一个能解决上述所有问题的框架。

数字化商品

马克思曾写道,商品是一种神秘的事物,就像难以翻译的象形文字。在其《资本论》(*Capital*)第一卷的开头,马克思提到一种亚麻布制作的外套,认为它实在很令人费解。而当我们谈论像计算机程序一样的商品(比如 Netscape 这样的网络浏览器)时,又会如何呢?在这种情况下,这套计算机程序和马克思的那件外套一样是通过劳动创造的。劳动是有酬劳动,劳动者(无论男女)本身也是市场上的一种商品。在这些方面 Netscape 与马克思的"外套"完全相同。但前者完全免费共享,后者却必须付费购得。一样免费提供的商品有着怎样的经济逻辑呢?此外,Netscape 公司在 1997 年公开了自己的源代码,欢迎任何具备必要技能的用户来修订或改进,并将这些修正之处编入将来要发行的新版本程序中。实质上,该公司没有付出任何代价就把自己的程序员的范围扩展到了全世界。人们会认为 Netscape 此举不过是"提示箱"(suggestion box)这一古老概念的新运用。但是,实际上,这里情况是不同的:任何一个具备编程技术的人都可以完善 Netscape 并把它编入自己的程序中。而且,数字程序还鼓励这类经济原则。免费软件和共享软件是商品神话里后资本主义特有的两个术语。著名程序如肖·凡宁编写的 Napster、库科姆(Qualcomm)的 Eudora、戴维·哈里斯的 Pegasus Mail 甚至是操作系统如 Linux(由赫尔辛基大学的李纳斯·托尔瓦兹编写)都属于共享软件或免费软件。众多类似程序都为互联网编写。对一些人而言,这似乎暗示着一种结构动机(structural motive):为了引诱用户参与网络活动而分派产品。RealAudio、QuickTime、Acrobat、Shockwave 都是需先打开 Web 页面,然后才可以免费下载的例子。怀疑论者认为,为了与 Web 保持兼容而无止无休地安装程序、升级,还要不断购买层出不穷的新程序纯粹是浪费时间。的确,互联网在推动其使用率,而可耻的共生关系把用户与看不到尽头的升级绑在一起。新版本的操作系统要求购买更大容量的存储器及硬盘。而新硬盘又带来新版本的程序,新程序又要求用户购买其他相关程序的升级版本。这种自我促动、永无止境地购买循环和耗费时间的计算机欺诈程序强制安装将越来越多的潜在用户收入囊中。那些多如繁星的程序其实和浏览网页或页面下载没有任何关系。各类文件管理器、实用程序及其他程序数不胜数。此外,我们必须意识到,互联网并不像打字程序或游戏那样单纯是计算机的附加物,或它的某方面的功能。作为处理结构的一部分,越来越多的计算机连到互联网中来。从这个层面上讲,用作上网的程序已不再是计算机的辅助任务,而是成为网络文化新的体系的一部分。我们正身处一个变迁阶段,其结局难以预见。但倘若真的有那么一天,十有八九我们将见到媒介与其他技术一起汇合到这个庞大的虚拟空间里。

　　网络并非为了营销和批发商品而设计出来,其作用是免费分享文化产品。自 1994 年起,资本主义开始渗透到网络空间。当时,网络的特质性征还未显露出来。我把这种现象称为"不确定性"(underdetermination)。当资本家把其产品放入网络,资本主义原则是否仍维持原状、网络的新型时空特性是否必重复过去而出现新的交换原则?也许资本主义原则下生产出来的商品在网络时空里无法维持其作为物品的地位。

　　如果我们把注意力从计算机程序移向文化产品本身,新经济原则的问题也许会进一步明晰。以声频音乐为例,如今希望取得一份音乐的拷贝非常容易,无须到零售店里在商品清单中查询,甚至不必到亚马逊这类网站去。音乐商品不必一定以磁带或 CD 形式售出。音乐可以数字化形式放到网上,用户轻击鼠标就可以把音乐拷贝到计算机硬盘里。通过电波复制音乐则需要一个播放器先把音乐发送到收音机。即便条件完备,拷贝的效果也不一定会如原件一样好。而借助网络,人们只要花区区几分钟就下载一份容量很小的解码文件,然后就可以下载音乐了。人们也可以通过智能代理或解码查询所需音乐片段，然后下载下来。下载的音乐可以在计算机上播放，还可以用与计算机内部连接的音响系统播放，或者直接把音乐下载到耳机式播放器里，这样就可以随时随地收听。（布恩，1998：17～18）

　　正如电影工业当初反对录像产业一样，音像产业也在试图阻止免费下载，不过成效甚微。音乐产业还曾经试图起诉提供压缩成MP3格式可解码音乐的网站，也没有成功。音像产业的下一步措施是将这种新形式攫为己有：时代华纳难道就不能像那些青少年一样制作MP3吗？当然，时代华纳与制作MP3的青少年的不同之处在于，前者意图用MP3赚钱（菲利普斯，1999）。出于这个原因，一些网站要求付费才能下载音乐。这样便又有问题出现了：下载了音乐的人完全可以把下载的文件上传到某个网站上，让世界上任何人都能免费复制。于是，文化产业的主管部门又提出在音乐文件上加锁，比如添加水印以识别文件是否来源于盗版系统。如果文件拷贝达到一定量或播放达到一定时间，立即销毁该文件（派瑞诺，1999）。不幸的是，该策略于20世纪80年代也惨遭失败。当时Lotus等公司采用了防盗版装置。启动装置后，反防盗措施立即也出现在网络上。最后，软件公司不得不放弃了这场战役。其实，文化产业不过在重复曾经发生过的错误。这些举措不过都是音乐产业在技术落伍的困境中抓取的救命稻草（范金，1999）。文化产业在努力阻止消费电子化前进的脚步。将新媒介送到公众面前的资本主义部分威胁到了已建立的资本主义部分。

　　利害攸关的问题不仅仅围绕着新技术向消费者的扩张：在网络上，消费者**制作**他/她自己的拷贝，对此资本主义还是有着较强的抵制力的。资本家面对的真正挑战，是找到一个当消费者能用较少代价拷贝商品时，仍向他们出售文化商品的方法。问题是：既然我（消费者）能免费从网上下载音乐，为什么还要从哥伦比亚唱片公司购买CD或磁带呢？事实上，我完全可以制作我自己的CD，与那些拥有亿万身家的大公司做出来的效果相比，质量完全相同。资本家现在采用的一个办法是：绝不首先把音乐放到网络上。不过，消费者正以惊人的速度代替他们做这项工作。这种"非法"拷贝的规模大到足以对整个音乐产业构成威胁。那些囊中羞涩却拥有大量空闲时间的青年本来是音乐CD的主要目标市场，但是现在，他们却成为上传和下载音乐的主力军团。音乐产业还要求对网上下载的音乐收费。但问题在于：收多少合适？音乐公司开放音乐文档的成本是非常微薄的，而正如我在前文中提示到的,制作音乐拷贝更不需要花费公司一分一毫。也许应该由批发商通过用户的信用卡收取一笔数额极小的费用。

这样音乐产业就仅仅剩下其编辑机制这一个角色了:选择音乐人制作音乐的制度。当然现在的音乐人都可以借助网络制作并推广自己的音乐,不一定要用音乐产业的录音设备。不过,音乐人的麻烦还有如何吸引受众。难以计数的有潜力的音乐家不断把自己的作品放到网络上,他们都只收取数目很小的下载费用(数额大概与其从音乐公司收到的版税相当),这时,问题便凸现出来:收听音乐的人如何才能找到他们喜欢的作品?一种新类型的编辑也许可以解决这个问题,但这样的编辑一般与音乐制作没有任何联系。像 MP3.com 之类的音乐门户网站已开始尝试在音乐人和听众之间发挥协调作用。这个过程还处于萌芽阶段,这时还不可能辨认出"编辑"的形态。

音乐产业经历过的一切,现在正重现于电影业。去影院的年轻人随身携带录像机。他们在看电影的同时会把电影录下来,将拷贝转换为一份压缩的数字文件,再将这份文件上传到网络及 voilà 上,然后,这部电影就向全世界开放了。甚至在电影制作过程中,就有人取得了电影拷贝(即拍摄完成之后、公映之前),并将之转换为数码格式,再上传到网络上,使任何人都能复制。《黑客帝国》《8毫米》《恋爱中的莎士比亚》等都早在公映前就出现在网络上了(华勒斯,1999)。很明显:文化产业已陷于大麻烦中。正如一位文化产业的官员所言:"盛宴已结束。人们已经厌倦了为消耗庞大预算,如 2 亿 5 千万美元,却又品质欠佳的电影支付 8.50 美元电影票的钱。"(霍夫斯塔德,1999:A1)尽管还没有播送配音动画的频宽范围,但可以预言其出现的日子为期不远了。毕竟,就在不久之前,观察家们还认为 4 兆字节二进制的 MP3 格式文件不可能在网络上传播,而如今这早已成为现实。

在上述事例中,位于危险之中的是一条新的原理:对于作曲家或表演者与受众之间的音乐及电影作品交流,制造商和分销商已经毫无用处。网络的出现如此巨大地改变了制造和再制造的机构,以致艺术家与受众之间的交流协调活动几近消失。在资本主义形态下,文化中的媒介角色受到尖锐的质疑。而这正是文化产业不希望触及的问题。假如一定要在虚拟空间的新政权下扮演一定角色,他们只希望知道如何通过在网上播送文化产品来赚钱。维护艺术家个人主页也许是个办法。就像我讲过的那样,最重要的是,编辑及唱片师们都将扮演新的角色:找到消费者喜欢的音乐类型并将这些讯息广而告之。与目前媒介业巨头所扮演的角色相比,这些变化可谓意义深远。

倘若商品的数字化复制方式在文化产品领域给资本主义带来了问题,在知识、计算信息方式等所有生产领域,它也会带来同样的麻烦。一旦产品的实物再生产作为生产一个方面的重要性逐步下降,经济计算的传统体系也将越来越没有意义。举例来说,微软的一个程序员的劳动时间价值与 Windows 的 90 美元的开价之间有什么关系吗?虽然消耗的计算过程对于流水线的生产类型也许仍有效用,但它们之间的联系正随着生产设计在重要性和价值方面取代实物生产与分销而变得越来越淡薄。人们也许会说,所有的劳动都必受市场机制支配,市场机制可以独担确认程序员劳动时间价值的重任。然而,在脑力劳动领域内,劳动力市场调节工资并不是一项简单的任务。

正如政治经济学面临对付数字化商品的巨大麻烦,对政治经济学的批判也同样面临困难。一般来说,马克思主义学者总试图把数字商品轻描淡写地说成某种机制或表达方式,同时突出创造数字商品的劳动条件。比如罗伯特·马克利(1996:77)曾用新媒介的整套技术演示了一幕消失的戏剧场景:"在我看来,探索计算机屏幕的另一端有些什么是相当关键的一步……我的笔记本计算机的屏幕后面静静地躺着硅片、电板、微处理器,甚至还有几个老掉牙的螺丝钉……所谓的虚拟帝国……不过是建立在否认生态学和劳动的基础上的幻梦,是代替社会经济力量融合复杂技术的幻梦。"在这篇名为《网络空间的形而上学》(*The Metaphysics of Cyberspace*)的论文中,马克利摒弃了网络空间作为一种媒介形态的复杂性,将数字技术也贬低为一套很能装东西的容器。相反,他大肆宣扬、拔高 19 世纪的物质主义(materialism)概念:劳动力、社会经济学力量,等等。即使采用马克利乐于运用的说法,我们也无法从中发掘生产关系和生产力方面的新趋势、进而触动现在盛行的力量格局,甚至是挖掘新的选择空间。他演示的所谓形而上学的消失,不过是一种独特的修辞学运用罢了。

杰·波尔特和戴维·格鲁辛在他们的"补救"(remediation)概念里采取了另一种策略。他们引进这个极有前景的分类,把媒介历史理解为一组反复重新表述的综合体系。他们认为,媒介使自身显示成调节机构,是文化实践中的有力创新,但媒介也在尝试着与周围环境相适应,使自己更加透明化。简单地说,就是媒介在努力消除自身作为调节机构产生的物性效果。波尔特和格鲁辛希望把这个他们冠名为"补救"的过程放在显著的位置上。他们声称:"一切调节都属于补救……在这个历史性的时刻,当下一切媒介均以补救者的身份运作着……补救也为我们提供了解释过去媒介运行状况的途径。"(波尔特和格鲁辛,1996:345)在他们看来,使用"补救"这个术语的作用在于把人们的注意力引向调节力度,使媒介以一种新的、历史学的形态而变得清晰易懂。因为媒介的许多层面是重复的,所以补救分类法具有借鉴作用。但我认为这种分类法的弱点也正在于其生动的新颖之处,因为所有的媒介在这种分类法下都仅仅囿于调节功能。

如果说,马克利否定数字媒介,那么,波尔特和格鲁辛在暗地里强调它:他们在新媒介的结构里投射进一新动机从而否定"调节"(mediation)这种彻底的以理性为中心的动机。他们写道:"数字化媒介希望消除自己的痕迹,这样受众与传播内容的关系就能像接触最初的媒介时一样。"(340)波尔特和格鲁辛谴责评价数字化媒介所谓的"直接"的逻辑性,即所谓的数字化媒介使正常现实与虚拟现实之间的差距变得微不足道了。马克利还希望人们注意到屏幕后面那些被他们当作"媒介"(如网络空间)基础的劳作,波尔特和格鲁辛则为数字化商品掩盖或压制其物质基础的任意欺瞒的状况痛惜不已。

另一类型的马克思主义者的评论更多察觉到当代资本主义独特性的方面。丹·谢勒(1999)把当代经济称为"数字资本主义"。菲利普·格拉汉姆(2000)则称之为"超资本主义"(hyper-capitalism)。在这些分析中,经济的语言学转向的重要性还未得到充分认识。格拉汉姆认为,必须淘汰历史唯物主义经典的分类法。他写道:"诸如物质与非物质生产、生产基础与上层建筑、社会资本,甚至也许包括政治、社会、经济等术语常常以令人费解而非解释性的方式被运用。"(152)由于信息在经济中新的和被拓展了的角色,政治经济学的评论要求有不同的分类。对这位马克思主义者而言,数字化经济的独特之处在于生产与消费、脑力劳动与体力劳动、知识与劳动等以前清晰的分类法如今正在模糊化。借助新媒介的传播速度,商品正以一种抽象的转瞬即逝的形式迅速流通。信息在被消费后并没有减少,这一切使一种新的社会结构浮出水面。在超资本主义下,从任何一个方面看,"生产力资源"(source of productivity)都变得问题百出。格拉汉姆继续回应卡斯泰斯。他说道,同时生产力源泉本身也是一个可质疑的生产过程。数字资本主义的新颖性相当于:"知识迅速交换从而产生新的知识,同时形成生产更多知识的基础。于是生产、流通和消费便难以割裂开来加以分析。"(138)

  这位新马克思主义者的分析同样对文化产业的剧变做出了解释。格拉汉姆声称:"语言、思想和技术大量而迅速地汇集,并一起来操控技术、自然界和社会体系的时刻,也正是关于这些体系的知识成为最重要的知识的时刻。在这样的条件下,人们的思想具有商品崇拜的特质。"(150)文化现在必须被看做是过去所称的马克思主义词典的基础性的一部分。尽管格拉汉姆为在新的数字时代重整历史唯物主义付出巨大努力,他仍然没有成功地审视数字化商品的内在逻辑。他研究的重心依然认为信息化使资本主义扩大了现有的不平等、巩固了资产阶级独霸地位、使资本主义关系扩及全球,这些都带来了危险。虽然这些情况不可否认,但辩证地分析,其中也有另一面:促进了民主化。这一方面却未被他提及。而且,对于揭示资本主义语言学转向之内容的分析尚处于模糊状态之中。

公共物品与共享

  部分经济学家把互联网视作一种公共物品。它包含两层含义:一、稀缺性不适用于网络;二、原则上所有人都有权接触网络。稀缺性不适用于互联网是由于复制是网络技术与生俱来的。即使文件被复制,原件仍掌握在它的主人手里。此外,公开性也是网络的一大特色。因为很难把任何人排除在登录网络的权限之外。公共物品就像前工业社会里的公有土地:资源丰富而又唾手可得(克洛克,1999:223)。但是,这种旧式公共财产又在很多方面与互联网不同。公有土地是某个社会指定的公有的自然资源,而网络是一种集体的创造。网络的价值在于它难以计数的用户赋予它的文化意义,而非其自然属性(优越的地理位置,良好的资源组合如草地、树木等)。网络用户每上传一件文化物品,网上的其他用户都可以分享。互联网,就是这样一种靠所有用户构筑起来的公共物品。

另外一些经济学家认为,互联网是一种"礼物型经济"(gift economy),用户间相互免费交换文化物品,但互联网又不适用于礼物型经济的标准模式。因为在礼物型经济里,礼物在特定的用户间交换,用于交换的礼物在接受方产生一种责任,同时完成了赠予方先前产生的责任,或者作为一个赠予方而为社会群体认可。而在互联网上,文化物品的放置多半是匿名的——不论是文本、声频还是视频,下载文件的用户大多无须知道文件由谁上传。

我倾向于认为互联网是一种共享型经济(economy of sharing),而非礼物型经济或公共物品。回应一个请求、上传文件,或向用户组群发送消息被认为是在无偿向所有用户做贡献,这应该是最好的理解。分享行为在以商品交换为特征的经济里很少见,但却是互联网的特征。而且在互联网上,分享与交易无关,因为根本不存在某个平等协商下特定商品的交换。互联网里的分享使人性回归到最原始的社会阶段。在互联网之外,这种人性只存在于被认为不具备合约签订能力的孩童身上。

在私有企业以罕见的强度和密度进入网络时,将网络说成在复兴史前社会分享原则也许有点自相矛盾。正如我们所见,与互联网有关的公司的股价在证券市场上飞涨。现在几乎每个公司都拥有自己的网站,能在网上做生意的公司都在网上做生意。互联网极大地改造了金融市场,使金融交易全球化、分散化。在一案例里,如 1998 年的巴西,整个国民经济的现金流动都受到网络的严重冲击。网络交易的速度改变着套利的领域(region of arbitrage)。网上赌博现在成为全球关注的问题。网络对许多观察家来说,绝对不是在引进一种后资本主义的经济形式,相反,它创造了超资本主义。

结　　论

这种新的象形文字(hieroglyph)提出的问题是这样的:在这些例子中有没有涌现出一种新型商品经济? 如果有,什么样的法律和伦理规范能够让我们促进其扩张和发展? 假如资本主义是分配稀缺资源的最佳体系,假如资本主义独享所有资源并以最小成本生产最大数目的商品、发挥出最高效率,那么推动数字商品和网上商品的最佳体系是什么？什么样的规则会促进、增强上述商品的全球化、多元化、多种族化？

假如像德利罗所言，"资本主义使文化间的细微差别都消磨殆尽"，我们也必须像他一样假设，全球联网的传播自然而然地就是资本主义和民族主义的吗？我们形成一种意识，明白什么是可能的，什么是这些媒介的物质特性及其历史已消耗完的。之后，我们必须利用这些新的可能性形成政治选择。在其新近一本著作中，雅克·德里达呼吁一种"新国际"。发展为全球化传播度身量制的法律和伦理框架恰恰需要这样的新的思路。

第四章　数字化主体与文化理论

　　我坚持认为书写的数字化带来了批判理论和整个学术界话语意义深远的演变。纵观整个学术界,讨论数字化及其前景的相关著作层出不穷。例如萨迪·斯通在1995年就曾经谈道,"我们将不得不告别这样一个时代:信息不再首先以文本的形式保存为我们司空见惯的书籍……但是,这样一个全新却又使人焦虑的时代又将不可避免地影响着我们,以至于我们甚至不得不重构我们的学术层次"(177~178)。如果萨迪·斯通的论证能够为人接受,那我们必须创造一种有效的方式,以期在人文科学与数字文本之间建立深刻的联系。"重构学术层次"并不是一种必须进行的改进。戴维·诺伯尔预言,学术界关于数字化的探索将导致资本主义生产关系的一种衰落。他认为,大学教授将因此成为自动化生产线上的一名"工人",恰似20世纪初引入泰勒主义所造成的局面一样。戴维·诺伯尔认为,伴随着数字技术的扩展,大学势必成为"生产文凭的车间",学术研究将染上一种浓厚的商业逻辑。在他看来,所谓的"研究"不过是"速成"的一种委婉说法。互联网成为一些人窃取他人劳动的可耻手段(诺伯尔,1998;威斯,1998)。一封电子邮件就可以让学生随时进入教师的生活,这就意味着教师24小时都处于一种工作状态之中。不仅如此,互联网还更方便于剽窃,尽管诺伯尔没有直接表明他的反感,(但显然)这一切让学术论文的写作变得再容易不过了(扎克,1998)。

　　冷战结束之后,许多公立大学就开始转而运用市场法则。管理者迫于资金缺乏的压力,满怀热情地展望着课程上网之后带来的经济利益,而极少注意其所带来的消极影响。诺伯尔注意到了这一趋势,并由此联系到了数字化写作,对此做了有根有据的阐述。不过他并没有认识到数字技术的优势,即贫穷者和乡下人通过网络远程学习方式,接受更高层次的教育;大学教授可以在互联网的页面上发布自己的研究成果、获取信息以丰富思想;通过电子邮件,学生与教授之间可以获得广泛的交流空间。而他将这一切看成是资本主义生产方式入侵学术研究的表现。我不解,在诺伯尔的理论中谁是他所谓的资本家?也许他认为他自己——一位教授,才是那些汇聚在书中的思想的真正所有者,(并且)只有通过那种人数有限的面对面的交流,限制这种思想的扩散,才能维护他在学生面前那优越的社会地位。一名信奉马克思主义的教授需要记住,他要讲授的鸿篇大论(master's lesson),不是说资本主义技术是一种罪恶,而是资本主义的生产关系限制了它的最佳结构。

在本文中,我希望能够阐明从印刷到数字化文本这种技术变化中的一些利益攸关的问题。我也同样希望能够既不受诺伯尔先生这样一种保守的焦虑情绪的影响又能够摒弃进步主义者毫不批判的狂热情绪,以一种人类必然的逐步完善、全球联合以及永恒和平的眼光①,公正地审视每一种新的传播技术:从印刷到电报、电话、收音机、电影、电视。当然数字化技术将带来巨大的变化,这一点不可否认;但关键不是设想一个炼狱(dystopia)或者乌托邦(utopia),而是理解当下正在发生的事情,并且尽我们所能以最好的方式去理解它们的结果。

对我来说,尝试阐释数字化写作的问题,还面临着一个特别的难处——我的诸多表述都采用了一种"前数字化"(predigital)的形式:口头的、面对面的形式(在口语版本中)以及印刷形式。本文先是通过二进制的转换和键盘的输入在计算机上完成的;接着以像素形式在屏幕上显示为字母和图表;随后成为纸张上的一系列油墨记号;尽管如此,机器产品已凭借作者身份的模拟程序而合理化了。② 如果你是在计算机上通过链接到互联网下载并通过浏览器阅读这篇文章,那么我要说,在这种超文本的格式中,我的论证可能更加具有说服力,我的阐述可能更加一语中的。相应的,我就像一名从异域文化中回来的记者,叙述异域文化之外的种种奇闻轶事,那么由于网络空间无处不在,作者身份也就正处此间了。这样一来,我就不是一名驻

---

① 关于技术在启示性思考上扮演的角色的探讨和批判请参看昆比的文章(1994:xix)。
② 凯斯在1996年提出观点,认为在口头上表述学术文章反映了"在其他地方写过论文的情况……并反衬了印刷的稳定性"(24)。她认为,一种即兴的表演更适宜于后结构主义的理论与数字化写作。

外记者,而是一名本土的信息员了。而作为读者的你,如果还没有分享我的经历,那么就正在变成他者(other),同所有模拟作者一样,局限在自己不得要领的空间里,变得遥远。

对媒介的强调

1996年,在日内瓦召开的世界知识产权组织会议(the World Intellectual Property Organization,于1967年创办)上与会者试图通过改进著作权的法律,来反思计算机传播技术(萨缪尔森,1997:61ff)。但他们面临的问题让人生畏:要对源于17世纪印刷时代的法律进行调整,使之适用于(当今的)数字化时代。怎么才能做得使网络媒介同印刷和广播电视媒介相协调呢?信息的复制需要昂贵的包装材料(书籍、录音带、电影胶片),信息的传播需要花费高昂的代价建设频道和传输设备,受众无法像接收信息那样转换信息——如今,著作权中的这许多假设也未必全然正确了。在日内瓦,代表们试图不理睬技术形式中上述那些重要的改变(勃朗宁,1997:185)。这也是我想要研究的一个问题。通过印刷、电影、广播、电视作品的数字化和传播网络化,知识产权所栖身的媒介改变了其法律外衣传递的信息。换句话说,文化作品的商品形式和单一主体作为作者的一致性,都被数字化动摇了。

眼下传播文化产品的媒介所经历的一系列变化中包含着大量风险。人们总体上从现存的秩序受益良多,面对变革多加阻挠,无力看清眼下的变化蕴含的意义。在当下的争论中,作者的形象由于其过多的意识形态色彩,成为抨击的对象。例如,电视产业没有作者就无法生存,因为没有了作者,(作品)播放过程中首要的版权保护也就无从谈起。即使是没有作者的语言类电视节目,要想成功,也必须有作者存在于荧屏之后才行(斯特尔特,1996)。那些对作者榨取最甚的人物——媒介的显贵们,以保护作者权益为幌子,举起版权保护的大旗,反对他们视为"无法无天"(anarchic)的互联网上的字节传输交流。

2000年2月17日,在一次媒介产业的领导者的另类的会议——"版权集会"(Copyright Assembly)上,好莱坞发言人杰克·

瓦伦蒂提出要保卫"创造性的作品",反对"在互联网上窃取作品版权的非法入侵者"。这种虚张声势的自以为是,几乎无法掩盖媒介产业在面对文化产品网上传播的现状时的无能为力。最后,会议并没有提出具体的立法建议来"驯服"互联网。这是一个明确的信号,它表明文化工业的巨大能量还不足以改变网络空间的基本结构。

如果我们抛开那些仅仅希望拓展现存的版权条款,将互联网等新媒介也纳入其中的人拥有的偏见,我们可能会问,当技术从印刷转换成互联网,作者身份的命运又将怎样?是不是作者的角色在事实上已成为一个支点,用以反对令人担忧的技术创新?网络空间是一个强化、重构还是废除作者身份的场所?

本章将对于印刷和计算机空间中作者身份之技术条件的分析与对于理解作者建构问题的理论创见整合在一起。大多数人在讨论这两个相关的问题时,没有将它们充分联系起来:或者长于技术知识,或者长于社会和文化理论。熟悉技术的人往往被未经检视的工具主义框架所牵制;而思考媒介问题的理论家,又往往对媒介的技术特征所知甚少。我希望能够在技术和文化之间搭建起一座桥梁,从而阐明两者之间的关系。

本杰明的遗产

在理解作者与机器关系的问题上,一位重要的先驱是沃尔特·本杰明。他的著名的论文《机械复制时代的艺术作品》(*The Work of Art in the Age of Mechanical Reproduction*)([1935]1969)是"技术—文化"分析的典范。本杰明的理论,将图像和声音媒介(照片和胶片)同它们对受众和作者的影响联系起来。他特别关注的是,在何种程度上电影能够建构具有批判能力的受众,从而解放、重振与流行文化所主宰领域的结构进行对抗的斗争。他把注意力集中于电影在空间传播的重要性,这种多样化的传播使得更多的人能接触到画面(群体的、黑暗的空间中投射出来的大画面形象);集中于摄像机在艺术作品的生产中的调节功能以及它所聚焦的观众,它的视界机制(scopic regimen);集中于电影自身在舞台上以(事先)录下的演员形象替代演员本人这样一种中介作用;集中于蒙太奇技术,以及在技术的影响下，通过编辑和技术人员的传送过程将画面整合在一起，创造出一种我们通常称之为"实时"运动画面的场景。

主流的观点认为，电影和广播等媒介使用相似的声音与图像的模拟将大众从自我内在的沉思中吸引过来，这拓展了媒介对大众的统治。而本杰明的分析却与之相左。他从早期的高等文化形式（特别是印刷）入手，揭示了借助作者身份进行统治的一方面，由此对上述（主流）观点的根本基础进行了批判。在西方文化中，作者常常部分由于作品在技术上的不易生产而受人期待，并乐此不疲。无论是手稿、绘画还是雕塑，当作品不是那么容易产生时，都会有这样一种韵味（aura）围绕着它。参观博物馆的陈设，或者仅仅是图书馆展示的手稿，读者或参观者就会甘居其次。人们参观作品，面对恒久不见的作品，以一种沉思表达敬意。但是，恰当地说，在机械复制中（特别是在电影这种形式中），已经不存在原汁原味。环绕作品的韵味消失了，作者对作品意义的控制也已丧失，新的作者与受众之间新的颠倒关系渐成可能。

正如本杰明的著作所提示的，这其中包含着不少局限性。虽然我也希望检视一下书写，但在我看来，最值得注意的是他对形象的关注。本杰明是在使写作转型的计算机技术和新近的电影技术诞生之前进行写作的。不过他著作中富有远见的视角还是值得人注意：他能够摆脱对大众文化的不恰当的怀疑和对技术的恐惧，重新审视媒介，同时还能够运用一种灵活的意识，构建了"作者/受众"等这样基础性的文化范式，并以一种内含着笛卡尔式主体（Cartesian subject）身份的基础主义者（foundationalist）的观点将两者分离开来。我试图要在讨论文字媒介时运用的，正是本杰明论文中这种极富启发性的精神。

最重要的是，本杰明开创了在机械复制面前对作者的功能和地位的批判。如果他们的名字与原版作品（originals）联系在一起，作者就会欣然自得，并有一种高度的权威性（authority）。这一批判使人们的注意力集中于此在。这种韵味在于，作者本人模拟的延伸进入了作品。作品的精神或韵味沉淀于作品之中。通过融入模拟（analogue）作者的创造性天才，作品才获取了自身的重要性。这种模拟眼下也已成为讨论的话题。对于我们这些在大学、学院中的人而言，书是我们第二本质（second nature）的一部分。伴随着计算机写作带来的冲击，作为学者与观察者的我们不得不重新思考我们实践的基本构成要素,开始分析书的媒介作用,思考它能使我们做什么又限制了我们什么。

超越作者功能

　　印刷技术、书籍市场、合法的地位、视个体为创造者的意识形态——18世纪,在这些因素的汇同影响下,现代作者的文化形象开始显现。马克·罗斯(1993:142)已经揭示了,现代作者的起源是如何需要那些因素的存在和协同作用,并将它们转换成为一种特殊的社会范式的。① 作者权利一经法律界定,就需要一种新的印刷技术以复制出大量的文本;还需要一个能够确定印刷品为可售商品的市场体系,以及保证其他人能够在许多地方买到同样复制品的零售机构;还得有一种个体在其中被视为有能力发明新事物,并且有兴趣参与资本积累的宽松的经营者体制。这些因素彼此融合又各自独立,仅此就能在文化认知和社会空间上保障作者身份。正像我下面要讨论的一样,这种身份特征同时也需要模拟技术:它能够证明,不管是思想、风格还是言辞,只要是印刷在书籍上的内容,就是作者观念的一种直接表达;简而言之,书籍应该是一个本原的、真实的作者的模拟复制。

　　在讨论数字时代作者会具有怎样的命运之前,我想通过对福柯的立场的简单回顾,来探讨一下我所称的"模拟作者"的特征。福柯有过大量复杂而具有说服力的关于现代作者的概念性论述。他的分析的不寻常之处,不仅是其具有的严密性和广泛性,还包括对数字化作者身份的预测。综观"作者"这一问题的方方面面,我认为福柯的一些洞见击中了要害。

　　在他那本广为人知、影响深远的随笔《作者是什么?》(*What Is an Author?* [1969]1984)中,福柯对于现代意义上的作者提出了四个观点:

---

　　① 同时请参阅亚兹和伍德蒙斯1994年富有价值的论文选集。在作者之前的关于写作之地位的讨论请参看皮斯在1995年的著述。皮斯把前现代的作者(auctor)与欧洲人对新世界的探索联系在了一起。

1. 支配了文本意义的人文主义（humanist）作者。作者表达、谋划并且创造所有能够在文本中读到的意义。

2. 结构语言学家对这种人文主义作者的排斥。这在罗兰·巴特的随笔《作者之死》(*The Death of the Author*)里最为明显。按照这种观点，文本的意义不再与作者有实质性的联系。在印刷时代里，这是一种外化的材料中纯粹共时性的、符号学的客体。在这里，福柯对巴特在论文中提出的读者地位的转换问题并无兴趣。

3. 一个后结构主义者的观点。比如福柯舍弃了结构语言学家对于作者将要消失的观点，转而认识作者的重要性，但这并不是人文主义者的认识。福柯用"作者功能"(author function)这一术语来描述把作者视为意义之来源的现代社会中的组织行为和自由身份。如今，批评家们已经能够认同现代社会中作者的重要性，但他们并没有对此加以肯定、赋予其合法性甚至为此欢欣鼓舞，相反转而分析身份的建构。作者的这个"谱系"(genealogy)（如福柯所称）也是对它自身进行批判的基础。

4. 福柯给出的对于作者最后一种看法，对他来说是最平淡无奇的一个。① 福柯提出了一种替换性的、将来的、理想化的"无作者"(nonauthor)，它的地位与网络空间中的作者，或者是我认为的"数字化作者"(digital author)的地位极其相似。我想更为详细地检视一下这一内涵宽泛的观点。

福柯试图描绘一个"后作者功能"的将来，但他的努力再次产生了一个他在阐述其他问题时多次反驳过的理论问题。作为对现代主体批判的一部分，福柯以一种保守的姿态，反对"传统知识分子"意欲建构能囊括所有历史领域的宏大叙事的倾向。在这一宽松的体制下，理论家或者将当下作为人类本质的完善状态，赋以合法性，或者通过预测一个服务于同样目标的将来（孔多塞的"第十时代"，马克思的共产主义理论，尼采的"重估一切价值"），来制造一个宽松的闭合

---

① 就我所知，福柯对未来替代性的论述只有罕见的两次：一次是在1980年与毛泽东主义者讨论一种拥有比监禁更严苛的惩罚系统存在的可能性；另一次是在其性研究第一卷的最后部分，他陈述道，一种"身体与欢愉的与众不同的经济"超越了"性"的范围(1978:159)。福柯也讨论了乌托邦(1986)，但这些都是过去与现在的，不是存在于未来的空间，尤其是妓院和殖民地。

(框架)。

最让人吃惊的是,人们如果阅读《作者是什么?》的如下内容,就会发现福柯也有着相似的姿态:"我认为,当我们的社会正在改变,那么在改变过程中的每一个时刻,作者的功能都会消失。在这种情形下,小说及其多义性文本会再次以另一种模式发挥作用,但依然带有一个限制性系统。在这一系统中,一个人再也不是作者,却不得不被决定或者被经历为作者。"(1984a:119)这段文字篇幅短得要命,没有说明何种过程正在改变,或者为何这种改变会导致作者功能的消失。不过,在他文字的说明性部分,福柯谨慎地预测,作者身份遇到的麻烦,并且将被新的限制所取代。此外,福柯认为,随着未来飞速到来,一个人无法推测新的体制,但在试图命名和概述这些自由的障碍之前,他必须耐心等待着它的表象(apperance)的出现,并"经历"(experience)它。在提出了这些告诫之后,福柯提出了超越作者功能的"第十时代"(tenth epoch)。

福柯所描绘的将来几乎将作者完全从文本中驱除出去了,它将解释的焦点从读者的关系转移到从文本的外在(exteriority)理解的话语上来,不再问及原创者(founding creator),不再涉及有意义的文本前后相继的联系。福柯的超越作者功能的有关写作的图景看起来和本杰明的"韵味",和文化工业的巨头都有所龃龉。下文的内容足以表现福柯的另类之处:

> 所有的话语……都会在一种匿名的怨言(murmur)中生发。我们将听不到一直以来已被改头换面的问题:谁真正说了?真的是他而不是其他什么人吗?有什么真实性和新奇性?在他的话语中,哪一部分才真正能够表现最深处的自我?相反,将会有一些其他的问题,比如:这种话语存在的模式是什么?它已经在哪里被使用过了?它们是怎样流传的?谁出于自身的考虑会赋予其合理性?其中可能存在主体的空间位于话语的何处?谁能够设想这种种主体的功能?在这些问题背后,我们几乎什么也听不到,除了一种絮絮叨叨的异议:是谁在说有什么关系吗?(119~120)

如果一个人能够通过福柯的理论去想象未来(在这一未来之中,作者与文本的关系是如此淡薄),那关于转换的问题这一久远的马克思主义难题就抬起头来。作者的身份将怎样消失,特别是在考虑这种身份已经很好地进行了自我调整以适应从印刷到广播媒介的改变之时?是什么社会过程剥夺了作者对他/她的话语的统治权?在人们的设想中,哪种转换解除了文化实践中读者、听众、观察家的思绪,让他们除了思考"谁在说",就不再思索别的东西?

福柯将他的后作者功能文化设想为一种异化(heterotopia),一种对业已建构的空间范式进行批判的不同的空间。在他的言辞中,异化"在与其他所有位置(site)的关系上,有一种奇异的存在的特性,但又是一种怀疑、压制或者颠倒了它们的同时恰巧也在指明、映射或者反映它们的关系"(1986:24)。这种能够解除作者身份的新空间将会如何建立?那种取消了作者与文本、作者与书籍、作者与读者、作者与印刷物、作者与政府之间联系的话语在一个空间中是如何产生的?(要知道)上述这些联系在现代社会的形成过程中曾经是非常牢固的。

我认为,与电子网络相关的数字化写作的实践,可能就是福柯虽然做了预测但没有认定的媒介形态。① 正如印刷品一样,许多形式的数字化作品将作者和文本分离开来,但也调动了文本,故而读者可以自行转换文本——不是仅通过他/她的想法或者一些旁注,而是加诸文本自身从而改换成另一文本加以传播。数字化写作可能将作者从文本中提取出来,将他/她的意图、风格、概念、言辞以及思想从文中显而易见的意义之中剔除出去——简言之,中断了一种模拟回路(analogue circuit);而通过这一"回路",作者能使文本归属自身。财产所有权机制强化了创作者与被创造物之间的一种联系,这种联系从神的时代延续到人的时代,虽然内容已经改变但依然留存于范式内部。数字化写作可能会带来那种对于福柯一直梦想的"谁在说"这一问题漠不关心的状况,这倒可能使通过话语网络形成的联系、交往群体以及意义的散播等成为问题首当其冲的核心。这不单是对于那些字母文本,就是图像和声音也不例外。这一问题与媒介调节

---

① 德里达对著述者的技术性暗示及言说主体的问题更敏感。在《精神:他者的创造》(*Psyche: Inventions of the Other*,1989)一文中,他阐释了自己在新技术的版权及专利法方面的解构理论:"专利……只要被人看到,就被所有类型的干扰因素影响,尤其是那些来源于复制及通讯新技术的专利。"(45)正因如此,"解构必须承担起质疑创造发明的传统地位的任务"(43)。于是在呼唤对作者功能进行批评的问题上,福柯不再是孤身一人。

(mediation),与从模拟到数字技术的变化息息相关。

福柯在"谁在说"的问题上坚持的"漠不关心的怨言",呼应了他对于"笛卡尔—黑格尔"式个人主义的批判,但也给他的谱系学方法带来了麻烦。在他的论述中,他在书本和作者功能的领域内构思出一种可以彼此替换的文化位置。他没有简单描述作者功能的谱系,并让他的读者构思、创设另外一种谱系学,而是突破了理论的限制,拓展了作者的功能,将其用到探索政治运动的方向上来。由于在20世纪70年代,福柯没有,也无法意识到未来超越作者功能的网络化作者身份,有人可能会质疑说他太自以为是了。①(不过)在某种程度上,他指出的方向是十分具有启发性的。在当时,虽然世界上还没有任何数字化写作的实践活动,福柯"大言不惭"的建议再一次挑动了"作者功能"的问题,使他自己的文本成为新文化的一个并无实质(empty)的支持者。只有在网络化处理的语境中,对"谁在说"问题的漠然,才会对由各种力量关系偶然组成的领域中的实践行为产生一线影响。因此,我认为这种情况中的作者功能,就可能被认定、同时也被缩减为可以批判的东西。②

在此,我意欲引入"模拟作者"(analogue author)这一术语,取代福柯的"作者功能",以"数字化作者"取代福柯的"后作者乌托邦"。

"模拟"、"数字化"这些术语来自技术领域,它们被用在这里,表明了媒介处理的一种集中性(centrality)。至此,我期待的情况已经清晰了。但我并不是在一种毋庸置疑的、先验的、特定媒介借以制造特定作者身份的意义上使用这些术语。与其说我的论证是哲学性的,还不如说是历史性的:现代的作者形象被束缚在印刷技术中;而在最近,可能是后现代,可能是未来,媒介化的计算机乃至写作的网络化形式,都在事件的偶然性世界中制造出了一种数字化作者。在我看来,两者之间的主要差异在于作者与写作之间的关系被改变(alterity)的程度与形式。在文本与作者自我之间,模拟作者设定了一种有力的关联,一种自恋的、映射性的联系,文本在本质上就是作者表现的自我——他/她的风格、品位、思想和感觉。而数字化作者

---

① 其他人也意识到福柯的理论在理解互联网方面的价值。在博伊尔1997年的论述里可以看到相关例子。

② 我感谢唐纳德·皮斯指出了福柯在这方面的问题。艾库克在1999年也有关于同一问题的很有意思的文章。

则意味着文本与作者之间关系更大的一种改变,这部分是由于写作的数字化特性。我认为,数字化写作既打上了作者的技术性烙印,又是一种新的有关历史并列关系的(historical constellation)指定形式;后者虽然是新生的,但其影响看起来正越来越具主宰性。所以我借用了技术领域中"模拟"和"数字化"两个术语,又同时对二者进行了修改,以指明各种"作者"和"文本"的关系在程度上的不同。

性别化的作者

由模拟到数字化作者系统的改变,打破了曾支撑前者并从中获益的现存的权力秩序。其中不可避免地包括统治者的地位——从那些直接掌控模拟媒介的(好莱坞大亨、跨国集团以及为数不多的循规蹈矩的作者和艺术家),到那些更为普遍的旧有的权力团体(男人、西欧人、长者)。对作者功能的"搅扰"(disturbance),从整体上动摇了阐述和主体构成的地位。从其他角度来看,它是跟那些挑战现状的政治活动联系在一起的。我们会惊奇地发现,并非所有的社会和文化的批判者都对福柯的乌托邦感到满意;相反,有些人倒从中看到了对他们所构想的正义之机会的一种威胁。在转而检视数字化媒介之前,我想先考察一些如下反对意见。

南希·哈特索克用雄辩的语言反对"主体之死"这一结论:

> 不知怎么的,在历史的这个时刻,它看起来非常可疑……学术界对"主体"的本质、对一种能够描述世界的宏观理论存在的可能性、对历史上的"进步"等问题提出了疑问。此时,我们许多曾一度沉默的人开始要求命名自我的权利,要求作为历史的主体而非客体来行事。为什么正是在这样的时刻,"主体"概念开始备受争议(problematic)? (1990b:206)

在其他方面,哈特索克(1990a:170)甚至还谴责福柯"摆脱了主体的理念或主观性"。这恰恰使他在对主体的批判上走向了自己的对立面。福柯并不希望以某种方法消除主体,而是意欲在历史问题的争论中,将主体的建构视为问题的中心。

哈特索克抱怨道,关于"已死的作者解除了统治团体之权力"的理论被视为对于去政治化(depoliticization)理念的一种抵制,这种理论在福柯《作者是什么?》之类的著作中屡次得到呼应。① 在这里,我举南希·米勒为例。她为讨论主题特别增加了性别上的提示:"只有真正拥有的人,才会在两手空空的时候也玩转自如。"(1982:53)而且,安妮·迈克林托克也再次应和:"在二战之后,曾经沦为殖民地的国家艰难地取得了独立;大量的有色人男性和女性走进大学之门,他们坚持认为需要在恪守的白人、男性的主体性之外,重新界定另一种主体性;正是在这样的时刻,对主体的挽歌已经唱响。过去曾被剥夺了公民权利的人语气强硬地声称,需要明确属于他们自己的身份和权威。在这个时候,'作者'就宣告死亡了。"(1995:304)确实,对于这种争论,以福柯式的方式来看,福柯对于"主体解除统治团体权力"的批判可能就变成界定一种明确的女权主义话语的阐释性姿态了。

哈特索克和迈克林托克还抱怨对主体批评的时间选择问题。如果这种批判发生在其他时间,可能会受人赞同甚至赞扬。事实上,福柯在他的女性主义批判中并没有讨论性别(戴蒙德和昆比,1988)或者纯粹的种族(斯托勒,1995)。最终,他也并没有将他的批判立场放在妇女运动、殖民地独立运动和反种族主义运动等相关运动的语境中。不过他的思想有一种语境,该语境与对他的主体批判的理解相关。福柯是在西欧工人阶级运动瓦解之后进行写作的,他的著作正好反映了这一历史性的关节点。

对于主体的批判表征着现代性文化问题理论的重新定位。这种批判也是努力在探索历史发展过程中重大的成功经验。在20世纪60年代末70年代初的语境中,福柯等学者认识到有必要在批判理论中支持这种抵抗性媒介以及笛卡尔式"自我"(ego)的连续性表述活动。如此,西方文化的根基就可能具有史实的根据(historicized),就可以被讨论。可惜的是,哈特索克和迈克林托克这样的思想家,没

---

① 在此我提供两个例子:在斯迈利的文章里,一位非裔美国初级教授玛格丽特·贝尔如此回应"文学理论中的新近时尚":"她并不认为贬低文学作者身份的观点进入主流话语圈与之前一直保持沉默的认为写作和出版具有最深最美好意义的观点同时出现是一个巧合;后者还伴随着以一种带着怀疑的愤怒去阅读、思考的受众的成长。"(1995:134~135)在福柯斯-基诺瓦斯的著述中:"当然这不是巧合……西方白种男性精英宣布主体死亡,而在这一时刻,恰恰是女性、其他种族和阶级的人群开始威胁他们的霸权地位。"(1986:121)

有发现他们的思想同福柯的思想其实有着相同的语境,没有选择去探索福柯置身其中的语境并设法拓展福柯拥有的,同时也能支持他们自身论述的种种因素;而是相反,只把福柯视为他们的运动所面临的一项挑战。实际上,这就回到并且重复了福柯已经打开批判之门的身份问题上去了。

一些批评家反对这种为主体所作的辩护。他们称,处于附属地位的主体不应当去争取一席之地、去占有统治团体所占有的那个位置。卢斯·伊里加利和其他女权主义者指出了这种运动的危险,他们评论道:"任何关于主体的理论总是会带有男权主义的气息。"(伊里加利,1985:133)但是福柯首先就澄清:他既不是为主体作辩护,也不对其加以拒斥。他只是更希望能发展出一种分析方法来阐明主体是如何被建构的,那样我们就能够提出关于自我的新范式。

我不想过多地参与这场在主体批判之含义的宏观层面上围绕福柯著作中的性别特征的种种辩论,我只关注数字化对于作者/主体的建构所造成的影响。从"模拟"到数字化作者身份的转变并不是理论造成的,而是书写在物质上的改变。我也无意从理论的角度公开指摘作者/主体,而是点明作者/主体在社会空间中的重构。数字化作者身份引发的理论问题在于该如何全面理解这些改变,使我们可以认可并获取最多有益的政治学成果。

与哈特索克针锋相对的是,朱迪斯·巴特勒提出了一个富有前景的理论方向。巴特勒写道:"现在,女性正开始拥有一种主体的地位;而有人站在后现代的立场上,宣告主体死了,这二者实际上是同一个意思。"(1995:48)巴特勒继续声称,现代社会的言论产生了完全独立的行动者(sovereign agent),这行动者首先是对语言建构行动者的方法的一种虚假的否定。巴特勒的重要观点值得进一步引用:

> 我的假定是:言论总是以某种方式摆脱我们的控制……独立主体的无拘无束的言论引发了对中介工具(agency)和责任的另外一种看法。这种看法更认可主体在语言中被建构的方式,以及"主体所创造的如何正是它从别处所获取的?"这一问题。然而,有些评论家将对独立主权的批判误解为对工具的废弃。我则认为,何处主权(sovereignty)衰弱,中介工具就由此而生。行动的人(和有完全自主权的人不尽相同)正好在他/她被建构为一个行动者的范围内行动,并且由此,在一块起初就已设下限

制的语言学领地中活动。(1997:15~16)①

这里,语言是在同一性上的实质的、结构的限制(constraint)。一个有关中介工具的将主体设置为语言之外在的观点可以提供政治上的宽慰,但同时也将这一限制性因素排除在外。② 当语言的设置经历了根本性的改变(正如在数字化情况下),人们就无法认识它的物质因素造成的影响,这就使问题更棘手了。

在他的著作《事物的秩序》(The Order of Things, 1966)中,福柯自己曾经就他此前宣告类似的"人的死亡"的观点引起的类似抱怨作了回应。吕·戈德曼,一位知名的西方马克思主义理论家,反对福柯论断中的反人文主义(成分)。福柯重要的回应使得这个问题的原则更加精确:

> 人的死亡是一个主题,它允许他人启发我们思考人这一概念在知识中行使功能的方式。这不是断言人死了,而是关于人是否能看见(seeing)。这不是我的创造发明,而且自从19世纪后期以来一直被不间断地重复着的——人死亡(或者说人将要消失,或者是将要被具有超常能力的人取代)。以这种方式、根据这种规定,人的概念已经形成并且在已经开始发挥功能了。我已经根据作者的观点做了相同的事情。让我们抑制住泪水。(1983:28~29)

没有福柯带笑的讽刺,没有泪水,但我们增加了一种力量。我们必须全面理解随数字化的作者身份而来的主体建构的转变。

现在,有人可能会尖锐地提出关于数字化作者身份的一个极其关键的论点:在(作者身份数字化)这一过程中,主体身份如何被重构?巴特勒关于表述行为(performative)的观点对于探究这个问题不无裨益。言论行为不仅展示事物,而且也改变事物。它们所做的一件事就是建构了主体。但是巴特勒认为,言论行为的这种建构也有些歧义,有一部分从来都不确定(1997:125)。她认为应该对表述

---

① 相似的论述请参阅格罗兹(1995:64)的著述。
② 巴特勒关于表演活动的理论里有关于价值的生动的论述,尤其是那些与同性恋者相关的理论。请参看沃尔特斯1996年的著述。

行为在建构主体中的不完整性作一分析,但不是像德里达那样从与路径形式特征的关系入手(150),而是从关于阐释的完整社会语境中切入。巴特勒提醒我们,言论行为是"在世界中表现的"(perform in the world),所以政治上的希望就在于此:"要使言论行为拥有不寻常的意义,在置身事外的语境中发挥功能——这样的可能性正是表述行为的政治前景。"(161)在社会中,表述行为是互相重叠的,部分原因在于它们"从未完全从身体的力中分离出来"(141)。对于巴特勒来说,身体是基础性的,在表述和言论行为当中,它既是建构性的又是被建构的。她进一步坚持认为,身体这样一个角色,哪怕在写作当中也发挥着作用,尽管在这方面她承认有一些差异。

我们可以总结如下:在口头与书面表达中,表述行为虽不完整但却有效地在世界和人身上建构了主体。不过,即使巴特勒坚持这一过程的社会与政治属性,她也没有指明在谈话中、书写中、印刷材料中、广播中、电影中以及网络空间中,各种不同的身体——文本关系是如何彼此有别地塑造表述行为,然后才产生(尚不完全确定地)关于对象的各种具体形象的。在一段关于警察殴打罗德尼·金事件视频的分析中,巴特勒(1993)援引了她的关于视觉媒介的行为表述理论。她指出了遗忘媒介的存在带来的危险后果,并假设这一观点是与政治无关:"宣称金确实在挨打,也就是意味着一个人正在把这一情况展示给一组知道'怎么去看'的主体。"(17)她反对辩护律师采用的停帧(freeze frame)技术。这一技术将姿势与它们的"在视觉叙述中的即时位置"分离,并消去了音轨(20)。但在这样的例子中,巴特勒对于表述行为之媒介并没有分析得足够的敏锐而透彻。她没有对媒介在言论行为中的角色进行一个更广泛的考察,而是将其置于具体的语境中。她指出"可见的领域是种族间的争议地带",因此"不存在简单的对可见物的依赖"(17)。以这种方式来解构可见物无疑是必要的。不过当媒介自身要求除了社会语境之外还要有一贯性的分析时,巴特勒依然以这种解构对抗媒介与生俱来的"真实"(naïveté)("认为视频'为自身讲述'对我们中的多数来说,显然是真实可信的",17)。

萨迪·斯通(1995)论证了行为表述中媒介与主体的重要性:"西方大多数关于自我的理论,甚至女权主义理论,仅仅由于没能对性别理论自身赖以存在的框架(关于个人的自我意识与肉体之关系的框架)进行简单修正,而停滞不前。"(85)她认为,一旦我们考察身体与自我的关系，我们必须要将通讯技术也考虑其中，正如我们要将这些中介社会群体和言论行为考虑在内一样（88）。在一个更为深入的阐述中，凯瑟琳·海勒斯写道："在行为表述中，'言即为行'（saying is doing），因为表现出来的行为在本质上都是符号化的，且不需要现实世界的物理行为（来证明）；而在计算（computation）的基本层面上，'行即是言'，因为物理行为也含有符号的维度，而这与计算又直接相关。"(1999:275)那么，在质询（interpellation）的表述行为过程中，数字化的作者身份又如何与"模拟"的作者相区别呢？

让我们再举电子社区中的在线同步交流为例。在这儿，参与者都被要求提供自己的身份及性别。在这些案例中，个人在不同地点的不同计算机上输入讯息，阅读他们自己的话语及其他被输入到屏幕上的消息。每一个体都是一个角色，参与者直到一个角色被他人认为是可信时才算成功。这是一种与书信和印刷品相类似的无实体的通讯方式。信息与发送者的身体是隔离的。但这种在线社区的通讯亦与谈话相似，因为它是即时的。重要的问题是在这种情景中表现个体身份的方式。参与者互相询问，以行为表述表明身份，但主体的建构完全发生在屏幕上，完全由通过键盘输入的话语决定。参与者是他们自己作为某个角色的作者，这不是简单地通过意识行为，而是要通过发生在屏幕上的互动。在这种"聊天"情境下，被计算机和通讯网络的界面塑造的主体进入了与对象的一种全新的关系之中，一种隔离但却真实的关系；这种关系使身份面临新的、灵活的、无定论的情况。主体不再将言论行为的表述局限于面对面的联系。这些数字化的作者使一种前所未有的表述行为方式成为可能，在此方式中，质询的过程在通讯中变得显而易见。（过去）警察—老师—家长—老板对个人打招呼的交流方式掩盖了交流过程中表述行为的本质。与此相反，在线交流中，每个人创造自己并且也知道其他人也在创造着他们自己，且每个个体都通过这种创造质询他人。不同于早先的媒介通讯形式，数字化的作者与自我建构的外在表现有关。

苏·爱伦·凯斯在《域—矩阵》(*The Domain—Matrix*, 1996)一书中思考了在线社区（群体在屏幕上的性别和易变的身份）给政治学带来的启示。她起先尝试特别地将性取向的政治学（sexual orientation politics）当作抵抗虚拟世界的一个支点，她写道：

> 当女同性恋和男同性恋的政治被理论化时，就出现了虚幻

(世界)和肉体关系的问题——欲望与社会联系的关系……当书本遭到超文本的挑战,书写遭到数字化形象传播的挑战,与世隔绝的、缺少色彩的、线性的印刷文化亦被新技术的语言学的多维空间环境所取代,金钱可以通过虚拟的银行程序被提取,亲身化的(fleshly)的社会关系可以通过 MUD、MOO、电子公告板以及电子邮件网络传播;女同性恋与男同性恋关系的代表——政治工作,提供了一些理解交流新形式的必要的关键性策略。(64)

凯斯决心遵从于(come to terms with)计算机空间提供的政治学上的可能性,从而将女同性恋事项与全球化的通讯技术联系起来。她曾强调"女同性恋"不是一个身份而是一种空间,一种集体性的空间;在这空间里,一种针对"大众商品化和精英化(transcendence)并存的远程体验(tele-presence)以及整合性全球资本主义带来的同质化(homogenizing)后果"(187)的斗争正在展开。"女同性恋"政治学此后应当尝试正视其最新的电子地带中的对手,并且在其中声明(据有)一个反抗的空间。然而根据研究得出的结论,凯斯在其语言感人的段落中承认,《域—矩阵》的写作使她对自己政治观点的基础提出了质疑:"当我开始写这本书时,我对现实中的身体和行为是如何与计算机屏幕与表述行为联系起来的观点,比完成此书时要坚定得多。当我在这一领域中围绕性别、性别特征以及民族等(范畴)展开我的论题时,我对这些范畴的关键性的控制能力似乎在减弱。确实,这一领域超越了这种细分,我开始感觉似乎全球主义的某种形式正在征服我对它的批判。"(235)这一朴实得近乎残酷的段落,还记录了联网的计算机屏幕之发展的本质。当身份通过键盘、鼠标和屏幕跟互联网挂钩时,批判工具的最初形式的稳定性被动摇了。网络空间交流中对自我建构活动的要求越迫切,这里的人或机构受到信息机器的调节作用也愈强烈,互动空间的分布也愈广泛;在这种互动空间中,几十年前的反对意见看起来再也无法掌控局面了。在这种情景下,再坚持工具政治学,不啻将脸埋进人类的逝去年代的沙堆之中。

技术不确定性的题外话

　　文化理论家可能会立即提出反对意见,说我通过对新技术的介绍就直接得出了关于话语和实践行为的相关结论,这是在危险地卖弄技术决定论。为了提防这种批评,我认为技术并不必比语言或行动更加单义化(monosemic),技术的影响也绝不是技术创造者的意图或技术内部"物质"能力带来的线性结果。例如,互联网并不是沿着美国国防部最初定下的线路发展的:在苏联的核打击下保障计算机通讯。现在,苏联已坠入由"前"字来修饰的名词目录中。而互联网对于美国国防部来说看起来更像是个威胁,而非它所设计的工具。在我个人关于写作技术的经验中,同样的偶然性可资佐证。20世纪50年代中期,在纽约的初级中学里,我被要求修读一系列介绍实践技艺的课程。我学了烹调、缝纫、木工以及打字。学习这些课程的目的是,万一未来我不进入中产阶级的职业,我就可以有些手工技艺。这种训练又是高度性别化的,因为我们这一代拥有大学文凭的女性经常被诸如地位低下、缺少打字员的出版社之类的专业行业所雇佣。不过,即使在我的学术职业中,这些基本技术——或者说至少它们中的一些——也被证明是有用的。尤其是,曾被认为是秘书的粗活的打字技术,被证明是非常宝贵的,因为它们的社会地位已被改变。打字技术,首先被学者接受,然后随着商业的计算机化,更是被经理人和管理人员认为是不可或缺的。在我的一生中,键盘(打字)技术从低等职员操作的机器变成了科学家和商业领袖的核心工具。随着在通讯中使用计算机,它又进一步转变成传递讯息以及在电子会议中"聊天"的工具等等。同时,它也成为腕管综合征(carpal tunnel syndrome)等肿胀性疾病的病因。这般简单地探讨一种技术,就足够说明机器与人类之间联系的复杂性。而且现在我们必须进一步思考数字化写作的问题。

第五章 模拟作者与数字化作者

模拟与数字化

从印刷到计算机写作的这一改变需要一种书写印迹（trace）物质材料的变革，从而书写就可以进入这个世界，在其中散播、存储。这一印迹之物质结构的变化尚未得到人文科学领域中大多数学者的足够重视。① 但是，这种物性变革，对作者与读者、主体与言论客体以及文本、图像或声音等种种文化交流形式之关系的重构，至关重要。马克思在《德意志意识形态》(*The German Ideology*)一书中写道，语言犹如空气般不实和混乱。他呼唤人们注意语言的物性（materiality）——这只存在于物质形式中——但奇怪的是，他并没有就口语传播到印刷传播的变革提出问题。印刷不是一团"空气"。就他自己来说，这种忽略让人感到奇怪；因为印刷技术对传播他著作中的政治经济学批判是如此重要，也因为在那个时代，印刷技术正经历着重大变革。廉价报纸的诞生与流行将当下的政治信息传播到工人阶级，这样就大范围普及了阶级意识。而打字机在那个世纪后期的问世，为妇女就业带来了新机会，而且无论对作家还是读者来说都大大改变了文学生产的形式。马克思忽视技术因素对于印刷的作用是个意外。批评理论家们已经普遍地从这一媒介中阅读并传播信息。

---

① 我很高兴地说，这种状况正在快速改变。近期有无数著述试图解释信息机器的调节功能。请重点参看阿希斯在 1997 年，马斯滕、斯托利布拉斯及威克尔斯在 1997 年，沃德和泰勒在 1998 年的论述。

符号在物质形式上从印刷到计算机写作的转换，最起码可被看成是从模拟到数字化写作的转变。这个公式（formulation）通常是由那些对哲学问题所知有限的技术专家们提出的。人文学者要认识到这一问题的技术层面，而工程师们要把握住问题的文化层面。这一点很关键。① 我将关注模拟与数字化的区别，并尝试从技术与理论两方面来探讨这一区别。

"模拟"这一术语指复制物与原物之关系的一个方面。比如一段声音的录音就是将人发出的声波转换为金属氧化物粒子结构的聚酯波段（Mylar band）。这一过程的完成，有赖于一种能对电波做出反应，并将无序的粒子变得规整的电磁变频器。录音带上的粒子结构与原先的空气振动波之间的关系，就是一种模拟。因为粒子的密度与分布状态与波的振幅和频率及响度和音调相一致。同样，这种类似的关系还存在于古老的乙烯基录音技术中。录音带上有凹槽，铁笔或磁针循着凹槽的轨迹，按照特定的宽度和长度形成声波的模拟结构，从而复制声音。虽然是磁带或乙烯基的录音都是与声波构成材料（即空气）不同的物质形式，但它们之间有着同构关系，或者说相似性。由于这一模拟技术，有些人甚至能够通过"读取"乙烯基碟上的凹槽，就能判断其所记录的是何种音乐。在照片、电影和电视图像之中，这种模拟关系存在于光与记录介质之间。

复制则有所不同。在上述情况中，对声波的记录达到每秒钟4万次（这是人耳所能感觉到声音的最高频率——每秒2万次的2倍）。计算机按照一定公式，用0和1记录下声音的响度与音调。将声音与0、1组合相对应的公式是任意性的。在数字化录音的情况中，数字及声音之间并不存在任何相似或模拟的关系。阿拉伯数字无论如何都不至于"看起来像"声音。数字化录音中记录与原声的关系，与模拟录音存在一个很大的区别。我们不可忘记，两种复制方式都存在材料的转变，但数字化录音的结果与原声之间毫无相同之处。

另外，我们也注意到，许多人认为数字化复制比模拟复制更高级。故而，在录音与原声一致程度的高低上，数字化和模拟有所不同。数字化复制较模拟复制具有的优势，正是源于这种不同。有两个独立却彼此相关的问题随模拟与数字的相异而产生。第一是关于模拟与数字化之差异的特性。第二是数字化作为物质形式的具体特

---

① 第一次关于模拟和数字化区分的重要讨论出现在维尔登1972年的论述中。

性,如电子特征、数字特征以及精确复制、光速传输和高效存储的能力。这些问题的答案所蕴含的意义,对社会、文化和政治问题都具有潜在的重要性。它们切切实实引发了人们对数字化带来的作者与读者身份革命的忧虑。

模拟与数字化复制都是原始信号或者输入信号的转换。书写、印刷之词不同于口说之词。后者由时间和空间二维确定,存在于一时、一处。相反,书写作为物质的痕迹,在时间上稳定不变,在空间上又可移动。手写引入了作者、读者与文本的一种关系;打字与印刷则引入了另外不同的关系。口说之词由耳朵记录和复制;书写则取决于眼睛。书写的每一次形式变迁都对作者、读者带来重要影响;从楔形文字、胶版复制到法典(codice)、书籍,书写的历史变迁大大改变了它的生产与接受的社会文化形式。不过我们必须承认,口说与书写之间的区别,其程度要比书写各种形式之间的区别大得多。那么,数字化书写应当被视为书写发展历史中的一种变异呢,还是继口说发展到书写之后一次更重大的变革?我先把这个问题留给读者,先转而探讨印刷与数字化在特征上的区别。

印刷有赖于字母表,而字母表不是模拟类型的复制。早期的字母比如表意文字的确模拟其所指代的对象,而由单元(unit)组成的希腊文字与其含义之间并无这种联系。"Tree"这个单词并不像"树"的样子。从这个意义上说,这种文字就是数字化(我所使用的术语)的。在希腊文这样的文字中,各种书写物质材料从备受约束的"模拟"方式中解放出来。对比有数千个字符的表意文字,希腊文字只有不到 30 个的不同单元。当然,这些字母与读音之间的确存在同构或近于同构的关系。这就是它们与表意文字书写有所不同的抽象性和更高程度的普遍化(波鲁什,1998:50)。特定语言中的字母"a"仅代表一种发音指令,而作为一种物质材料的印迹,字母"a"看起来不像任何声音,因此也不存在模拟关系。① 尽管表意文字必须包含指称对象(比如姓名)的发音元素,但是,非表意文字要比表意文字有更高的清晰度(articulation)(杜克罗特和托德洛夫,1979:194)。发音元素强调了书写符号及其指代物之间的一种(对应)联系。希腊文字则引入了书写符号与口说形式(utterance)这两种语言形式之间的联

---

① 马歇尔·麦克卢汉发现字母表的发明与一种对可视性(visual)的强调有关:"因为写作是一种对不可视的空间与感觉进行的可视性的禁锢。"(1962:43)

系,即书写和口语的联系。文字与所指代的事物间的联系成为一种随机性的约定俗成,而语言内部物质印迹与声音之间的联系则更加牢固、更加直接。①

有了各种印刷技术,复制就变得简单了。它们保留了旧的书写形式在时间维度上的持久与稳定,又在空间维度上大大扩展了文本的传播范围,这样就改变了文化。仅仅是通过文本在空间的广泛传播,印刷就使得书写实现了民主化。不过,印刷仍然受着与以前书写方式同样的物质材料的约束:它必须使文字存在于一种经久耐用的材料上(比如纸),而这种材料是稀缺的。这一无法克服的局限,彻底限制了印刷在时间和空间上的传播范围。不管拥有了何种印刷技术——从古腾堡活字印刷术到最先进、最自动化的印刷设备,印刷都需要经久耐用的材料。有了印刷术,语言虽然从口说与手写中松绑,但仍然被其物质载体牢牢束缚。

数字化(书写)在时间的保留性、空间的扩展性以及字母的清晰性上,跟书写和印刷相比也毫不逊色。数字化引入了另一种清晰的语言——用 0 和 1 的序列表示字母。增加了这两个数字,在书写和印刷形式上要繁琐些,就如罗马数字要比阿拉伯数字复杂些一样。但转化成 1 和 0,语言的物质材料则可以转换为电子的微观世界。用凯瑟琳·海勒斯的话说:"计算机读写机器语言用的直接是二进制码,1 和 0 分别对应电磁的正负极性。"(1999:274)数字化模式带来的最大变化在于它可转换为有或无的简单形式,即能转换成最小的物理元素,如脉冲或电子。电信技术在某种程度上具有这种"简化"能力,不过依然和牛顿声学的宏观世界紧密相关。当字母被转换为数字,它就脱离了印刷的约束,进入另一种全然不同的物理规制:电子语言。数字化的编码语言依旧与社会世界的脐带相连,它将回归并且进入人类的书写或口说语言,被人类有意识地阅读、听取并认识。不过在此之前,电子语言在一个肉眼无法看见的世界中运动,并受其物质材料控制。数字化的语言以电子形式存储在计算机中,通过电话线或者无线电波向世界任何一个角落即时传送。

---

① 昂(1982)争辩道,希腊语是唯一一种真实的语言。

作为机器的书:两种观点

数字化书写引发了一个众人关注的巨大问题:技术哪一方面应该被优先采用?数字化书写的哪个方面影响着作者和读者?如何影响?计算机机器、软件、图形界面、网络、程序编码、二进制存储系统,哪一个更有可能成为数字化书写的重点?为弄清这个问题,我将分析弗里德利希·基特勒和维勒姆·弗拉瑟的研究,他们深入研究了技术的物性问题。

基特勒写有几部关于文化与信息技术的大部头著作:《话语网络:1800/1900》(*Discourse Networks:1800/1900* ,1985),《留声机、胶片、打字机》(*Gramophone, Film, Typewriter*,1986)和《恐怖片的遗产:技术性书写》(*Dracula's Legacy: Technical Writings*,1993),他对技术文化差异的展现与研究在原创性上几乎无人能及。① 基特勒把对技术文化的比较放在了它们的存储、传输和现实运算的能力这些方面,他从"回顾网络运算的发展"这一极有建设性的立场出发进行了研究。比如,他研究了书的技术文化与其记录现实的关系。在这方面,印刷的书籍用词有限;留声机唱片、录音带会遗漏声音,胶片会遗漏活动中的影像;声音和影像都是体验性的事物,读者阅读书本时,不论它们是否存在都会将它们融入阅读之中。基特勒写道:"在 19 世纪,书既是电影又是唱片——不是作为一种现实的媒介技术,而是作为读者灵魂的想象。"(基特勒和约翰斯顿,1997:39)读者会用想象创造出遗漏的部分。基特勒巧妙地抓住了书本技术因为材料的局限而带来的媒介影响:"只要书本不得不承载连续的数据流……文字(就会)带着感觉与记忆中摇摆。阅读的全部激情来自字里行间的幻想。"(40)到 20 世纪前后,留声机和胶片开始被用于音频、视频记录,这永远改变了书本在文化中的地位。基特勒写道:"以文字来构建的一个真实、可视、有声世界的梦结束了。"(44)书本在文

---

① 《话语网络:1800/1900》由迈克尔·米梯尔翻译(斯坦福大学出版社,1990 年版)。《留声机、胶片、打字机》与《恐怖片的遗产:技术性书写》的节选被收录在基特勒和约翰斯顿 1997 年的文章里,现在已经有了完整的书(基特勒,1999)。

化材料的存储和散播中的垄断地位结束了。

在基特勒的框架中,我们可以很好地理解文化媒介(比如虚拟现实系统)和小说之间的区别。习惯了接受小说规训与质询的个体时常发现很难理解虚拟现实系统的新方法。那些书面的类型把小说看成一个虚拟现实系统。但基特勒认为也仅仅如此而已,因为书的读者会产生这些印刷文字丢失了视频与音频数据的"幻觉"。在书本技术文化中,读者已经发明了一种用想象补足缺省信息的方法。不过作为由书本的技术力量构建起来的主体,这些个体只是假定书本物质形式的自然性和必然性,而没有意识到这种形式所具有的功能。不过,精确地讲,这种具有生产能力的想象正是在虚拟现实系统等随后的媒介中被改变的东西。书本的读者会发现(书)对虚拟现实系统、电影和其他媒介而言没有用,甚至还抱怨书本比这些媒介高级;而事实上,他们仅仅在各种技术中做出了一个优选。他们通常无法看到那些被其他媒介——电影、电视或虚拟现实技术等建构的个体如何倾向于上述媒介而不是书。因为,被不同的技术文化所建构的人们已经习得了不同的接受能力,能够在视觉、听觉信息或数据流之外生成意义(比如视觉想象)。随着20世纪媒介技术令人难以置信地不断升级(不是指我们将要在21世纪见证的),理解由各种媒介所建构的主体的各种能力极其紧要,而不能(像过去一样)盲目地、反复地坚持认为只有一种媒介——书、一种文化技能——想象力或理性才需要被视为智能而得到人的认可。这一理解在一些高等学习研究机构是尤为必要的。

关于如何理解数字化的问题,基特勒在技术的几个相关方面做出了一些在我看来不算最佳的选择。在特定的场合,他把从打字机到计算机这种书写工具的变化看成是一种感知力的丧失。他用"相当可悲"(a rather sad statement)来描述这种变化,"书写文本……不再存在于可感知的时间和空间中,而是存在于计算机存储器的晶体管单元中……(计算机书写)看起来隐藏了书写的动作:我们不再去写"(基特勒,1997:40)。① 也许把数字化书写作为一种机器处理方式,就会得出这样悲观的结论。和打印手段不同,这种书写无法被作者看到。机器用0和1的序列组成文档表示文字符号,并存储于磁

---

① 另一种译法忽略了"悲伤"一词:请参看基特勒和约翰斯顿1997年的论述(147);同时请看基特勒在1994年的著述(319～334)。

盘中。虽然文字出现在屏幕上,但在基特勒看来,其实是不可见的。作者无法进行检查,因为这些文字位于机器上极小的区域。这里,基特勒看到了一台单独的计算机机器上数字化文本的物理特性,却忽略了它的连通性(connectivity)。他注意到了电子文本在单独机器的硬盘中的存在,却忽视了它的文本传播网络的存在。简言之,基特勒对数字文本的理解局限在他自己与储存在他的计算机里的文本的关系上。他以一个模拟作者的身份考察问题,沮丧地发现他的存在已在书写中丢失。人们轻而易举就可以成为数字化作者,并通过网络的超文本链接发现一些匿名的低语(murmur)。

基特勒阐述了书本以想象方式构建的主体。他从想象(领域)的新发现入手,重新阐释了19世纪早期的文学文化,以及随之而来的个体作为特定话语网络的历史的副产品所具有的深度。当时的哲学家和文学理论家为先验的私人化(transcendental interiority)状态而鼓吹,基特勒却将其与印刷在物质上的局限性联系起来。维勒姆·弗拉瑟把视角转向了模拟文本书页上的线性排列关系:字母组成单词,单词组成句子、段落等等。弗拉瑟也关注印刷页面的物质特性,将书本所建构的读者描述为一种适合逻辑思辨和历史解释的线性思维。他写道:

> 首先,我们检视一下书写,(就会发现)它呈线性排列的字符给人印象最深。这里,写作由此作为一种单向度(one-dimensional)思维的表达,以及感觉、意愿、评价和行为的单向度方式……写作这种符号的线性串联,首次使历史意识的发生成为可能。人只有在逐行进行写作时,才能逻辑性地思考,去计算、批评、进行科学追求和哲学探讨——并采取相应的行为。(1992:11~12)

在基特勒看来,书本建构了私人化的主体,延展了想象的功能。但与之不同的是,弗拉瑟将模拟作者视为具有线性心智(mentality)并且扩展了特定理性形式的人。

由于对印刷技术文化的研究才刚刚起步,因此我们无须在基特勒与弗拉瑟,即书本通过声音和图像的"不在场"(absence)来建构主体还是通过线性排列的符号来建构主体二者之中做出选择。在这点上,我们能看到焦点问题的棘手之处就已足够了。认定媒介精确的物性，对于理解其文化后果十分关键。但这在本质上无法选择。也许研究者探索一种线性审视——设定一种媒介的局限性或把它作为表面现象，并且通过在组织机构与个体身份之间、在实践活动与给定时空中的主体位置之间建立联系来尝试一种文化分析，这样会更有益一些。我将首先在作者以模拟形式显现的复杂的组织矩阵之中，来考察作者身份与版权的关系，从而扩大我的研究领域。

模拟作者

版权的历史很复杂，在不同国家、不同地区各有区别。但在所有的情况中，版权的法律体系都与作者问题有关。最初，版权与书有关；后来，其他的文化对象如电影、品牌等，也被纳入版权问题中。不过，版权是围绕作者身份而起源的——（作为作者的）个体创造出了独特的、需要特殊法律的保护的事物。但是在英美法系中，有人会认为法律实际上保护的不是具有独创性的文化对象——小说作品或者理念，而是"书"这种刊载和复制原创小说的物质外壳（鲁利，1993：25）[1]，只有书是版权规范的主要甚至唯一的对象。而在模拟作者的文化实践中，（又是）存在于书本内的思想决定其意义，那么思想与书本的区别就无法从法律上有效做出。

在这一点上，我需要提到版权的另一个特性，它与书的技术性特质有关。机械印刷技术产生了大量副本。我们能生产大量副本这一简单事实改变了作者与读者的关系。受众丧失了具体特征，变得更为匿名、更为普遍。另一方面，作者自身的位置更新颖、更模糊（更难接收到受众的反馈）。作者与读者之间的距离引发了新的书写实践活动，在其中，作者被鼓励使用文本手段控制阅读的过程。在写作过程中，作者不得不花更多的注意力把略显陌生的读者引向作者所选定的方向。这样，作者的一种"模拟"就以一种控制的声音的模式（controlling voice），被植入文本。作者的著作权威被置于文本的内容和结构以及页面的符号编排之内。在大量复制、作者与读者的距

---

[1] 在此，我要感谢安妮·波萨摩，多亏了她我才知道了这本有趣又有用的书。如果想看到全面回顾写作与网络关系的历史，请参看列文森1997年的文章。

离越来越远的情况下,书的现代形式就体现于符号在句子、缩排、段落、页、脚注与图表上。

作者身份的出现与将书作为作者的体现(emanation)及一种可靠的复制品的标准化印刷并不是突如其来的现象。正如尼采和福柯提醒我们的,起因在于一片"力量之场"(a field of forces),带着针对旧事物的斗争及适应,并且只在一个历史性的起源进程中变革、形成。既然模拟作者即将让路于数字化作者,我们就很需要重新回顾模拟作者诞生的历史背景。这样,我们可以避免把模拟与数字化抽象地对立,避免对数字进行美化或者妖魔化,也可以避免技术决定论带来的混淆视听。

在对模拟作者起源的研究中,很有帮助的是最近关于印刷书起源的一些研究工作(戈德堡,1990)。其中,我发现最有助益的一项研究莫过于艾德里安·约翰斯的权威之作《书的性质:印刷与生产知识》(The Nature of the Book: Print and Knowledge in the Making,1998)。约翰斯的贡献在于,首次提出书最早是诞生于行会(guild)的社会文化经济之中。这在今天看来非常正确、非常明显,但在他之前却没有人注意到。印刷新技术由资本主义之前的封建社会的工匠所发明。行会被组织起来,生产质量稳定、对原创性要求不高的日用品。行会生产的日用品都是集体劳动的结果。在关注模拟写作的起源与形成时,我们必须明白在这个充分现代甚至后现代社会的市场结构中,现有模拟身份的结构是一个长期转型过程的结果,这一过程始于我们认为连作者身份都不可能存在的语境之中。

我们的印刷文化有两个法则,且这两个都不适用于书本生产的第一个世纪:一是人们手中拿着看的,是所有其他人的精确的副本,同一版本的书更是如此;而书的"作者"被确信是那些书写人们所看到的文字的人。但是这些印刷文化的核心,在书诞生之初并不存在。约翰斯这样写道:"第一本被誉为没有错误的印刷书直到1760年才诞生。在那之前,书皆变化不一,哪怕单一版本也是如此。"(31)直到古腾堡发明活字印刷的两百多年以后,有着可靠文字的书才出现。此外,约翰斯详细介绍的书籍生产行会的工匠们的劳动激励了创造性的排字活动。他写道:"排字工人并不盲目照搬作者的手稿。相反,他在编排中享有充分的自由。"(87~88)在那些年,写书的人几乎没有作为"作者"的权威可言。相反,书归属于其生产行会,如同所有手工生产的产品一样。行会中印刷书本的是文具商(Stationer),他们展开了一场对书本控制权的长期争夺,不是与作者争夺,而是印刷商与销售商之间的争夺。行会会长在这个等级社会中拥有最高权威,印刷工作是在行会会长的家中作业。工作与生活混合是现代欧洲早期的生活特色之一。"作者"在这种机制中充其量是一个客人,并没有多少发号施令的权力(102)。在更广大的社会中,大众观念与主流舆论认为文具商而非文本的写作者才是"作者"。(138)

印刷在诞生的头两个世纪的另一个基本特征是盗版,这使现代模拟作者身份失去了效力。行会最终无法完全控制书本的生产。盗版是文具商行会固有的现象,多到"在非常出色和正直的人中间也不例外"(167)。"盗版"的说法是书籍使用者加于书本的,也是他们用以指明事物某个不确定方面的一个术语。在1600年,人们如何相信事物?在那个主要依靠面对面传播的时代,等级森严,而且以人际关系中的命令与忠诚为基础,对事物的信任只存在于制造它们的个人或群体之中。(因而)对读者而言,文具商的道德品质(moral fiber)十分重要:"对基督教书商品格的评价基于家庭品行、个人信用、宗教信仰的坚定性和适度禁欲……假期、家庭生活、孝行和耶稣救世神学等各方面被认为是密切相关的。"(143)文具商而非作者的这些品质是人们从书的扉页中读到的,这保证了可信度。在面对面传播的世界里,口语本身就具有认识上的价值。如果一个人不认识文具商,那么他从朋友口中听到的(关于书的)内容就决定了印刷在书页上的文字的价值。约翰斯写道:"在这样狭隘但又无处不在的前提下,被流言和阴谋所包围的售书业要想取得成功,最终就需要在彼此频繁接触的人们中间,有效建立、延续关于信任和荣誉的优秀体制。"(113)在这种情况下,盗版仅仅是在读者与书中文字之间建构信任关系的因素之一。

理解模拟作者的出现需要什么样的条件,最重要的一点就是:作者自身并不具备受信任的文化身份。确切地讲,作者不为人所知,他们的特征在读者看来也是一片空白。这个世界中人们首先的冲动就是对作者的不信任。约翰斯很好地论述了在现代早期,阅读的道德行为并不能构成作者写作的认识上的价值。读者经历了几个世纪的时间才建立起对他们的信任。今天,质疑互联网上文字和图像真实价值的我们,与17世纪的书籍读者正处于相同的境地。也许要让我们的祖先习得对书本的信任,比我们信任网络上的数字化作者更困难些;因为他们的信任,经历了一场从即时、即地的口语到溅落在纸上互不相连的油墨的飞跃。

必须要经历一场巨大的社会文化变革,模拟作者才能作为一个重要的身份角色为我们所熟悉。文化教育已变得大众化,这削弱了个人作者权威的关系;书籍市场要扩大,资本主义生产取代行会;版权的法律体系必须得到完善,当政者使之生效;总之,作者要在文化符号的各方面取代行会会长。随后,个体要被界定为具有内在思想(的人),这些要在手稿以及随后的印刷稿中得到体现。思想的原创性价值需要得到提升,读者也必须习得理解其价值、认识其意义的能力。约翰斯认为,所有这些发生在19世纪早期。但正如我们在19世纪末所见的,模拟作者在文化工业资本面前丢失了特点,后者将版权当作了敛财工具。这段历史的讽刺意味在于,人文科学的学术规范得以制度化的同时,模拟作者开始丧失对文化商品的控制力。在模拟作者的身份变得与社会无关的时候,维系模拟作者的身份已经成为人文科学的责任与荣耀。

广播媒介体制下的模拟作者

新媒介发展起来之后,作者与版权的特殊联系有所改变。随着文本、声音、图像的电子化复制的出现,在复制特征上有种种局限性的印刷让位于广播。电子广播大大提高了复制规模,可向上百万观众进行传播。希丽亚·鲁利(1933:51)指出,这种物质生产方式的变革扩大了文化产品的经济规模。有了实实在在的大众,文化事业就呈现出了经济意义。文化,用阿多诺和霍克海默的话来说,成为一种产业。在这种物质生产的新背景下,作者与版权的地位发生了互换:更大的资本带来更多风险,拥有生产条件的人对文化产品的生产与创造具有更大的控制力。电影制片人、广播频道或电视网络逐渐取代作者侵入了文化生产的进程,确保了市场的成功,而这对于18世纪的书籍出版商而言是无法做到的。正如阿多诺所抱怨的那样,媒介创造了文化产品的胜利。他指出,广播电台仅仅需要反复播放,就可使歌曲被人接收到(1978:270~299)。媒介对文化创造越来越重要,而作者的地位日渐衰微。用鲁利的话说:"对新的复制技术的商业性开发,使接受过程而非作者创作过程成为界定知识产权概念的

重点所在。"(1993:56)

广播作为文化复制模式出现后,品牌、标识、形象和商标取代作者成为文化产品的核心和版权的焦点(库姆,1998:70)。知识产权问题向文化产品的这些特征转移①,但版权这一特权仍然保留了下来。在美国经济中,文化产品是仅次于武器的第二大出口商品。其重要性还体现在从工业向后工业经济的整体转换中。在后工业经济的各个层面,信息都将起到越来越重要的作用。适用于模拟作者的版权法,在广播时代形成了完全不同的法律结构。它仅仅是关于产权的一般性法律,而没有保护作者与文化创新。财产的定义将信息也纳入其中,内涵更加丰富,而版权就是其保护力量。在侵犯财产的犯罪中,对物质财产的占有和破坏越来越少,而对文本、形象和声音的非法复制越来越多。

数字化作者

那么,作者怎样、何时被数字化影响?作为假设,我们不妨探讨这样一个命题:写作场景从纸、笔或打字机转换成全球联网的计算机,这一转换使得我们再次明确作者已从文本的中心落到边缘,从意义本源变为意义提供者,其重要性顺序的改变是在一个不断变化的矩阵中完成的。我说"使得我们再次明确"(elicits a rearticulation)而不是"直接促成我们再次明确"(directly moves a rearticulation),是为了避免技术决定论的嫌疑。如果有一种规则可用于引入新技术,那么这就不是决定论(determinism),而是不可知论(unpredictability)。比如,马歇尔·麦克卢汉曾经预言,随着广播媒介的推广,书将会消失。但是随着计算机技术的出现而形成的趋势之一,就是所谓的矛盾修饰法(oxymoronic)数字书。现在,制造商们放低姿态,销售一种书本样子的计算机,这种计算机既有书本方便使

---

① 马克·罗斯私下里告诉我(1998年5月),"知识产权"这一词条的第一次使用是在19世纪中期"达沃尔(Davoll)诉布朗(Brown)"一案中(巡回法庭,马萨诸塞州地区,7 F. cas. 197,1845)。他说,在"米歇尔(Mitchell)诉梯尔曼(Tilghman)"案(86 US 287,1873)中,起诉证据里的一封信也是提及"知识产权"的早期的例子。据我所知,20世纪90年代之前,这一词条尚未得到普遍应用。

用和携带的优点,又有计算机强大的存储、处理海量数据的功能。有一家公司出售一种2.9磅重、8.5×11英寸大小的电子书,按书页的形式显示内容,而且还是皮革包装!另一家公司推出一种书型计算机,只有1.25磅重。(希尔伯曼,1998:98,100~102,104)

推陈出新的技术突破了繁琐的线性预言,创造出了不曾预见到的集合性功能。作者功能的任何变化都会通过话语和实践活动的集聚,这种集聚是如此复杂,以至它们将会是一桩(有意义)的事件。无论如何,有一点看起来已初露山水:现代性的作者功能已经或者可能会发展成为多元的、不稳定的后现代性作者(功能)。

符号在时空中的稳定性

模拟作者的时间、空间结构与数字化作者有所不同。模拟作者将对读者讲述的言辞牢牢印在书页上,没有任何来自读者的反馈。即便是在阅读行为中,在旁注中、在评论中、在随笔或者一本书中,笔墨的印迹不会由于读者的反馈而改变。在上述情况中,印刷页面不被读者改变,因此其他人都可以读到相同的页面或者另一副本,看到相同的符号编排和标记。这一页在时空中也是一种独特的存在。这一页是一种此在和现在(here and now)。人们要接近它,必须让它或者人们自己做一次物理位移。这页面是这个世界里的客体,每时每刻都固定而持久,因惯性规律安于一处。即便有很大的复制数量,每一页在物质材料上依然具有相同的条件。当然,时间会磨损纸张。这能向读者和化学分析者告知其年龄。这就是客体在空间(存在)的方式。虽然很慢,但它们将会消失。但它们仍然有足够的存在时间向不同的读者呈现精确的物质外观。

在数字化世界里,文本是可动、可变的。我可以在一瞬间把数字文本送到世界任何一个角落。空间对互联网上的字节毫不构成阻碍。只要十亿分之几秒,字节就足以环绕全球。从读者来看,只要提供合适的技术条件,一份电子文本瞬间就会遍布各地。时间对字节的约束就是时间对电子的约束。时间对构成书页的分子有限制,对电子也有。但这两种限制对阅读而言,带来各自不同的效果。电子文本可以在一瞬间遍布任何地方,这就扩展了模拟作者的权威。反之，如果数字化文本能做到的，只是比纸质文本传播更高效、更广泛而已，那么模拟作者队伍可能会被扩大。

不过，电子文本的即时性削弱了其在空间上的稳定性。以计算机文件为载体的电子文本，其空间上的存在取决于读者一时的兴趣。数字化文本的作者失去了他们在空间上的连续性。数字化文本的页面具有流动的稳定性。在阅读时，它们会有物质编排上的改变——可能会与其他文本结合，可能会重新设置字体和大小，增加或者删减声音和图像等等。完成这些工作轻而易举。毫无疑问：字节在阅读过程中很容易就能被移动、清除或者改变。因此从纸质文本在传播和复制中不易被改变这一点看，数字化文本比纸质文本更持久；但似乎它们又不具有任何持久性。数字化文本面对的是一个与模拟文本完全不同的物质机制（regime）。我认为，文本复制的模拟时代的作者功能，是无法容忍比特力量的技术变革的。

模拟作者身份在平静的印刷页面的世界中形成。能指（signifier）前后相接，不做任何改变。读者可以反复阅读并重新检查其中的文字。读者的想象形成，会对出色的作者产生敬意；而作者以他或她的文字存在着，表达自己，并公开接受尊敬或者批评。模拟写作的世界从容不迫、令人鼓舞，具有可靠的认知功能，并通过不断实践而扩展。在福柯的意义上，印刷书的作者控制着每一页的意义；而在本杰明的意义上，他们通过书页的物质结构被赋予一种令人欣喜的韵味。印刷工业、图书市场、教育体系的发展无一不与书页、与油墨排版的持久性相关。我们所知的西方的现代文化，如果离开书本的时间、空间条件是不可想象的。谈到数字化写作，我们可以期待在作者地位上以及在以光速运动着的字节和页面引起的阅读想象上的改变。

数字化写作的这些自然法则目前还处于其发展的初级阶段。可以预见，总有一天它们将建构条件，形成对作者权利有新的定义的新的作者身份机制，形成它自己的传播、编辑和生产实践活动，形成它自己的法律、政治和经济结构。数字化作者身份的实践活动已经改变了文本特性，这在超文本中尤为明显。

超文本和数字化作者

超文本对作者的影响似乎会给版权法带来麻烦。美国法学界的专家赞同作者应该受版权保护,因为它们在作品中表达了原创性的文化观点,并将自己精神的模拟创造载入文本中。但数字化写作引发了作者创作与作品之关系的诸多问题。比如,版权方面的律师帕梅拉·萨缪尔森提出,把百科全书制作成超文本格式的光盘或者网页加以发行的过程中是否形成新的智力劳动?她说:"设计超文本系统的人通过引入高效率的图形压缩、解压缩的运算法则,大大加速了信息从计算机存储器到显示屏的传输。这些运算法则可以作为超文本产品版权化'表述'(expression)的一部分吗?"(1992:699)或者进一步讲,如果有人链接了一个超文本,这是一种受版权约束的写作行为吗?的确,或许作者身份是通过阅读附有一系列链接,或者经过重新编排的数字格式文本而建构的。那么最后,如果超文本在网络上传播,再经过无数次的添加甚或删减之后,谁才能宣称自己是文本的作者呢?

超文本或许可被视为数字化作者的范例(paradigm)。阅读超文本这种数字化文本不像阅读印刷文本那样受约束。一系列链接使得读者能够超越文本的局限而随意浏览。它可以存在于一张光盘、计算机硬盘、一个网站或任何一种数字技术媒介中。这些链接或许是作者、读者,以及更早的读者添加上去的,或许也是他们共同的杰作。许多学者已经注意到超文本小说相较于印刷书的新颖性,以及它对理论和文学的影响(波尔特,1990;兰德,1992;拉汉姆,1989;墨莱,1997;瑞恩,1999)。超文本在仅限于一台独立的计算机的程序中被阅读(乔伊斯,1987;墨瑟罗普,1991),或者与数据库相连被阅读,比如乔治·兰德的狄更斯计划(Dicken's project),这个计划要把小说、评论、历史和哲学一起纳入文本和图形中。(兰德,1997)

凯瑟琳·海勒斯(1997)研究了模拟与数字化文本间的界线,甚至探讨了印刷形式的超文本的影响。海勒斯认为,超文本是一种存在于所有媒介中的符号化表达。例如,《卡扎斯词典》(*Dictionary of Khazars*,派维克,1988)这样的著作虽然以印刷形式出现,但在很多方面都体现了超文本性。海勒斯将媒介物性与文化形成联系起来，研究谢莉·杰克逊的《拼凑女孩》(*Patchwork Girl*)这一以数字化形式在网上出版的超文本，从而使自己的说法更具说服力。海勒斯结合玛丽·谢莉的 *Frankenstein*（脱离创造者的控制并最终毁灭其创造者的媒介）、性别理论以及主体的建构（理论），精彩地分析了这一叙述中关于女人"碎片化的身体"之后，强调了联网的、电子形式的超文本的特异性："在这一文本中，多元化主观性的建构和思想对于身体的重构，都与我所称的'闪烁性含义'(flickering signification)密切相关，而且通过作者、界面和读者之间流动的易变的联系而形成。"(1997:28)海勒斯有理有据地主张一种关注媒介的书面性分析，同时也赞同改变（当下）解释文本的习惯，从而能更好地解释从印刷到数字化文本的转变。

海勒斯认为超文本可以以印刷形式出现这一观点不免极端，《美国季刊》(*American Quarterly*)曾就超文本问题出过一期特刊。作为美国研究协会(American Studies Association)的官方刊物，此举的新奇之处在于，它刊载了四篇在线的文章，并征集受众对在线论文的反馈，然后选择一些反馈文章印刷出版。这期特刊的编辑提到，这次试验包括了对在线和印刷出版物区别的研究（罗森维格，1999）。在线论文与印刷版本的不同之处在于，它含有移动的图片、声音、形象、完整的文件数据库和虚拟世界，或者三维图像。如果说超文本格式的在线出版物具有令人吃惊的前景，那么它同样也造成了巨大的技术负担，比如浏览器在链接网页时的不兼容性；而这样的问题不会在印刷形式的文本中出现。

从原则上看，其实整个互联网也可以看做是一个超文本，因为任何网站之间都能相互链接。对写作主体的这一深刻影响，正是唐娜·哈拉维在科学与"Mosaic"（第一个浏览器）的案例中注意到的："Mosaic 就是使超文本、超图像链接起来的力量，它在千禧年到来之际，使技术科学的全球性主体成为一种历史性的、偶然的、具体的人类本质的潜在形式。"(1997:126)虽然许多书面(literary)批评怀疑超文本相较于书本的新奇性，但当我们从与网络的整合性(totality)的关系上来理解数字化文本时，就完全不同了。事实上，超文本的原理从数据存储的问题上就很容易得出，正如，范尼沃·布什1945年在他的 Memex(MEMory EXtender)工程所做的那样。

数字化文本的问题对于本书的讨论非常关键，我们不妨先看一下否定从模拟到数字化文本这一变革之重要性的(那些人的)立场。在这一话题上的诸多写作者中,有一个系统而有趣地探讨了数字化文本的问题。埃斯朋·阿希斯(1997)用"各态历经"(ergodic)描述数字文本独一无二的特性。在这一方面,他与其他对超文本的特点闭口不谈的那些分析人士有所区别。阿希斯认为,各态历经的文本的特性并不在于文本的物质结构,而在于它与读者的关系(59)。阿希斯不仅反对怀疑论者的书面批评,还反对依赖于他所称的"计算机工业语言"——如超文本、交互、虚拟和非线性等术语。他否定文本物质包装的重要性,在这点上他独树一帜。他写道:"作者—读者关系的政治学,从根本上而言,并不在于纸质或电子文本、线性或非线性文本、交互或非交互文本、开放性或闭合性文本等之间的二者选一,而是相反在于,使用者是否有能力将文本转换成一些文本的煽动者(instigator)无法预见、无法策划的东西。"(164)但是,难道不是文本的具体形式规定着使用者能否将它改变吗? 最后,他倒转了他在物质问题上的立场,将各态历经的文本界定为"一种从物性角度来看,包含决定自己使用方式的(事物)"(179)。他甚至抱怨文学理论,包括后结构主义文学理论,(说它们)"几乎不"涉及"文学的物性"(164～165)。

  他以密纹唱片发展到压缩光盘这一变化为例,来说明"使用者—文本关系"独立于"媒介的物理层"。他认为,文化产品从模拟到数字化的转换"没有对音乐在文化上的生产与消费造成任何实质性的改变"(59)。正如我们在第三章中所见,数字音乐的出现不仅改变了音乐生产与消费,而且事实上还刺激了这一文化工业领域的革命。早期的向数字音乐的转变,的确对受众产生了冲击:减弱了听众感悟力对复制音乐品声音品质的影响。压缩光盘的发明让听者不能用录音回放技术做胡乱修补。他们可以做的,只是买一个音效更好的CD机。有了密纹唱片,高保真音响爱好者(audiophile)在从记录媒介的凹槽中听取声音时就有了更大的灵活性。要说有什么区别的话,那就是光盘的出现减少了文本的"各态历经"特性,用阿希斯的话说,就是让使用者与文本的互动降低到了仅仅回放的被动模式。

  然而,当数字音乐从压缩光盘中被提取,并在计算机硬盘中转换成类似MP3的文档格式,而后当这个文件在网上在不同的使用者之间交换和复制时,音乐就超乎想象地具有各态历经性。音乐再生产,就像我们所看到的,回到了民间参与的层次:文化制品可由使用者再造、传播甚至转换。正如在数字化文本中一样，数字化音乐文件把使用者变成了创造者、制作者和传播者。没有比这更好的例子来说明文化制品的物质形式变化带来的深刻冲击了。

数字化作者不能仅被简单地看成是超文本的问题。超文本最好看做是互联网写作的特例。电子邮件、聊天室、MUD（multi-user domains，多用户网络游戏）、MOO（multi-user domains, object oriented，面向对象的多用户网络游戏）——所有这些通过联网计算机的数字形式进行的同步或非同步交流，提出了媒介及作者重构的基本问题。如果我们把对数字化写作的讨论限制在超文本的范围，作者身份的文学模式就在我们的思考中扮演着十分重要的角色。

数字化作者被大量互联的信息机器的设备所调节。数字化作者不像他们在印刷媒介中与文字分离，而是在与信息机器的关系中被重构。因为数字化写作可以轻易被改写，纸上文字的稳定性也就丧失了，这切断了印刷诞生的前几个世纪里好不容易建立起来的作者与文本间的联系（正如我们曾经看到的那样）。把书的作者认同为可信的、权威的、有着超凡创造力的人，这样的文化实践活动很难在互联网的超文本中再次发生。当然，这绝不会妨碍一种新的文化实践活动的建立，并且在其中作者身份出于某种原因而得以维持。但是数字化文本的确预示了现有实践中的断裂，以及对创建一种新的作者身份的需要。

当模拟作者被置入文化领域的图景，现代主体就在日常生活的话语和实践活动中被表述。模拟作者的身份很好地与将身体视为私人、将自我视为与客观世界中分离、将对理性的追求视为人类的本质、思想和意义之源等新出现的意识相适应。它很好地与自由企业市场的分离关系、代议制民主理论、文学算术的普通教育相适应。它还很好地与欧洲优越论的自恋自大和帝国主义冒险，与都市里仅由父母、子女组成的家庭（nuclear family）、明晰的家长制等相适应。所有这些现代化的特点都具有自己的暂时性；所有这些都绝没有某种联合性的特质、某种时代精神，甚至某种明确的团体或政治代理机构的革命工程。

数字化写作诞生于这样一个特殊的历史时间点，其特征可以表述如下：如许多人所认为，广播媒介已经大大减弱乃至消解了理性、自治的自我。全球资本主义正根据与过去的殖民主义大不相同的模式重构行星般（planetary）的关系。这种主导性的现代制度的存续能力与合法性不再让人放心,虽然还不存在明显的选择。这样,数字化作者身份在一个特定背景下诞生。它在未来几十年内的形式将与这一背景以及它的物质特性息息相关。我的论点是,数字化写作所带来的更优化的结构只能在实践活动中产生。这种实践活动将探索这一特定优化结构的可能性。在这过程中,我们一只眼盯着模拟作者具有的最好效率,但这并不意味着我们在最好方面能重复它的成就,充其量也就如此。现在是试验数字化写作与传播的好时机,不过这些试验会遭到作品守门人——版权监察部门、印刷机构、职位委员会和许多其他机构的阻挠。

可视性文本

在从模拟到数字化的转换中,还有一个例子可以说明技术与文化的复杂关系①,那就是虚拟现实技术对于文艺复兴时期透视法的经典视觉顺序产生的影响。关于视觉文化的讨论总是聚焦于由媒介调节的一些主要形式的变化:从文字的到可视的、从文本到图像(威廉·米歇尔,1994)。在这方面,有一点总是被忽略,即文本本身是可视的;印刷书页,就像电影一样,可由眼睛读取。而二者都受到了透视法的文化力量的影响。诺曼·布莱森(1988:87)认为,只要文化将观众或读者定位为一面对不连续客体的内在化(interior)的主体,"视觉就仍然以一种位于世界中心的客体的立场来构建理论"。笛卡尔式的客体可能经历了媒介上的巨大变化。的确,大多数虚拟现实技术为观众展现了一片与利昂·巴蒂斯塔·阿伯蒂的画作惊人地相似的视觉领域,一个在其中三维的幻象强化了欧几里得几何学(Eculidean geometry)的空间世界。文艺复兴时期透视法的表现形式甚至在网络空间的经典小说中也得以延续。萨迪·斯通指出:"正如吉布森在科幻小说 Neuromacer 中形容的那样,网络空间的几何学就是'笛卡尔式'的。"(1995:34)

虚拟透视的自相矛盾并没有掩盖正在进行中的转型。如我所

---

① 电影中技术决定论的例子和照相机的枢纽作用均被科姆利清楚无误地驳倒了。(1980:121~142)

言,数字化空间颠覆了客体/主体的区分在文化上的一致性,并且把这种关系重构为一种人/机器的集成关系,这样就在网络的物质新奇上引入了不确定性。阿伯蒂的文艺复兴城市并没有转换为互联网的媒介(威廉·米歇尔,1997,1994)。在互联网上动感世界(Active Worlds)这样的三维模拟的虚拟现实以及西蒙城(SimCity)这样的游戏之中,或者在面向对象的多用户网络游戏的体系中,数字化空间并非呈现线性或几何型运动。在线参与者在不同位置间的连续跳跃很像超文本之间的(链接)关系。当人体在领土空间中活动,或者当观众在电影和印刷书页想象这一动作,已做必要的修正(mutatis mutandis)——在印刷的书页中,眼睛和肉体将地平线建构为客体。当然对此可以讨论。或也有重要的例外,比如,就像丹尼尔·利伯斯康德在柏林新犹太博物馆的花园里所置放的倾斜的地板和一些站立的混凝土板那样,令人失去方向感,而且感到十分不舒服。在这里,主体和客体的领地一起坍塌了。在数字化领域,人只有借助机械装置才能运动;人眼和肉体合为一体,并与联网计算机构成的空间合二为一。这个领域的"现实主义"(realism)是虚拟和数字化的(海姆,1998)。正如有人会问福柯:"谁在说有什么关系?"

在网络空间中,有人会问:"谁在线会有什么关系?"

结　　论

数字化写作影响了人文学科研究的环境;在现代,它的许多特征在一定程度上是可以预见的。从劳伦斯·斯特恩的小说到罗兰·巴特的理论实践,都可以看到对超文本的预见性。如果要说数字化想象在这里是被预示,那么作者身份的实践就不得不等待网络化操作的物质因素出现才行。只有当写作的墨水全都被置换成那些具有深刻不稳定性的字节时,作者功能的机制才能在无数符号性文化的实践活动中转型。只有那时,古腾堡印刷术形成的世界才会被网络空间的宇宙所覆盖。

第六章　国家、身份与全球化技术

> 借助计算机屏幕发出的可怕的光,有一些男人和女人被发现死在圣达菲牧场(Rancho Santa Fe)一间由房屋改建的寺庙中。这样一种祭祀礼我还是第一次听说,它几经改名后现在被称为"天堂门"(Heaven's Gate)。
>
> ——特伦斯·莫曼尼

权力大厅中的恐惧与颤抖

作为一个政治单位,国家正受到前所未有的挑战。运输和传播的现代体制促进了产品、人口和信息的全球性交换,也打破了单一民族国家的疆界和权限。面对这样一个相互联系越来越紧密的地球,国家也许再也无法维持其领土霸权了。一些评论员认为,单一民族国家已经不是一个可行的政治实体;它把民主推向了危险的境地(盖埃诺,1995)。而大多数观察家也惶恐地发现,全球化趋势给国家带来了问题。在本章中,我将简要分析这些趋势,聚焦于全球信息流动引发的各种忧虑,并试着以寻求解放的可能性为重点,找出概括当前现象的方式。不仅如此,我还注意到,在这一发展过程中,出现了许多"期待":自由市场人士垂涎于商品关税与配额的逐步取消,自由民主人士笑盼着位高权重的独裁者的消失,技术爱好者则屏住呼吸渴望着不受束缚的全球性传播的前景。这里不免有些乐观的姿态会扰乱视线,而我将避免受其干扰,从而使我的研究保持一致性。

跨国现象可以分为三类——产品、人口和信息。每一类都对国家有着独特的影响。

国际公司以前是多国籍的,而现在是跨国的。从在全球不止一个国家有分支机构,发展成为全球生产一体化,进而成为越来越难定义其空间位置在何处的"虚拟公司"(莫休维茨,1992)①。在工业革命的第一阶段,更好的运输系统出现,贸易范围扩展到国家之间,而且全球的、也许有些不平等的劳动力分工出现,一些国家生产工业品而另一些则提供原料。下一阶段,企业在国外建立分支机构,使触角跨越国界;或者以周围的国家为中心国代为生产。同时,公司向其他国家输出劳动力,因此产品是跨国生产的。最后,企业各中心(机构)借助先进的传播体系而分散(到世界各地)。经济学家已经通过计算得出结论,全球化进程是许多发达国家最具活力的因素(卡斯泰斯,1993:37)。经济力量的集中在规模和效益上越来越成为全球性的,这打破了民族国家和国家经济体制之间的历史联系。这些力量中心绝不是在全球均匀分布,而是集中位于关键地区:研究发现,在美国,足足有一半的网络主机仅仅位于美国的5个州。(莫斯,1998:117)

　　在企业与劳动力的全球化进程中,产品开始跨国流动,向对象国输出本国的商品风格和消费文化。最初的流动的产品主要(当然不是唯一的)是农产品和矿物;这更多地体现出国家间气候与地质条件的区别,而不是文化与社会上的区别。现在,贸易包括了工业产品和后工业产品,从汽车到软件程序,从饮料到电影。不仅是物质产品,文化的意义和态度也进行着流动。如果说科学假说借助计算机传播,那么消费主义者的生活方式就通过牛仔和音乐的进口传入。这种混合的强度影响着全球的创作领域,比如音乐。但在所有领域,如阿君·阿帕杜莱(1990)所认为的,产品流动的同时包含一个持续的重构过程,进口产品与当地社会磨合并融入其中。商品在全球流动,并因地制宜进行调整。外来文化被吸收,也被重新整合。曾经作为特定国家的标志物的东西,会变为一种多元的文化现象,比如墨西哥玉米面豆卷就会由美国明尼苏达州的卡夫食品(Kraft Foods)生产。

　　同时,出于政治、经济或者其他原因,人们向其他国家临时或永久性移民。越来越普遍的是,在一块领土上,人口由不同文化、不同种族的人群共同组成,他们许诺遵守一定的义务,被纳入当地中央政府的管辖。正如人类学家罗杰·罗斯提出的:"我们生活在一个混杂的世界,经济活动交叉,意义系统交叉,身份呈碎片状。突然间,那些

---

①　莫休维茨讲过的关于政治组织的话同样适用于经济组织。

令人鼓舞的描绘现代的肖像:单一民族国家和国家语言、统一的政治共同体与统一的主观意志、统治的中心与边缘等似乎都已显得不合时宜。"(1991:8)大量的人口进行迁移,或因为内战带来的掠夺,如在布隆迪、波斯尼亚和科索沃;或因为工作需要或极度贫困,如土耳其和墨西哥;或因为政变,如在越南和苏联;或迫于政治压迫,如在中美洲各国;或因为要追求更好的经济机会,如在亚洲一些国家。这些特殊的人口混合,就像曾在南加州被清晰证明的那样,打破了原有的一方面来自国家、另一方面来自语言和传统的天然联系(切和罗宾斯,1998)。一度被认可的国家制度和身份现在遭到了怀疑。如果国家遭遇丧失经济资源控制权的威胁,它相应就会争取对多重文化的控制地位——不是作一个文化同化的熔炉,而是成为不同种族人群间的谈判代表。

国家不仅面对着经济资产和人口的流动带来的挑战,还面临着另一个新问题:全球化也在文化层面出现(汤姆林森,1999)。越来越紧密的传播网络体系联系着整个世界,以毛细管状的结构向世界的每一个隐蔽之处和缝隙展开触角——先是海底电缆的电报、电话,再是卫星技术的电视,现在出现了结合所有现有传播方式,通过数字化计算机将它们放大和组合的互联网(德贝特,1997)。互联网还创造性地将电话网络的去中心化与电视到达大量观众的能力结合起来,并且对二者都进行了改进:互联网的去中心化特点比电话系统更进一步,因为它不用对电路转换进行控制。它改进了电视的广播模式,因为它是一种多对多、交互性的系统,信息可以传播给大量受众,并能获得一个人或者许多人的反馈。还有,网络的数字化信息模式使免费的、虚拟的复制、存储、编辑、传播成为可能。

互联网化的数字传播使单一民族国家复杂化。人们会假设,国家对个人的国民身份的质询权只可能存在于模拟媒介系统中(莫利和罗宾斯,1995)。这会如何?基本上,数字化信息可以被海量、免费、完美地复制。国家规范文化领域的法律通过管制的具体形式对原创作品的复制进行限制。为了使国家法律能控制文化(知识产权),原创物就必须有一种物质载体,不能轻易被复制。一旦数字化,原创的文化产品就失去了控制其副本的特权与能力,脱离了法律的管制。

还有,数字化信息在传输过程中,可能不被国家用来监管、控制信息流动的邮政部门注意到。数字化信息的结构中内含了它的目的地,可以在分散的网络中传播。除了讲话以外,模拟信息的流动可以被国家有关机构控制。邮政和电信部门、电话线路、广播执照和电影、唱片发行人等很容易接受国家权威权力系统的管理。而在网上,信息存在于压缩包中,每个压缩包都有自己的传输指令。压缩包与不固定的自动转换点交互。普通信件要根据地址在关键性的邮局之间通行,这种流动可能在任何一点上被调节或被打断;模拟的电话交谈需要一个可被监控的电路。而数字化信息——文本、声音乃至运动的图像——则不经过控制机构而自行到达目的地。由此,数字化文化脱离了国家权力,在无监控的传播场中以光速(有足够带宽情况下)在全球流动。模拟到数字化的文化物质形式的根本改变使信息得以绕过现有的国家力量关系。① 有一位评论家更是把国家与新技术之间的关系描述为"战争":"虽然对科技产品及其用途进行管制和设计既不是不可能,也不是没有用,但我们越来越没有办法把传统技术管制方式套用于现在的新发明。因此,社会无从选择,只能尽力保护自己不受技术进步所带来的不可知的危险的侵害。我们在与我们自己创造的产品,这种威力无穷的技术进行战争。"(伦克,1997:133)

虽然互联网是美国作为冷战的战略工具而被发明的,但它现在已经超越了任何国家的控制。它持续不断地被迅速使用,而不顾及国家的疆界和权限。互联网正成为一种超国家文化,它用本土特色将全球联系起来,这就是"全球化"现象。这似乎阻碍了国家的政治议程,削弱了国家的政治领导。然而许多政治领导人都忽视了这一点,其程度在1996年鲍伯·多尔的竞选演讲中可见一斑。他说道:"互联网是上网的好工具。"②

后国家的(postnational)忧虑

过去几十年中,经济、人口统计和文化这三种巨大变革引发了对国家人口和政府的各种焦虑。一位爱国的白种男性蒂莫西·麦克

---

① 尼葛洛庞蒂(1995)抓住了数字化的内涵,但也许对这种内涵过分热情了。他忘记了数字化文化叠加在现存的力量、机构、社会生活模式的关系上时,将会大大影响其实现。

② 引自《连线》(*Wired*)杂志4,no.10(1996年10月):48。

维，出于对多种族社会的恐惧，在 1995 年 4 月用炸弹炸了俄克拉荷马州的联邦大楼。对本国和国外的恐怖分子深怀恐惧的美国政府，显然正面临后国家主义（postnationlism）的威胁。从全球化问题的层面上看，很奇怪地，投炸弹者和美国政府处于相似的境地。二者都不知该如何面对全球化进程。美国政府的努力反"恐"（可以将恐怖主义看做全球化的一个方面），与一个俄克拉荷马的投弹者幻想保护美国不受外来人的"玷污"（contamination）是相似的。如果美国政府可以像 19 世纪那样有效保护国家主权，那么那个投弹者的恐慌就会减轻。但双方都无法扭转全球化的趋势，无疑他们也会盲目而可悲地继续斗争下去。

我将探讨全球化带来的担忧，特别是关于互联网的。下面分三个层次阐述：个人日常生活、国家政府和知识分子。我将在分析国家制度和文化的背景下阐释这些担忧，透视这些消极反应的因素所预示的全球化新政治。互联网引起的忧虑也揭示了它作为新事物的特点，它是一种独特的传播媒介，会改变整个人际关系。当然，全球化是个复杂问题，其对经济、人口统计和文化水平具有独特的，甚至在某种程度上是负面的影响。我将首先从文化方面着手，研究全球化及其对民族国家的影响。

新技术通常都会引起深度恐慌。在 20 世纪 20 年代和 30 年代的美国，收音机被认为是一种威胁，尤其是在父母们看来。他们担心孩子收听到危险的观点。他们是对的。自从收音机进入家庭，各种不易被父母监控的观点和文化也随之而来。后来的电视机也是如此。除此之外，还有其他方面的忧虑。1925 年，柏林一家报纸报道说，女人害怕听收音机是因为当收听效果不佳时引起的紧张表情，会导致"收音机皱纹"，甚至更糟糕的"收音机脸"。① 19 世纪的电话②和 20 世纪的电影的出现，带来了类似的恐惧：新技术会将社会的权威置于一种不确定的状态。无论是社会基层的父母，还是国家、工业的领导，社会管理者对新技术都不甚了解。迷惑很容易就变成了对机器的恐惧。年轻人——从定义上说不是权威的拥有者——往往易于接触新技术，比他们的长辈更容易把它当作社会时尚而接受。因

---

① 这些例子都出自马特逊和顿科姆 1996 年专门就杂志《重要记录》（Primary Documents）进行探讨的文章《收音机的前进》（The March of Radio）。

② 更多关于电话焦虑的例子请参看马尔文 1988 年的论述。

此,互联网的出现和被接受有一个持续的历史过程。

先来看看互联网带来的担忧。我的目的不是为互联网鼓吹,也不是回避它带来的警示和担忧。我是要说明,这个历史过程既带来了变化和损失,也带来了新的机会和新的政治。我认为,互联网引起的强烈忧虑是一种对在变革的大旋涡中可能丧失的社会和文化生活形式的保护性的但不是最好的反应。我希望对网络带来的文化全球化的清晰认识,能推动政权的后国家形式。同时,这种清晰的认识也有助于形成一种话语,这至少可使那些对民族国家的消亡深感不悦的人的担忧减轻一些。

首先,我们应该认识到,国家不是自然的或者普遍的实体。① 它是现代化进程中在西方出现的人类分组,它的出现意味着早期组织形式如部落和封建帝国的解体。当今以国家形式存在的政治权力最大的破坏性影响之一,就是对民族史实的否定。个人对国家的质疑,个人与国家的联系,以及国家身份的诞生与对它们的否定相伴而生。个人认同自己(他或她)是一个国家的成员,在某种意义上妨碍了他们对漫漫发展过程中的社会的认识。比如美国学校的儿童宣誓效忠于美国。这种无意识、这种植入记忆的活动、这种国家身份的形成活动,在土生土长的国人中影响最为强烈。不过在移民和经历了"自然化"(naturalization)过程的人中,其影响力也会如此强烈。"自然化"这个说法本身就暗含着问题。举例来说,美国化的过程是置于自然的符号下、变得"自然化"、被视为"自然"创造的过程;在这之前,人们可能是"非自然"或者外来的。如果一个人认定这个国家是一种历史性的建构,那他就会少受它的消失带来的痛苦。也有人欣然认定,今天发生的是另一个进程,一种人类联合的新形式,其中全球化的信号比以往更突出。但是,人们不该排斥自己的本土身份和参与。

关于忧虑的图景Ⅰ:日常生活

如果你愿意,请想象下面这幅场景:有一个人独自坐在一间有亮光的屋子里,没有家人、朋友或其他人的陪伴,离开了公共、自然的空

---

① 关于这一立场的经典阐释请看瑞南1996年的论述。

间、阳光和新鲜空气。我们该怎样评价这个人的状况？我们应该对这种个人与当代社会的隔离表示厌恶、惊慌还是哀叹？我们是否应该指责新媒介和新技术，比如电视机和计算机，造成了人们与社群的过分疏离？但如果这个人不是蜷缩在计算机前，也不是毫无生气地坐在电视机前，而是在阅读一本书（不管那是什么书），情况又怎样？那样，我们的评价就会有所改变。我们会重新考虑甚至赞赏这个同样可怜的、孤单的人，因为（阅读）提升了他的思想，为人类的进步事业做出了贡献，丰富了想象力等等。我想说明的是，我们对这个虚构场景的反应，说明今天我们对所谓的社群、身体在空间中的共存关系的消失表示遗憾，对计算机带来的社群的失落表示指责；这种现代化的历史进程早早来到，而这曾经还是把头脑从等级关系的强制力、从沉闷狭隘的个体共存中解放出来的力量。认为计算机缺乏社会性这一评判在信息技术应用的道德评价中实在是太典型了。

对国家消失的忧虑是道德准则的另一个形式。这与全球化的扩展相关，更进一步说是与计算机互联网的传播有关。要认识这些忧虑，让我们先仔细看看那些从事计算机研究的人。我记得第一次看见好友全神贯注地坐在计算机屏幕前，是在20世纪80年代早期。那时我还没用过计算机，但很熟悉电影或者电视屏幕的画面。但我从未看过有人这样专心，这样被他看的东西紧紧吸引的。他所看到的东西，很难与电影荧屏令人惊奇的画面甚至电视机里的平常内容相比较。他完全集中在黑屏绿字上。这种专注让我既羡慕又有些吃惊。我现在想，人与机器的关系因为计算机的问世而有了深刻的调整。人与机器在社会空间内出现了新的共生关系。我现在相信，在看到我的朋友看着计算机的情形时产生的困惑与恐惧，来自一种感觉；我下意识地感到，一种新生事物正要载入历史。

如果人与计算机的接触会引起焦虑，那么当计算机联入全世界几亿人的网络时，我们的焦虑会变得多严重呢？当一个人看着另一个人通过计算机与那些未知的、不可见的、没有提到过的他人接触，是怎样一番怪异的情景？目前，世纪之交的美国有大部分人在使用计算机，而工作用途多于家用。用计算机进行交流的人仍然很少，只用实时聊天方式不用电子邮件的人还要少得多。这一突然出现、范围广大的联系方式，引发了许多不确定的感觉，这也与全球化所带来的问题有关。

互联网让家长们产生焦虑，因为它威胁到父母对孩子的权威。

留意一下新闻报道,就会发现百姓的这种担忧。印刷和电视媒介经常自相矛盾,一边说存在危险,一边又放大希望。传统媒介这么做的原因,或者是出于对互联网这种新媒介的嫉妒和恐惧,或者是出于吸引注意、扩大收视率、增加收入的动机,抑或是出于它们作为媒介结构的无意识。无论出于何种原因,下面的例子可以说明问题。

　　1994年7月,我在柏林读到一则CNN的报道,是关于一个大约12岁的男孩与计算机的事儿。一个严肃的男性话外音警告说,家长看见一个男孩对着计算机,会觉得这无关紧要,或者觉得这是一种教育方式,但他们太天真了。话外音说道,这个男孩正在上网,他也许看到了淫秽的内容,或者是炸弹的制作方法。报道中还说,在新英格兰的一个小镇上,几个男孩下载了炸弹的制作指南,做成了爆炸装备,在社区里搞恶作剧,破坏了信箱,一个男孩的手指也受了伤。新闻传递给家长的信息很明确:"互联网对孩子来说是一种危险。小心!"1999年,《时代》杂志刊登了一篇文章,向家长提供了一些关于孩子使用互联网的建议,还包括不良上网习惯的数据统计和精确的网站分级体系。作者对此做出的结论值得注意:即使不是大多数,也有为数不少的家长不能对他们的孩子使用互联网进行有效监督,而孩子也可以规避家长所采取的监控措施。(奥克伦特,1999)

　　如果亲子关系中的家长权威被互联网撼动,那么夫妻和情侣之间也存在这个问题。《洛杉矶时报》曾经刊登了一篇题为《日常生活中的数字化鸿沟》(Daily Life's Digital Divide)的文章。作者遵照新闻客观性原则提供了两种不同的观点,描述了互联网的热衷人群与排斥人群中出现了新的阶级划分。如果丈夫习惯于用互联网进行交流,就会让妻子产生怨恨与不安。这个妇女这样抱怨说:"这是我的一大痛处。在卧室,他打开计算机收电子邮件,在我脸颊上轻轻一吻后对我说我应该学着使用它,但我真不想学。我不想对它上瘾。"(哈蒙,1996)在卧室中,这位丈夫与他的联网计算机之间的关系,被她称为"上瘾"(addiction)。这在某些情况下的确是真的,但在这个故事中,"上瘾"这个词很可能是她用来表示对丈夫与计算机之间这种亲密关系的害怕,就好像有个充满魅力的人吸引着他,又或者他对一种新的存在——电子人产生了依赖。①

---

　　①　就这类关于个人危险的警告也可以参阅网文《你可能被强奸》("You Could Get Raped",福特,1999)。

在第三个例子中，印刷媒介再次传播了联网计算机的威胁论。下面这个例子说的就是一种潜在的威胁。《洛杉矶时报》（大概仍然保持其冷静客观的特色）在一篇文章中用了"科技扩大了恐怖主义的活动范围"这个标题。事实很简单，互联网让任何人更加容易地接触到其他任何人，这才是新危险的来源。这篇文章的副标题是"手机和互联网有助于好战分子间的联络，就连慈善团体对此也有所察觉"（达尔伯格，1996）。这个副标题旁还配有一张戴着面罩、手持步枪的阿拉伯恐怖分子的图片，图片说明中写着"全球性灾难"。在这种情况下，读者别无他想，只能把它理解为恐怖主义。这篇文章有个突出的修辞效果：利用一个大多数读者所知甚少，也从未经历的现象，在读者中制造恐惧。从不同媒介之间的力量消长这一更广的意义上来说，纸质媒介正在和互联网作战。文章还想达到一个效果，那就是把读者的目光吸引到报纸上来，从而对付新敌人——互联网。

关于忧虑的图景 II：民族国家

与家长、情人、大臣、普通民众一样，国家政府也对互联网产生了忧虑。新加坡广播网以"破坏分子"为名查禁了一些互联网的站点。1996年9月，德国政府也以传播"非法"政治观点为由封闭了一个荷兰的叫做"万通"（access for all, xs4all）的网站。① 1996年，实行民主制的美国颁布了一个法律（通信规范法及其修正案），禁止所有公民浏览淫秽网站。投赞成票的议员和代表们，和签字的总统一样，都没有多少上网经验。他们缺乏相关经验，但却照样对这样一个可能颠覆国家自由之基石的宪法第一修正案的法律进行了表决。新科技的快速升级与推广，已经超过了节奏缓慢的立法进程。还好，这一法律先是被费城联邦法庭否决，后又被最高法院推翻。同时，在中国，政府对网络无法进行管理。1999年5月7日美国轰炸中国驻贝尔格莱德大使馆后，中国聊天室内批评美国政府的言论如洪水决堤，中国政府无力阻止这些抗议。（波弗莱特，1999）

---

① 参看泰勒1994年的论述。

民族国家对付互联网的最好办法,当数所谓的加密芯片。① 此时,国家政府的妄想程度相当高。据称,1993年,赞成推广互联网的克林顿政府中,副总统戈尔提出,要发展"信息高速公路",就应当将"所有在互联网上传播的信息都经过加密芯片进行编码"这个条款纳入法律。② 这样一来,根据行政当局的说法,信息不仅可以被潜在接收人解码,同时也能(只能)被美国政府解码。不仅那些有违国家安全的信息可以被解码,其他所有的信息也能。我们无法预知这些信息中哪些是安全的,因此,所有的信息都被视为一种潜在的威胁。美国政府无法对个人、团体使用的其他密码系统进行解码,所以这些信息事实上是非法的,而传播这些信息,就如同扩散军火,也都是违法的。虽然到目前为止这一提案尚未得到通过,但他们仍在顽固地坚持。

我们可以问问政府官员,是谁想对网上成千上万的信息进行监控(也具备这样的能力)?头脑聪明、思维缜密的官员没有把自由使用网络看成实现言论自由的新机会,而把它看做对国家安全的新威胁。因此,克林顿政府想要控制网络上所有的传播行为,这种监控其实是不可能做到的。是什么样的仇恨,使得政府不惜威胁公民隐私,寻找这样的机会(这根本不可能有的机会)从网络上截取来自未知敌人的信息?简单地说,"恐怖主义"就和7年前的"共产主义"一样,都是需要对付的对象,也都被贴上了同样的标签,并被妖魔化。苏联、萨尔瓦多·阿兰德的智利与越南战争的反战者都被称为"共产主义者"。同样,虔诚的穆斯林组织中邮寄炸弹的恐怖分子以及小国家的领袖,都被归为"恐怖主义者"。既然"共产主义"并不像曾经认为的那样可怕,或许"恐怖主义"也是如此。又或许"恐怖主义"和"共产主义"一样,都与爆炸或者其他反政府行为无关,而只是表示一种不同的立场,或是在国家安全的领土之外的一种深度恐惧,诸如"他者"之类。毫无疑问,两种看法都有合理之处。现在,互联网也成了"他

---

① 霍兹1993年的论述里可以找到就加密芯片的技术层面的讨论。

② 必须承认,美国所有派别的政治家都曾对互联网表示出巨大的热情。除了前副总统戈尔对国家信息架构的支持以及他提议为所有的学校免费提供上网途径外,皮洛特也支持建立电子化的市政大厅,以鼓励人民参与政治。为了不落下风,以纽特·金里奇为代表的新保守主义者们,坚持为给穷人们提供便携计算机而努力(见《纽特的理念:为所有人提供便携计算机》,《国际先驱导报》1995年1月7~8日,3)。我猜想,在这个问题上,政治家们会继续他们一贯的两面派作风。

者"。当然,它的确具有独一无二的特殊性。从差异性上而言,互联网对于国家来说是新事物,不能像主权领土那样被控制;按照德勒兹和瓜塔里的说法,就是无法驯服、无法移植的,即人类首次遇到的真正的陌生事物。

关于焦虑的图景Ⅲ:话语

如果说,官员们对于互联网的看法是陷入了缺乏经验的恐惧的泥潭,那么学者们的观点就更值得一听。然而在这其中也存在不少问题。电视电影光谱文化学的领袖人物让·鲍德里亚、保罗·维利里奥,在互联网的问题上所表现出来的无知与恐惧,比那些政治官员们好不了多少。如果连大众媒介的研究学者都对互联网如此这般,那么要把握住新媒介与国家之间的关系就变得十分困难了。

下面来看一看对鲍德里亚的采访记录。他对自己的无知与恐惧非常坦白。采访者克洛德·辛巴问:"您认为这种新科技会带来哪些可能?"鲍德里亚回答说:

> 对这个新东西我所知甚少。我用过的最先进的东西就是传真和自动回复机。用计算机工作是件困难的事,我觉得我无法进入那些奇怪的文本。用打字机打出来的文字是看得见、摸得着的,我可以用它来工作。而用计算机就不同了,我们只有进入到电子空间里,才能进行使用。这让我感到有些吃惊,就我个人而言,电子空间并无多大用处。①

鲍德里亚所理解的传播媒介带来的一种"超现实",并不能成为对互联网恐惧症的合理解释。鲍德里亚提到了计算机与打字机的不同,他认为打字机可以被使用者操控,而计算机使用的是动态存储的文字处理程序,缺少主—客体关系,甚至主体变得像客体,作者"进入"到屏幕之中。屏幕是个可穿过的诱人的界面,把计算机和人合成

---

① 此段文字可从《网络空间》(*Cybersphere*)第 9 期的电子版上看到,http://www.uta.edu/english/apt/collab/texts/newstech.html。

了电子人。这就是鲍德里亚所害怕与排斥的。

但如果计算机不仅仅有文字处理系统和在线公告板,还有实时聊天程序,那又会怎样呢?那么这个界面就更具诱惑力,人—机之间的界限也就更加模糊。使用计算机沟通的几个"机器人"聊天的情景,比前面讲的那些简单的人—机联合关系更加可怕。在这两种情形中,主体是不一样的,掌握了这种电子技术的我们,在后现代的人—机沟通关系中失去了主体性。在这种迷失中,我认为,在印刷时代、广播时代形成的国家公民的主体性消失殆尽。

保罗·维利里奥也进行了同样的批判。我们可以从他最近关于先进技术的文章《警告》(Alarm)、他的采访录和著作《迅速解放》(*La vitesse de libération*)中看到。在书中,他担心在线聊天会破坏恋爱关系和家庭机制。新的传播科技正在危及国家基本社会组织之一——家庭。不过,这种危险并没有像"核心家庭"(nuclear family,只有父母、子女组成的家庭)这个表述那样概念化,主要还是指对"爱"的冲击。这种危险不是对于社会行为本身,而是对于人类而言的。他文本中这一宽泛的表述就从批判上升到了意识形态的高度。

对于维利里奥而言,互联网代表了生命时空统一体中由取代乃至取消了时空距离的光速控制的"第三个间歇"(the third interval)。连续与分离这两种状态在"即时性"中消失。这里有的是无连续的连续,无间隔的间隔。他这样写道:"速度在电光学和声学环境中变得无限虚无(速度的虚无);这种虚无不是因为地点、事物间的连续或本身的延展,而是因为远距离者通过计算机界面进行即时传播时,所有的体积、形状都消失了。"(1995:48)人类的社会与文化都将以这种新的交往基础作重新校准。在这个新世界里,信息生成了虚拟现实,维利里奥认为这"会代替地理上的国家"(1995:106)。互联网使人们即使不在场也能进行交往沟通,这破坏了爱与家庭的存在形式。"在后工业时代的大都市,人们在现实中美好的亲密接触终结了",他说:"这不会直接造成单亲家庭的增多,但会导致男女关系的根本断裂,直接威胁到两性繁衍的未来……男性与女性的传统规则断裂了,遥远的爱的行为产生。"(1995:130)因此我们知道,维利里奥所害怕的是一种生命归零:网络性爱代替了现实做爱,人类繁衍后代的需要消失。维利里奥的双重忧虑,和鲍德里亚的顽固抵抗,妨碍了我们完整地理解现代制度下计算机空间所带来的影响。

不同于维利里奥和鲍德里亚的媒介批评,一些学者则强调了人们对全球化传播的忽视。哈贝马斯在一篇论述中认为,民族国家在全球化趋势中衰退,以此为网络(促进)民主团结的原理辩护。① 在接受这一趋势的同时,他也表现出一些对民族国家及其身份认同的怀旧情感。蒂莫西·米歇尔(1998)和温蒂·布朗(1998)在对哈贝马斯文章的评论中,有力反驳了哈贝马斯捍卫民主的目的。他们认为,只有得到国家主义者、帝国主义者、种族主义者和男权主义者的认同,民主团结、公民身份才成为可能。如此一来,哈贝马斯在文章中对网络社区的理解就有一定的偏颇。在寻找新的团结源泉去代替衰退的民族国家时,哈贝马斯想到了网络。"网络带给公众未曾经验过的好处","相距甚远的人们却可以像在另一个地球村里那么亲近"(411)。提及麦克卢汉提出的"地球村",哈贝马斯把网络社区与中世纪欧洲的小村落等同起来。照马克思的说法,那里的农民就像一个麻袋里的土豆那样团结。但哈贝马斯显然弄错了一些事情。不同于时间和空间上彼此分隔的农村,互联网群落存在于网络状的电子结构中,人与人之间的距离仅仅在敲击键盘、点击鼠标之间。网上的沟通逻辑是"互联"(interconnectedness),而非原生(autochony)。哈贝马斯却把"网络的逻辑"视为"一个完全去中心化的社会,它正在碎裂(splinter into)成为自我复制、自我主导的功能系统中的无序的大众"(414)。显然,哈贝马斯观点中正确的部分在于他对全球化背景下形成新的政治团结体系表示担心。然而他的这一随意的、草率的评论,并不能掩盖他——用布朗的评语就是一位具有"广博的学识和分析能力"(425)这样一位学者——所不该犯下的失误。不过,布朗们寻找真理的努力并没有延及当代传播的基本法则,这未免有些糟糕。但是再一次,哈贝马斯在这一点上也没有例外。

---

① 尤尔根·哈贝马斯,《欧洲的民族国家:过去及未来的自主权与公民权》(The European Nation-State: On the Past and Future of Sovereignty and Citizenship),夏兰·克罗宁译,《公共文化》(*Public Culture*)第 10 期,No. 2(1998 年冬):第 397~416 页。在此我感谢罗宾·魏格曼告诉我这一篇文章。

法国人对美国"新帝国主义"的恐慌

　　如果说对互联网的忧虑只是对计算机传播这种新事物所引发的诸多问题的一个引子,那么接下来的例子中,法国人的做法将说明国家身份也在问题名单之列。法国人担心,20世纪90年代中期的"关贸总协定"将危及本国文化和语言的存续。为抵御对本国工业的威胁、维护本国语言的主导地位,法国的政府官员们坚持对美国的电影和电视片等文化产品实行进口限额。从服装、食品到音乐、大众传媒,美国流行文化在全球范围的吸引力,引起了法国的强烈恐惧。也许是法国精英文化的强势和大众文化的弱势形成的力量对比,导致了法国对这一问题的态度。后来,法国的知识分子(students of France)也意识到一方面要保护法国特色,另一方面要警惕美国化。① 美国学者弗雷德里克·杰姆逊赞同法国抵制美国流行文化霸权的做法,并视之为"所有文化人在今后十年中的基本工作"(1998:60)。无论如何,我们都能看到法国强烈的界限意识和自我保护的愿望。但长期以来,法国的文化联合不是地方主义的,而是世界性的,我们将在下面讨论其中的自相矛盾。

　　法国人对网络的怀疑是顺理成章的。法国的互联网链接和主机数量只有德国的一半,而德国的数量还仅仅是美国加利福尼亚州的八分之一。墨西哥的互联网接入的增长率也高于法国。80%互联网站点是英文的,而法语网站仅占2%。或者应该这么说,互联网不是一种全球化的力量,而是美国帝国主义在信息电子化中的扩张。有些法国人反对互联网的理由是,较之通过计算机界面的冷冰冰的关系,他们更喜欢面对面的交流(哈蒙,1997)。技术恐惧只是个托词,第一个实验以计算机作为媒介进行传播的就是法国人。20世纪70年代末,法国政府为了使传播的内部结构更加现代化,发明了法国国内互联网(The Minitel),后来在法国国内普及,用于远距离交流、电子聊天和虚拟现实技术,这些都远远早于美国。当下一些反对互联

---

　　① 请在罗斯于1995年的论述里查找相关例子。长久以来,法国学者对美国的矛盾心理在从托克维尔到鲍德里亚的著述中都表现得十分明显。

网的法国人认为法国文化缺乏对技术的热衷显然是无根据的。

一些感觉到国家身份遭遇威胁的法国人,在把握当代生活条件方面显得有些迟缓。无论如何,保护本土特色并不意味着排斥全球化。在我看来,法国在全球传播中的保护主义,和其他国家的保护主义一样(包括美国),都是牢牢立足本土,对全球化进行妖魔化,并视之为异类或他者。这种想法妨碍了国家以及跨国公司在全球促进相互间的联系。将全球传播技术当作对本地差异性的威胁是一种错误观点。法国社会理论家和评论家鲍德里亚哀诉道:"所向披靡的全球化扫除了所有差异和价值,引导一种完美的反差别文化……所有这些都使得全能的全球技术结构战胜了单一性。"(1984:14)

目前,英语是互联网上的主导语言,这无疑也反映了美国的国家力量,但这种状况不会永远存在下去。毕竟,就数字化编码而言,并不是非得要用英语。用其他语言建立网站并不比用英语困难。即使英语确实成为一种国际传播中广泛使用的语言,如果有人能使用双语,或者有人固执地坚持用自己国家的语言代替英语,那么还是可以避免用英语建立网站的。在对国家身份、民族文化的更高层次的担忧背后,隐藏着一种对新生事物的狭隘的乡土观念和恐惧。互联网使人们对地球的了解更清晰。它并不是本土化的终结。

国家与国家主义者

现在,让我们将国家视为历史的产物,与身份的产生结合起来考察,并尝试建立一种分析方法,将印刷与广播媒介以及后来的互联网的角色进行比较。让我们用开放的理念去寻求跨国的和国内的政治组织的新的可能性,并且承认,这种可能性正面临着严重的风险。

作为国家的政府的形成,是现代才有的现象,始于欧洲的一些国家。① 这一过程首先是地方权力被君主政体及其建立的立法体系所破坏,并与当权的压力团体进行妥协。与一般政治组织形式大不相同,民族国家只有几百年的历史。② 第二阶段是与君主政体相联系

---

① 关于国家历史性的精彩描述请看盖尔纳 1996 年的文章。
② 另一从综述层面对政府历史性的精彩描述请看克拉斯特里斯 1989 年的文章。

的官僚政治机器的产生。随之产生的办公室和雇员是君主政体的伴生物,按照福柯(1991)的看法,它们是所谓"治理"(govrenmentality)这种权力形式的基础。随着立法和行政职能的就位,民族国家将自己定义为通过一连串战争建立起来的、有明确边界并与其他国家有外交关系的领土。民族国家的内政和外交的政治问题都有难度。而另一个完全不同的或者更有难度的问题,要数促使社会成员忠于国家的这种文化的形成。

每个人从地缘、血缘关系中获得的、基于文化的亲近性而产生的身份认同发生了改变。地理上虽不如以前接近,但仍然牢牢维系着他们与国家之间的关系。为何人们能从紧密的乡土关系中抽脱出来,投身一种现代市民角色?这种角色与身份被视为是那么重要、那么自然而然,以使他们和他们的爱人愿意终老他乡。我提出这个问题的意图,是要像历史研究机构那样为解决问题而采取策略。当然也不能完全等同。现代国家主体的形成是一个复杂的过程,异端组织和无意识行为交织其中。这个过程可以用"混沌"(chaotic)来形容。不过有一些状况或许应该得到关注,特别是洞悉媒介的角色,看清新媒介的潜在历史作用,及其对新政治形成的影响。我提出问题的目的,不是要彻底说明国家身份的产生,而是分析媒介在国家身份形成中所承担的角色。

我们来看看有关国家的主要问题——"市民"(citizen)。"市民"是18世纪后期在美国革命和法国革命瓦解君主制的过程中形成的。这比简单地用一种政治关系代替另一种更加危险。个人与君主制的关系有一个中介,那就是牢固的地域权威(贵族、村庄或者血缘),他们造成了社会分层和随之而来的深刻的个人效忠。正如法国学者托克维尔(1955)在其代表作《旧式体制与法国革命》(*The Old Regime and the French Revolution*)中所认为,旧的组织体系消解,或者至少是式微了,而一个共同性质的国家得以诞生,并成为个体身份认同的源头。新政府及其政体仅仅是国家名义上的代表。大规模的社会变革带来了文化变迁,人们从旧的束缚中解脱出来,成为具有自主性和创造力的个体。政府也预料到自由的人民将会组成属于自己的社会基本组织,对公共空间施加影响力。

在启蒙运动中,个体的自主性特征清晰起来,并十分恰当地被表述为"笛卡尔式"。人是在社会中、从物质世界分离出来的"理性"的人——这种作为精神实体的"笛卡尔式主体"是成为"市民"的首要前提。这一兼复杂性、困难性、反讽性于一体的历史变革,被埃提尼·巴里巴尔(1991)用"市民主体"加以概括。旧君主制下的具有亲缘性与依附性的"臣民",变为积极的、独立的、普遍的主体。这一彻底的重新定义由于史学需要而没有把女人、儿童、奴隶和非白人包括在内,引发了一系列争论。"市民主体"的概念应该更加宽泛,应该具有普遍性和经验性,它是真实、现实的革命,但在未来可能变成一个名存实亡的符号。① 市民主体不是笛卡尔的观点即生产物(emanation),而是巨大的政治变革过程中一个缓慢的并不完善的进步。

　　萨斯基亚·塞森确信,在全球化过程中,无论是在领土还是主权上,国家都在经受挑战,面临着被替代的威胁(1998:81)。多国、跨国企业正在根据自身需要使民族国家发生改变。新的全球组织,比如世界贸易组织和世界知识产权组织,在贸易规则方面绕过了国家的司法机构,对于它们在多大程度上受到美国和其他强势国家的影响我们暂且不论。同样,国际性权利组织,如世界医师联盟(Médecins du monde)和其他非政府组织(NGO),在国家控制之外调整政治关系。塞森认为,在这些跨国机构的发展过程中,城市正在成为新的权力中心。这些现象都是绕过国家领土问题发生的。她发现,"经济全球化和新的信息技术不仅重构了中心及其空间上联系,而且正在为中心创造着新的空间"(1998:5)。到了最后,"市民"将被"人"取代,而世人正已开始这样认为。当我们呼唤人权意识时,我们应该分析全球化过程中媒介对于构建新主体的作用。

(以印刷)记录国家

　　与个人变为国家市民相关的媒介技术,自然是印刷。印刷技术为政府提供了向分散人群发布统一信息的工具。国家和国际上的政治事务,都可以被市民接收、检视和讨论,个人得以参与到公共事务中来。印刷对于国家内信息传播的重要性,类似于闲谈对于小村落

---

①　请看埃提尼·巴里巴尔的长文:《市民主体》(Citizen Subject,1991)。巴里巴尔的《征服与主体化》(Subjection and Subjectivation,1994)也以同样强烈的兴趣探讨了这一问题。

中信息传播的作用。不过印刷在国家形成过程中还有其他不曾预见的作用。印刷媒介发布政治报道,也对政治事务进行批评,这为其独立于政府提供了条件。民族国家的特殊性在于除了通过印刷媒介以外,没有其他与国王沟通的办法,即便是示威也无法做到。国家领袖与选民之间直接的、面对面的关系只能存在于印刷媒介中的写作与阅读之间。媒介的这一功能对于公共空间的形成十分重要。

哈贝马斯(1989)认为公共空间与制度性(institutional)政治分属不同的范畴,是看到了印刷媒介在古希腊那种有组织的广场集会中起到了一定的作用;但是他在分析上有所失误。哈贝马斯将报纸视为面对面的对话工具,这种工具强化了对话潜在的批评功能。在咖啡店、沙龙等类似的场所,不同社会地位的人们都会阅读报纸、印刷传单和小册子,针对当天发生的政治事件进行辩论。哈贝马斯认为,公共空间重要的一方面就在于这种"社区对话"(community dialogue),这种对话是以论辩的理由而不是金钱或者权力为基础的。我们要注意的是,他在分析中弱化了印刷媒介作为对话、辩论中介的物性。在他看来,阅读与写作与说话相比是次要的。所以在哈贝马斯的论著中,公共空间被错误地当作以理性为中心的共同体(community),其实它应当是一种基于印刷的时空延展性而产生的共同体。

哈贝马斯对媒介物性的漠视,在后来讨论媒介对于形成国家身份的作用的问题上再次得到验证。在他看来,国家意识只有通过信息机器才能得以维系这一事实是假的。哈贝马斯说:"国家主义是集体意识的一种形式,表征着传统文化的深刻烙印,并且只通过现代大众传播媒介进行传播……(这导致)国家主义是一种人为的构成,被政治精英错误地利用。"①哈贝马斯认为,媒介是虚假的架构。面对面的会议往往是荼毒理性,为政治家所操纵。然而,哈贝马斯忽略了另一个问题——在媒介结构内部又发生了什么?我们不从国家身份的本体论作研究,而是从媒介有助于塑造政治制度的合理性的角度进行分析。只有这样,才能让我们在分析国家身份问题时,从历史的角度看清媒介对于政治主体新形式的形成中起到的作用。

为修正哈贝马斯现世主义(presentist)的"公共领域"理论,本尼

---

① 尤尔根·哈贝马斯,《公民性与国家身份》(Citizenship and National Identity),由佩里引用(1995:564)。

迪克特·安德森提出把国家作为一种"想象性的建构"(imagined construction),并强调了印刷的调节功能。在他看来,构成国家的单元本身并不具备时空连续性,这种连续性只有通过印刷媒介才能实现。"所有比能够实现面对面接触的原始村落更庞大的社会形式都是想象的结果。不同社会形态之间的区别不在于谁真谁假,而在于想象的方式有所不同。"(1983:6)安德森也谈到了哈贝马斯关于群体集会的观点。安德森的问题在于群体中个体的"想象性身份"是如何形成的,个体在想象过程中发生了什么变化,而不是对个体想象与否进行比较。"想象"是"真实"的对立面,因此"想象"这个字眼容易误导我们的理解。我更倾向于用"调节"(或者"中介",mediation)的概念描述这种"想象",因为我发现这样更容易让我们看到调节的普遍性,也能避免把作为调节的技术文化与"真实"的概念搞混。"想象"一词表征着一种意识模式,而"调节"则体现了每一种媒介所具有的权力技术和复杂程度。在这些讨论中,都存在一个个体通过媒介获得国家主义的问题。①

安德森肯定了印刷(报纸和小说)对于国家文化形成的重要作用,总认为二者之间存在精确关系。重要的是,他提到印刷具有调节的性质:符号的稳定性及这种稳定性带来的时间的虚无,等等。这些技术特征使国家得以成为一种象征。但他未能详细分析印刷作为中介的具体特性,也没有说明印刷与国家主体(或称为市民)的形成具有怎样的联系。迈克尔·华纳对此有着更为深刻的认识,他在《有关共和政体的书信》(*The Letter of the Republic*,1992)一书中分析了印刷对于18世纪美国社会形成的影响。② 华纳否定了技术决定论,认为印刷中介与公共空间存在相互影响、相互制约的关系。比如,印刷并不是面向所有人的普遍技术。人们从印刷品中读到的内容,一般是由白种男人来提供的;这就是说,印刷是在旧有的种族、性别游戏规则中存在的,对不同的群体产生不同的影响(14)。只有特定的一些群体能够通过印刷媒介参与到公共空间中来。在新英格兰的宗教社会,一些口耳相传的形式承担着和印刷类似的功能,比如布道,但这是一种精神洗涤行为,而不是参与公共领域。旧有的社会关系能够利用新技术发展新的政治。

---

① 关于《想象社区》(*Imagined Communities*)深刻的分析请参看汤普森的论述(1996:62~63)。
② 也请参看瓦尔德斯特瑞彻1995年的论述。

小册子、传单、报纸和书籍等印刷出版物，的确推进了新的政治空间和新的身份认同的形成。新媒介最重要的特点就是提供客观观点(38)。人们相互表达自己的观点，却不带有个体的特殊利益。个体以市民身份、社会一般成员的身份向报纸编辑写信，给出版社写稿，表达自己的观点，与其他人讨论。华纳对此这样描述："利益主体的私人和公共空间中的市民，都是政治合法性的条件，也都表现了印刷媒介的特点。"(43)在古代的集会中，人们能够就公共利益问题当众发表演说，而在新的美国，印刷提供的公共领域则让数百万人想象自己就是共和国的雄辩家。现代民主社会的公共领域代替了集体的物化中介——纸墨。公共领域只有在阅读印刷品时才能出现，有阅读习惯的人才能成为现代市民主体。当然，我们并不抹杀促进社会发展的其他因素。事实上，18世纪那些数量庞大的不识字的人也能够获得国家身份。

如果我们现在发现，在印刷媒介形成的公共领域中，市民是不可信的、"唯心论的"，甚至是假的，认为那些内容不外乎个人利益的需要，那么我们也要感谢大众媒介。因为我们作为政治主体，也可以利用电子大众媒介——广播、电影和电视，提出质疑。使用第一电子媒介的人不是普通的理性的市民，而是安德鲁·沃霍尔所说的"名人"，他们通过声音和形象而不是文本中介为人所知。① 我想，电子大众媒介的出现已大大削弱印刷媒介的影响力。现在，我们又面对的是第二电子媒介时代——互联网，这对于印刷时代的市民和电视名人来说都是一种超越。

电子性的物化和全球化

印刷媒介在物质形式上的局限性制约了其与国家关系的讨论。在电子媒介如互联网问世之后，让我们再来看看这个关于印刷的未经理论化的问题。马克思在《政治经济学批判》(*Critique of Political Economy*，我虽引用里面的内容，但并不认同他提出的公式)中写道："剖析人类是剖析猿类的钥匙。"(1970:211)数字化的全

---

① 弗拉瑟在1984年对摄像图像在这一背景下的重要性有引人入胜的讨论。

球互联的信息流凸显了个体与社会的关系问题,能够自我理解的笛卡尔式主体(精神实体)通过印刷媒介获得了权力功能。现代主体的自治、理性、稳定、中心性等特点,足以包容印刷媒介的华而不实、神秘与想象性。印刷媒介使个体与国家的关系发生了变化,国家建立之前及其与个体的松散关系,在印刷媒介的历史作用下发生了改变,它将个体与国家缝合在一起,改变了原先那种模糊而脆弱的关系,产生了市民身份及其在政治上的联合。正如华纳在书中提出的,这一结构性的变革也排除了一些社会成分——文盲、儿童、非白种人、女人以及非西方人。

最近,有人对身份的全球化进行了生动的讨论。有大量关于身份结构的变化问题——种族身份、民族身份和全球身份,后殖民地时代的身份、后现代身份的著作问世。① 特别地,对后殖民时代混血人主体、对女性主义理论的反实体主义者的主体以及与后现代理论中的多元主体的解构性分析,都在文化研究的视角下与全球化理论结合起来。斯图亚特·霍尔(1996)提出这样一种趋势:全球化和后现代视角下出现去实体化的(deessentializing)身份,即多元又相似的主体构成了新的地球。这些人喝着可口可乐,穿 Levis 牌牛仔裤,遍布全球各地。但霍尔同时也发现存在一种相反的倾向,比如种族身份认同的再度出现。他认为未必会出现全球同质化的危险,"'全球'与'本土'之间的界限会更加清晰"(623)。进一步看,"我们必须理解身份问题的出现和身份认同的出现都是一个过程。人们是怎样从根本上获得身份的?"(1995)那么,我们又应该如何理解全球化进程对身份问题的影响?我想通过对互联网和全球信息流的分析来看身份建构的过程。

通过互联网,形象、声音和文本都能进行跨越国界的交流,而此时的国界似乎并不作为政治元素而存在(当然仍有语言和文化的差异)。它使不同国家,甚至是敌对国家的人们可以形成不同的群落,由此就有了一种全球联系。它以前所未有的方式消解了时空距离。它使信息接收者同时也成为信息发布者,每个人都能向大众发布消息。但这同时也造成了巨大的文化断层和高昂的创新成本。印刷从

---

① 其中最有趣的,当属《十月》(October)第 61 卷(1992 年夏)那篇别具一格的文章。该文由阿皮亚和盖茨于 1995 年再版;此外,霍尔和杜·盖在 1996 年,瑞奇曼在 1995 年,伍德沃德于 1997 年对此都有相关论述。

面对面交往的社会中抽取了一种市民作者角色,建立了市民读者与文本作者之间的联系。互联网也导致了去实体化社会的产生,个体与信息机器之间保有一种独立关系;而在将来,人类社会与机器之间将形成深刻的关系;机器的调节功能具有解构现代主体地位的倾向,将破坏真实及其表现之间的联系,因此,出现了没有明确目标的机器解放,和具有相当可塑性的文化产物——作家、作家的真作、作家身份。在麦克卢汉看来,互联网的出现预示了人类文化基本要素的重构。毫无疑问,这其中还存在怀疑、恐惧和焦虑。

那么,互联网是如何建构主体,而这些主体又是怎样变为政治中介的呢?电子网络空间将对国家身份问题上的质询形式产生怎样的影响?这种全球互联、互动性和即时性的电子传播环境是否会导致人们变为"地球的自我"(planetary selves)?从夏尔丹到皮埃尔·列维,作家们都预见到一种集体智慧,一种作为电子传播的结果存在于地球上的精神性人类圈(noosphere)。我强调这种变革并不是虚幻的,可以测量一下后国家身份这一新形式具有多大的潜能,这种分散的、多元的主观性也具有世界大同主义(cosmopolitanism)成分。同时,我们必须认识到,互联网也造成了新的"不可见物"(invisiblities),它排除了那些没有条件给机器通电的人,那些无力担负起步价(start-up fees)的人,那些主观上排斥或因贫穷而不使用现代科技的社群,以及那些喜欢19世纪文学的人,或20世纪中期的"沙发土豆"(couch-potato)。① 互联网的普及性与18世纪美国的印刷媒介相当,又或许前者还不如后者。

不过,现在的互联网已经越来越普及,需要的条件有所变化,费用也逐渐降低。它兼具传统媒介(从印刷到电视)的特点,也被传统媒介借鉴,例如网络电视和点播、推播技术。站在这种新趋势的开端,我们怀着一丝担忧和一些良好的愿望去关注全球化政治的可能性。如果互联网代表一种新的普遍主义(universalism)②,我们必须认识到这不是人类历史的终止,而是从狭隘的乡土观念到世界大同

---

① 编者注:电视业的发展,特别是有线电视的出现,为美国人提供了更多的选择,随之也出现了一种花很多时间看电视的电视迷,人们把他们叫做couch-potato(沙发土豆,电视迷)。1993年,这个词被收入《牛津美语词典》。

② 厄内斯托·拉克劳(1996)曾争论说,普遍性和个别性之间的区别在于是什么在激发政治、打开通往民主的大门(57)。

主义的终极的、辩证的跨越。互联网全球化时代的普遍化与本土化比民族国家时代更加清晰、更加明显。相应的,这两个时代的人性特征也有所不同。

互联网可能带来的变化既不是绝对的,也不是确定的。我们要避免用乐观的态度将国家与全球视为二元对立的关系。民族国家起初陷入了国际性或是全球化。主权国家从来都不是完美的,往往会进行法律、义务机制方面的跨国交流。在一定程度上,互联网拓展、加深了国家之间的交叠(imbrication)。来自跨国组织和国际金融界的外界压力更甚于互联网的信息流。如果电子空间为新的普遍主义提供了可能性,那么鲨鱼般的大型企业也会普遍出现,它们贪婪地剥削所有肤色的工人。这些变化在过去曾出现过,而在全球化趋势下还会再次发生。这也许会弱化领土主权,使国界开始模糊,政治地位变得暧昧不明,就像欧洲社会中的国家边界正在弱化那样。也许国家既会变成更大的集合体,也会碎片化为更小的部分。就像荷兰那样,网络化治理导致了小规模的机构和地方的自治。(弗里森,1997)

我们进行了一些警示性的思考,但不能因此否认互联网带来的贡献,即它使全球产生了联系、交流、联合等新的关系。也许正如罗斯·布雷德蒂(1997)所说,游牧文化将以新的形式出现在互联网中。我们处在全球交互时代的尖端,这种交互性的密度和规模相较于过去的时代来说,无论是在物质上还是技术上都是空前的。我们说不出互联网技术文化将会如何被记入历史,人们需要创造怎么样的特殊的制度性结构(matrixes)去隐藏它们,以及在这一过程中,现有的制度将会如何调整、转换自身。不过我们可以预期,在这一各种要素组成的新的格局的内部,会诞生一种"怪物"(monster),一种人—机的集成关系;这种关系也许会被当作异类而令人害怕,但它一定会成为我们自己的另一个化身。

第七章　虚拟理论：鲍德里亚和德里达

> 你的电话就是你。它会在一瞬间，将你的个性复制，并扩散到或远或近的世界各地，到达不同的人群。每一次电话通讯都可能传递出你的一些非常自我的信息——你的思想，你的声音，你的心情，你的欢迎辞等等。因此，在每次使用电话的时候，你都应该像在发表演说一样，如同面对人群般尽力充分展现自己。有电话在手，你就是时间和空间的主人。你能够处乱不惊，静待时机，善于接纳新思想，同时又为行动做足准备。非同寻常的事实是：使用电话越频繁，它就越能扩展你的能力和个性。
>
> ——1933年7月，美国电话电报公司的一则广告

虚拟的局限性

虚拟现实系统延续着西方以技术手段复制现实的趋势。它为用户提供了一种在"第一次序现实"之上进行实践或娱乐活动的"第二次序现实"。应用虚拟现实最普遍的例子，包括军事和游戏中的飞行模拟器、建筑师的房屋"模型"以及医学界的计算机人体等。在上述例子中，虚拟现实技术提供了与现实极其相近的代替品，从而使实验避免了常规的风险。在这些情况中，为了更好地掌控现实（这延续了现代性的启蒙运动工程），技术提供了一种关于现实的置换（prostheses）。当然，正如很多人已经注意到的，事物总是具有两面性，这种置换同时也给真正的"现实"带来了问题："虚拟"以现代世界的拥护者可能尚未意识到但绝对不期望的方式扰乱了现实世界的稳

定性。①

仔细地检视一下技术,这一点就很清楚了。正如乔纳森·克拉里所指出的,虚拟现实延展了各种感知技术。与立体镜、全息摄影以及其他一些19世纪的视觉仪器一样,虚拟现实体现了人类感知的特征。比如,双眼视觉的方式构造了一片深度化的领域(克拉里,1992)。它不如针孔照相机模型所展示的那样,假设人类的感知是探索世界客观真理的基础;也没有如洛克式的认识论(Lockean epistemology)所呈现的那样,将人类感官技能中性化。相反,虚拟现实技术为眼睛在处理信息的过程中提供了种种感觉。但是虚拟现实技术还是要比立体镜前进了一步:它跨越了光线反射离开物体这一过程,直接进到了计算机生成的光线的眼孔图样,这是一次人类感知过程的变革,是一种人机交互的新型共生现象(霍尔姆斯,1993)。起初,晚近的现代主义者认为人的感知建构了人身体的"现实",虚拟现实制造了一种人机联合,这使人对人的感知仪器的固定性(fixity)和自然性(naturalness)产生了质疑。

如人所料,人们对虚拟现实技术的反应是极端的。虚拟程序语言公司(Virtual Programming Language Inc.)的头儿及设备的发明人之一杰伦·拉尼尔称赞道:

> 虚拟现实的出现使人们能够一边谈论一边弥补现实的不足。虚拟现实的全部,就是你在培养与他人的现实感;你总是做着分享的、合作的美梦;你在改变整个现实,就如我们现在浏览文句一样的快速。最终,你使你的想象外化了,而且与他们的想象混合。接着,你们把世界连为一体,成为一种交流的形式。这些即将要发生。(1990:46)

几乎怀着相同的期盼,迈克尔·海姆断言:"网络空间远不止是在电子媒介或是计算机界面设计上的突破。有了虚拟的环境与模拟的世界,网络空间成为一个形而上的实验室,一种检验我们现实感的工具。"(1993:83)

持更多现代观点的观察者们对这些主张表示怀疑。一位马克思主义批评家指出,虚拟现实技术仅仅以其不着边际的广告效应超越

---

① 这一主题的相关探讨请看萨科(2000)的论述。

了军事和科幻小说的狭窄界限。克里斯·切希(1995)写道:"虚拟现实的吸引力在很大程度上归功于它的市场化。它提出了一种范式转变:计算机不只是符号处理器,它还是'现实的制造者'。这种转变使虚拟现实获得了比此前的计算机更为宽泛的文化修辞范畴。"最终,在商品全球化的时代,仅仅这种转变就会重现并拓展意图险恶的资本主义的规则(斯托拉帕拉斯,1995)。另有人发现,虚拟现实并非是一种简单的市场行销的成功范例,相反,它可能是一种危险与威胁。肯·希雷斯提出了可以说是迄今为止对虚拟现实系统的最为精妙的批评,他要求虚拟现实的支持者们给新技术对社会带来的益处列一张详细的清单,这给支持者们施加了压力,"那些'摆弄'身份、主观性和地理等概念的人,加强了这一深刻个体化的虚拟'自由'和'愉悦';但在他们的讨论中,缺少一种对我们行为之意义以及自我控制之情景的持久性思考,缺少对这种超越了个体范畴的社会关系网的影响力的持久性反思"(1999:xxxi)。虚拟现实的反对者们,从总统的竞争者帕特·罗伯逊到主教,都洞悉其带来的不利影响,诸如本体性的不安全感、道德混淆、性无能、对政治的冷漠、非理性、非人性化(dehumanization)以及自恋等。①

"虚拟现实"很快便传播了开来,从最初的"计算机产生的使人沉浸其中的环境"(头盔—手套—计算机集成设备)扩展至互联网通讯设备,如电子公告板、MUD、MOO、网络聊天室,还有更广泛的包括电子邮件、数据库、新闻组等在内的所谓的"网络空间"。在这些情境中,它们区别于"头盔—手套—计算机集成设备"虚拟现实的显著特征,就是它们是一种虚拟的共同体,如电子咖啡馆、网络沙龙等。简言之,是一个进行交流的场所,不管其发生在"现实"时间里,还是借助信息设备进行。那些认为"头盔—手套—计算机集成设备"等各类虚拟现实使得人们表面上越来越自恋,甚至有些以自我为中心的批评者们需要注意到,网络空间的虚拟现实越来越变得社会化,因为有越来越多的人加入其中。当然,我们在使用与虚拟现实的有关的"社会化"等术语时须特别谨慎,除非我们清楚争论中的互动交流是纯粹电子化的。虚拟现实无论在何种情形下都不可能脱离人之本体,因为讯息或信号都是由人制造、设置的,虽然虚拟现实会议中并无需人

---

① 请看文章《网络性爱威胁朴素形式:教堂、民谣行家》(Cybersex Threatens Plain Old Kind: Church, Lay Experts)。该文由法国出版代理于1995年3月13日在网上发布。

的身体在场。声音和图像加入到互联网的文本社区中,怀疑论者可能要被迫重新考虑这些交流方式的特性。那些否定虚拟现实、称之为"无实体的"(disembodied)人需要问问自己,全视频和音频的出现是否带来了什么？如果是,又是为什么呢？

更为普遍的是,"虚拟现实"一说已开始渗透至所有交换符号、图像和声音的电子媒介,从而组建成了相对于感官接触的"现实"世界而言的第二世界。正如我已界定的虚拟世界一样,信息模式是一种对新现象的文化意义加以概念化的方式。在那些关于虚拟现实的讨论特别是文学批评中,这个术语并非指代那些经由电子媒介调节的交流,而是指代所有的现实。很多观点认为,"虚拟现实"这一术语动摇了现实,以致现实本身也被理解为"虚拟"的、临时的、被建构起来的,并且经过了阐释或赋意过程的调节。因此,对这些文学阐释者来说,虚拟现实不是一种具有反思现实的宏观文化意义的新技术。在此,现实已成为一种已经"一直存在着"的虚拟,而"头盔一手套"技术则仅仅是一种机器。在一些特定的文学理论家笔下,虚拟成了一种先验的、从自己的形象中寻找现实的东西。于是,小说便成为一种类似虚拟现实的、由计算机产生的、使人沉浸其中的环境。又因为小说比经验和事实更"现实",虚构比事实更真实,一种新的文学的学科基础就被建构起来了。在有关虚拟现实的争论中,我们有必要防备"先验论者的姿态"。考虑到这一术语的物质基础,我将把这些宽泛的策略称作网络空间和"头盔一手套"设备的机械集成。

作为对检视网络空间之虚拟现实的一些预备工作,我将分析一下让·鲍德里亚和雅克·德里达的虚拟理论。虽然其他一些学者也有相关的理论,但我认为这两位思想者对理解虚拟的问题做出了重要贡献,而他们面临的困难就在于为有待进一步探讨的观点提供例证。

让·鲍德里亚反现实"罪行"

鲍德里亚的著作能帮助我们较好地理解媒介与文化现象,如在某种程度上可被视为电子媒介的迪斯尼乐园(努涅斯,1995)。他的后来又被称为"超现实"(the hyperreal)的关于模拟文化的观点,在社会理论家之中率先抓住了电子媒介在后现代社会的通讯网中运行时的语言学特征和独特结构。鲍德里亚的这种理论始于《仿像与模拟》一书,并且至少延续到《终极幻想》(The Illusion of the End,1992)。他站在前后一贯而不失调和色彩的立场上,对媒介传播的文化形式提出了质疑。对20世纪80年代的鲍德里亚来说,我们的文化是"模拟"文化。在媒介尤其是电视的驱动下,流行文化抢占了个人符号交流的领域,向人们提供了另一层面的体验,这一体验削弱了主体界定现实、把握真相的能力。电子媒介将表征的现代体系拢入意义的一种新模式之中,使其变得残缺不全;在这种新模式中,符号与其在客体世界中的指代物分离,并被重组为屏幕所显示的"超现实"。

"模拟"与"虚拟现实"这两个术语也许可被视为同义词,都指明了一个文化客体与其指代物分离的符号系统。在这一符号系统中,出现在电子产品中的文字和形象与先在的"现实"世界没有固定的联系,因此其功能不是表征客体,而是成为客体自身,成为意义自治的实体。在鲍德里亚看来,1981年"模拟时代开始了,始于对一切指代物的清算——更糟的是:这一清算是通过符号系统中指代物的人为复兴进行的"(波斯特,1988:167)。语言结构的这一场革命,动摇了早先时期的思想体系。鲍德里亚认为,模拟对现实与虚假之间的差异构成了威胁:"现实、指代、客体目标(cause)都不再存在。"(波斯特,1988:168)在分析戏剧、散文时,鲍德里亚并没有重视表面无限复杂的社会中的语言游戏的多元性,而是倾向于采用一种单向度的关于超现实的理论。无论在哪种情况下,模拟都指明了一种重大的文化变革。

早在1991年,鲍德里亚就在书中提出了"虚拟"与"虚拟现实"的术语。但他将这些术语与"模拟"互换使用,而且一点也没有指出与它们与"模拟"有什么不同。以1991年海湾战争为例,他这样写道:"出于对现实以及对过于现实的任何事物的恐惧,我们已经创造了一种巨大的模拟机器。我们选择了虚拟,忽略了现实的灾难,电视就是反映(这一局面)的无处不在的镜子。"(鲍德里亚,1991b:25)①虚拟的等同于超现实或者模拟。在所有的情况下,电子媒介传播与"现实"存在双重关系。一方面,媒介传播通过在传者与受者之间传输多

---

① 也请参看迪尔·迪兰1994年关于鲍德里亚政治分析的讨论。

少和现实有关的信号来反映现实;另一方面,它从来不是简单地再现现实,而是提出"它自己的现实",从而替代现实。在鲍德里亚看来,模拟与虚拟虽和现实有所不同,但和它总是有种特定的关联。

不过,在《完美的罪行》(*Le crime parfait*,1995a)一书中,情况有所变化。为了解释马克思的"传播是解决历史之谜的方案"这一观点时认为,鲍德里亚已经变得虚拟;而且这样认为自己:他提出,他关于模拟的批判理论已差不多成为现实的原则。① 世界已成虚拟。鲍德里亚的理论虽已不正确,但却属现实。鲍德里亚在虚拟现实机器时代的这些著作有什么用呢?

> 仿像的思想是反对现实的概念武器,不过它已经被窃取了。并不是说仿像已经被掠夺、通俗化,变得稀松平常(这确切无疑,但却没有结果),而是由于仿像已经被现实这个概念吸收、吞没;从此,现实这个概念被有关模拟的各种表述覆盖。总之,仿像已经成为现实! 今天,仿像确保了现实的延续。当下仿像掩藏的不是真相,而是一种"一无所有"的事实,也就是说,是虚无的延续。(鲍德里亚,1995c:146)②

现在,模拟是一种主流的文化形式。鲍德里亚认为,他提出的模拟概念已经起不到一个概念的作用。他有些自负地提出"(他自己的)理论已经自我实现,不再是理论"(1995:19)。毫无同情心的批评家们也许会发现,这种一直藏在黑格尔辩证法背后喋喋不休的方式,使批评变成了对拿破仑三世的马克思式的评论:重复就是力量。

鲍德里亚是一个出色的社会理论家,不会看不到他提出的问题具有怎样的重要意义。如果现在模拟概念被缩减为有关模仿(mimetic)的描述,那么批判理论(更宽泛地说是启蒙运动的话语)就

---

① 德里达在 1993 年也用过这种黑格尔式的将一个人的思想与现实相印证的手法,尽管更谦虚一些。当德里达在报告中说,在一趟去莫斯科的旅行中,他的苏联东道主将"改革"定义为"解构":"一位苏联同事对我说——他就快忍不住要放声大笑了,'但是解构,其实就是今天的苏联啊'。"(222)他(1994:89)又以新的方式阐述了这一事件。人们会忍不住认为,知识分子在大众媒介时代的扮演的角色,就是新的坚持认为理论对于历史产生影响的条件。

② 由弗朗索·戴布瑞克斯完成的译文出现在鲍德里亚(1995c)一书里,取自鲍德里亚发表的一本小册子(1994a),这本小册子在《完美的罪行》一书的修订版中有引用。该书以印刷形式出版(鲍德里亚,1995d)。

无效了:

> 我们已经失去了这个世界的思想所具有的先进性,失去了保证思想成为思想的距离。那我们怎么办?如果突然间,所有事物都与你提示的讽刺、批判、选择、哀悼的模式(在你产生任何希望之前,所有事物就已经吻合了你给出的模式,而你从未想到这种模式会有如此进展,否则你根本无法创造这种模式)相吻合,那又会如何?(鲍德里亚,1995:146)

鲍德里亚认为,一种"罪行"要为当下的困境及书的标题中间接提到的"完美的罪行"负责。这种罪行就是虚拟现实偷走了现实。《完美的罪行》一书的大部分都在通过分析麦当娜、安迪·沃霍尔等文化人物(通常遭人猜疑的人)以及在虚拟语境中摆弄"完美的罪行"这一概念的(事实)(通常带着怀疑的态度),展示了种种新情况。如果形象是"现实的",现实是"虚拟现实",那么"完美的罪行"又会是什么?什么样的规则适用于这个勇敢的新世界?你可以想象,鲍德里亚从他的受到罪行侵犯的世界中获得了乐趣。

鲍德里亚把从超现实到虚拟现实的过渡视为一个在强度而非方向上的改变。按照杰姆逊的表述,虚拟现实与模拟相同,都是文化上的主导。鲍德里亚对虚拟现实的文化有过这样一段引人注目的描述:"似乎事物都吞下了它们的镜子,透明地、完整地出现在他们自己面前——在日光下,在现实的时间里,在无情的复制中。在幻想中,它们不再缺席,而是被迫在数以百万计的监视器下记录自己;在这里,不仅现实消失了,形象也消失了。"(1995:17)按照鲍德里亚的看法,屏幕文化现在变成了文化本身的标准。其结果是现实被丢失了,同时批判思想以及模拟、超现实等用来定义屏幕文化的概念也随之而去。①

那么,鲍德里亚的模拟理论和虚拟现实理论有何区别?对批评

---

① 鲍德里亚并不完全赞同该说法。《完美的罪行》的许多段落,读起来让人想起20世纪80年代的鲍德里亚,举例来说,"在一种庞大的、技术上与精神上的模拟之压力下,在一种受益于虚拟自治体与同时性的现实的自治体的'领先运动'(precession)模型带来的压力下。从现在起,这一虚拟的自治体已从现实中解放出来,而眼下的现实为自己、靠自己发挥作用——motu propio——以一种欣喜若狂的、无限自我指示的观点"(1995a:141)。

家库帕来说,鲍氏这两个概念的区别在于:"'超现实'的出现是被表面的角色所建构的,是无力地迷恋于事物外在性的结果。而'虚拟'则向人们提供了一种有深度的形象,一种可以进入、挖掘,更重要的是可以与之互动的形象。"(库帕,1993)也就是说,一个是被动的或镜像的超现实(电视技术),而另一种是主动的或互动的、可以沉浸其中的虚拟现实(头盔—手套—计算机技术)。这一论点含意丰富。因为在界定虚拟现实的概念时,鲍德里亚不是指向这一概念与一些特殊技术的关系,而是指向了特定的技术发展阶段。事实上,他在用英语短语"身体模拟"描述"头盔—手套—虚拟现实技术"的时候,他就没提到"虚拟现实"这一术语(1995:174)。然而,我们有着海德格尔式的哀叹:"我使用虚拟现实技术,结果,我们向技术的极端以及作为极端现象的技术移交了我们自己。"(56)

鲍德里亚在提及麦克卢汉时又再次提出警示:"技术作为人体的延伸"这一逻辑已经被推展以至超越技术自身,变成"无限制的虚拟"。这一切,与守旧的人文主义者对技术带来的罪恶发出的哀叹惊人的相似。鲍德里亚努力建构虚拟现实的理论,但其中最大的弱点在于:他无力认可人类与机器的合作实践,并说明二者各自不同的实现过程。相反,鲍德里亚是一个关于电视屏幕的无意识的思想理论家,他把那一种视角强加于由电子计算机控制的技术上。① 在《完美的罪行》第二部分中,他在表述虚拟现实的新秩序带来的政治影响时显得保守而含蓄,这可能是由于他没能认真探讨以互联网的"虚拟社区"以及虚拟现实技术为典型代表的人—机交叠之新关系的缘故。

要对新技术进行批判性的反思,就需要探索计算机领域并体验用计算机进行交流。除了对 VR(虚拟现实)进行详细说明外,我们还应该研究 VR 的具体形式。首先应该区分电视机屏幕和计算机屏幕。这种研究能够建立富有启发性的模型,使我们很好认识我们面临的新事物。例如,凯特·海勒斯旗帜鲜明地主张,虚拟现实技术需要并且生成了新的认识论:"虚拟现实的新技术阐明了一种突出样式和随机性的现象,使在场与不在场看起来并不相关。"(1993)海勒斯提示,由计算机控制的技术作用下的身体的位置转换,对分析领域以及使这种分析得以被人理解的范畴都进行了重组。又例如,玛莉-劳瑞·瑞恩分析了小说与新技术的关系,指出了 VR 技术的特殊性,这

---

① 关于屏幕的谱系及屏幕的差别化分析可参看马诺维奇(1994)的论述。

是 VR 话语的又一例证。如果 VR 的特点是使人们沉浸于计算机生成的空间，那么小说不是也把读者带入了另一个世界，另一个虚拟的世界吗？瑞恩从人与技术的关系入手（既包括沉浸，也包括互动），廓清了这一问题——人不仅简单地存在于这个世界之中，也作用于并改变这个世界。虽然她在把握计算机编码在 VR 应用上的局限性等这样新技术的特征时十分谨慎，但最后，她还是认识了文学与 VR 以及各种 VR 应用之间重要的差别。她总结说："因此，与文本互动过程中，最重要的'沉浸'形式应该是这样的：在这种形式里，用户的贡献，而非通过叙事空间使用语言展示一种创造的做法，才作为一种在虚拟世界中与其他成员之间对话式的、鲜活的互动关系而体现出价值。"（瑞恩，1994）VR 能够促使，的确也需要个体一边体验一边参与到建构这个世界的进程中，而不仅仅只是阅读一固定的文本。和海勒斯一起，瑞恩关于 VR 的分析开始将体验的具体特征定位在面对面或印刷模式的文化实践活动看不到的思路上。

相反，鲍德里亚对于 VR 的反应则是发明一种新的话语，称为"激进思想"（radical thought）。他这么做，是为了同 VR 维持一定的距离，保持他的在 VR"之前"和"之上"的位置；简言之，是再次重申他的先锋姿态。以一种"批判性思想"来看，他认为问题在于虚拟现实采用一种与现实对立的姿态，建立起了否定的辩证。但是，现实本身也是按照这种方式建构起来的，因此这种对立姿态是无效的。鲍德里亚提供了另外一种"激进思想"，那就是"把这个所谓的'现实'世界的物质的、内在的幻想放到游戏（play）当中去，这种思想是一种非批判、无辩证的思想"（鲍德里亚，1995）。在他看来，这是一种不与现实对立的他异性（alterity），通过与现实的差异去暴露、模仿和动摇现实。

鲍德里亚把语言作为他的激进思想的模型。他的说法听起来很像后结构主义，甚至有些像德里达，"语言处处是幻觉……它无论表达什么，其核心都是虚空或虚无的延续……从物性上看，它是对其指代的事物的一种解构"（1995）。语言的无实体性使它得以从现实那种"罪恶的透明"，从身份、整全性和述行（performativity）的逻辑中解脱出来（鲍德里亚，1993）。这将重建一个作为幻想而非现实的世界。作为幻想的世界有多种形式，当下的虚拟现实、"模拟的启示"都是其中的形式。

在进行反驳的过程中，鲍德里亚否认他的激进思想是虚无主义。

他也没有为自己辩护,而依然认为"我们不得不与非现实的指控、缺失的责任、虚无以及绝望作斗争。激进思想从不妥协"(1995:148)。他的那些显而易见的蛮横的声明,比如"纵欲之后你还在干什么?"或是"海湾战争不曾发生"(鲍德里亚,1983,1991a)①,并不表示他愤世嫉俗,而只是在他面对极端现象时一种强烈的戏谑态度罢了。这一激进思想在对世界进行解释和编码时并没有失效,而是见证了语言解释中的诗意和讽刺意味。在这个虚拟现实和电子空间的时代,语言自身没有采用新形式吗?当符号的物质微观结构正被彻底重构的时候,我们还可以固守自己的解构立场吗?鲍德里亚的虚拟现实还不够精确和严密,没有将本体的环境、物质、印迹等问题考虑在内。虽然他在为主体提倡一种"关键策略",但这一主体缺少本质、深度和抵抗力,因此这个被重构的信息模式的文化世界在他看来是遥远的、来自美国的威胁,是一片荒漠。

最后,他脑中整体模拟的世界受到了模拟模式的制约。模拟的关键在于,它们与"表现"是不同的。如果模拟否定了表现逻辑——积极主体/消极客体的二元性,那就维护了"表现"在语言学上的稳定性。模拟是意义的协调机制,甚至在模拟与指代对象分离、先于客体而存在的情况下也是如此。从第一层次模拟(比如地图)到第三层次模拟(比如电视转播的海湾战争的画面),模拟这种文化形式都保留了相应的确定的意义系统。电视节目和主题公园建构了一个供人消费的文化世界。把VR与模拟区别开来的是VR的转换结构:主体与客体彼此渗透,交互、建构着文化空间和文化事件。在此过程中,VR并不遵循第一媒介时代那种在场/缺席的逻辑,而是遵循第二媒介时代的范式/噪音的信息逻辑。VR的文化空间不像模拟那样先有模式,而是在媒介设备的物性范围内被不断创造与再创造。正如网络村庄和头盔—手套结构所建构的那样,VR打乱了先前的文化与社会形式,旨在将它们在一个新的格局中加以重组。这个格局有着独特的限制,并可免遭现代主义者的抱怨。

---

① 鲍德里亚对这类批评的回应如下:"因为媒介,我们的科学方法,我们的技巧和进步都进入一个无法控制的、非人性化的维度。对我而言,这种形式就是邪恶。"(鲍德里亚和奈特,1995)

德里达的"幽灵"

在《马克思的幽灵》(Specters of Marx)一书中,德里达分析了虚拟现实,并将它与政治、媒介中的普遍性问题及对这些问题的理解结合了起来。他首先展示了虚拟如何成为现实的补充:"鬼魂是什么?一种幽灵——亦即看似没什么作用的、虚拟的、无实体的仿像——**存在于何处?作用何在?**"(1994:10)通过解构主义的分析,我们就能看到虚拟对于现实而言是多么重要,那个"幽灵"出没于与过去相联系的现实周围,或者对未来正义的许诺之中——总之,它笼罩着现实的全部存在。德里达提出"幽灵论"(hauntology),以说明虚拟与现实的交叠;并提出建立"新国际"以促进正义目标的实现,针对那些宣扬毫无争议的自由主义之"好消息"的人而维持另一种正义,针对那些民主之完全存在的主张而培养一种长期性的对虚拟的信念。

如果说虚拟现实已在事件中留下了印迹,已使历史永远成为"无结点的时间"(time out of joint),并阻挠着现实的透明化,那么在德里达看来,虚拟现实乃是我们这个时代的当务之急。今天,虚拟现实更普遍地采用媒介和技术的形式。德里达肯定了马克思在《共产党宣言》中的观点,认为"传统文本无一对政治全球化做出了清晰的分析,也无一对当下主流思潮中关于技术和媒介不可缩减性的观点进行了阐释"(13)。《马克思的幽灵》主张新媒体的中心化,将此作为理解这个时代的钥匙。他写道,对当下公共空间的分析,必须要考虑到"许多**幽灵**的影响,仿像的、合成的、修复的形象以及虚拟事件、网络空间和监视、控制、占用,以及对眼下未曾听说过的力量的推测……这些**幻影**的新的速度"(54)。"幽灵逻辑……点明了一种对事件的思考",并"通过技术领域、技术媒介领域乃至公共或政治领域中奇异的、幽灵般的、'合成的'、'修复性的'、虚拟的现象或事件而得到了前所未有的展示"(63)。西方民主再次"在公共空间中面临着越来越多的难题。因为技术电视媒体(techno-tele-media)设备、信息传播的新的节奏,这种节奏所代表的装置与速度以及随之而来的'占有'的新模式、事件的新结构以及事件**制造**的谱性深刻地扰乱了公共空间"

(79)。德里达认为,媒介的传播速度和遍布性"制造"了一种虚拟现实的环境,这一环境削弱了现代制度的功能,并且激起了对一种主张正义的"新国际"的需要。

德里达在文章中对**"虚拟现实"**一词的理解,也在两种观点之间摇摆不定:一是将其理解为事件的一个普遍的、先验性的方面,一是将其理解为与一系列具体技术设备相联系的特殊的结构。一方面,德里达坚持认为他的"幽灵论"不是一种"经验主义的假设",比如说,只与计算机时代相关联(161)。就像"迭代"一词所暗示的那样,一种给定的技术可能在其他地方被另一技术重新配置,结果在所有技术、媒体等上面都"给它附上了**优越性**"。另一方面,德里达同样坚定不移地认为他本人并非维护无差异的虚拟这种"普遍的幻觉"(a general phantasmagorization);在这种"普遍的幻觉"中,技术之诞生(cows)都是灰色的(163),我们所沉浸其中的虚拟现实与小说中的虚拟世界是相同的。更确切地说,他主张一个比我们现有概念更精确的新概念,以便详细说明虚拟现实的不同结构,以及在各个技术设备中出现的不同形式。他写道:"技艺(tekhnē)、技术科学或者电视技术的不同结构迫使我们比从前更多地去思考空间和时间的虚拟化和虚拟事件的可能性……虚拟事件的运动及速度让我们首次(更多但远非永远,因为这并不是绝对的,也不是完全的)无法阻止实时成为延时、实效成为实效的仿像、现存成为非现存——简言之,从活着的成为死后的灵魂——这一趋势。"(169)与鲍德里亚不同的是,德里达认识到应当将媒介各自的物性纳入分析的范畴,因为电视幽灵与计算机屏幕中的虚拟是两种不同的方式,互联网社会与"头盔—手套"计算机集成系统的世界也是不同的。我们可以从德里达的早期著作中看到对这种印迹和物质形式的探讨。

不过,德里达没能提供用于分析这种新技术的概念。在对于"空间和时间的虚拟"的讨论中,他没有倾向于对特殊性进行文化分析,而是保留了一种普遍意义上的哲学意味。例如,他坚持解构的现状,认为这不仅仅是"批判的批判",还是一种积极的干涉;他建立新的制度(国际性的)和新的范畴(用于对媒介谱性的分析);随之,德里达告诫道,这都不是什么新玩意儿,我们一直都有对用于"持续重构"的新概念的需要(162)。现在的问题是"幽灵论"能否再进一步,开始详细说明评价这些新概念的标准?或者更进一步:它是否能够说清到底物性的哪些方面可用于对效果的分析?德里达没有主动在这方面做出说明,而是给出了一串带有连字符号的术语——"电视技术"(tele-technology)、"技术科学经济媒介"(techno-scientifico-economico-media)——含糊地指了指方向,而没有为虚拟旅行者指明特定的方向(70)。

德里达在他的《档案热:一种弗洛伊德式的印象》(Archive Fever: A Freudian Impression, 1995)一文中对"电视技术"作了分析。他比定义现象或指出现象更进了一步。他归纳出了电视技术的关键特征。德里达指出,如果档案是话语的必要"补充",那么话语的具体形式和技术水平就决定了它有类似档案的效果,即能在时间和空间中保留信息。他猜想,或许仅仅以这方面的能力,电子数据库就已改变了弗洛伊德式的运动(Freudian movement)。第二,电子档案也决定着什么才能被保留:"存档的技术结构也决定了存档内容的构成。"(德里达,1996:17)任何可以被数字化的内容都能存档。比如,精神分析学会(Psychoanalytic Society)召开的会议、与客户会谈的录音甚至录像就可以存档。德里达特别考虑了电子邮件,它具有的自动存档的功能以及大范围的通讯能力,使它本可以在精神分析学会这样的团体中改变储存能力。除这些特征外,远程通讯技术给德里达所称的公共空间与私人空间的转换方面带来的冲击最大。用他的话说,就是"与传真相比,今天的电子邮件更是在改变着整个公共空间与人类的私人空间,而首当其冲的就是私人的、秘密的(私人的或者公共的)、公共的或是现象的(空间)之间的界限"(17)。德里达并没有对此进行详细阐述。不过,有不少学者也发现了这个现象并进行了大量的评论。电子监控和计算机数据库即便没有消除,也至少削减了私人领域。计算机不是现代消解私密性的唯一因素。电视也具有这样的作用。美国学者梅罗维茨(1985)认为,电视的设框(framing)结构和在家庭起居室中所处的位置,使它能将公共的、正式的空间与场合转换成私密的、私人的空间。在弗朗西斯·巴克尔(1995)看来,不论对自己的思想和倾向高度警惕的现代主体意识曾经是多么实实在在地被建构起来,(如今)都是被电子传播系统重构了的,因此导致了私密性和内部性的无效。

通过这些方式,德里达列举了一项远程技术——电子邮件——的几个特征,因为它深刻地影响到档案的问题。他这样做,与关于弗洛伊德和早期的精神分析学运动的一场讨论有关,尽管那个时候还没有电子邮件这项技术。德里达选择了一个在当前有着紧迫性和争议性的主题,同时他没有立足当前,而是在一个假定的时间(甚或是一个不符合时代要求的时间)里对它的特点评头论足。对他而言,通过一种被他称为"追溯性科幻"(retrospective science fiction)的宽泛行为,电子邮件本可以改变精神分析学。但是在电子邮件广泛使用的今天,若把它作为一个分析主题,为什么要先将其转换为一种科幻呢?德里达也许是为了给他的幽灵论赋予活力,抑或是为了激活弗洛伊德带有不合时宜的"远程通讯技术"的档案中的"幽灵",才在修辞上做了变动。也许是只有由于德里达话语的插入而引起的暂时间隔,或是因为"追溯性科幻"的暂时间隔,"远程通讯技术"才可以自我解构。没有电子邮件、没有远程通讯技术,这一发展过程在起源和散播的瞬间,就将它取代;而加州大学欧文分校的图书管理员正在收集那些有关解构主义的手稿、文集以备将来扫描成电子档案。①

在《马克思的幽灵》这本书里,德里达讨论了远程技术的一个例子:莎士比亚的戏剧《哈姆雷特》(*Hamlet*)中鬼魂的"面具效应"(或说成"头盔效应")。德里达从鬼魂若隐若现的视觉效果入手,着力刻画了鬼魂的物性。鬼魂与"现实"肉体的透明性相斥,与日常客观存在物的可感知性相抵。用德里达的话说,鬼魂展现了"不可见的事物中私密的、无法捉摸的可见性……没有血肉的、不可触知的身体中可触知的一面"(7)。如果一个普通的鬼魂在可视的状态下引发了这种混乱;那么哈姆雷特父亲的戴了头盔的幽灵由于以面具掩盖了面容和身份,则在现实中制造了更严重的无序,这是在另一个物质领域进行的——带有头盔的鬼魂。这种"头盔效应"为他的佩戴者提供了"无可比拟的力量",这是一种"隐身观察"的力量,一种掩盖"他的身份"的力量(8)。但是丹麦国王的头盔是"现实"的头盔吗?鬼魂真的会戴上金属头盔,还是仅仅就一个金属模拟物呢?毫无疑问,在莎士比亚的戏剧里面,这种区分并没有什么意义,至少在17世纪剧本上演的时候是这样。但是到了20世纪末,当我们已经拥有了"远程通讯技术",哈姆雷特的电影需要在鬼魂的头盔与非鬼魂的头盔之间作一可视化的区分吗(这在技术上已经可以做到)?

当我们考虑另一个基督教正经(canon)的头盔使用者——《尼伯龙根的指环》(*The Ring of the Nibelungen*)中的瓦格纳的阿尔伯瑞奇(Wagner's Alberich)的时候,头盔的物性就显现了。故事中,黄

---

① 参见一篇由克莱普写于1996年的有趣文章。

金被塑成了一个有魔力的头盔,佩戴这个头盔的人都能够隐身。在这个事例中,头盔的材料(即黄金)本身就是一种很特殊的物质,其蕴含的非凡力量从外表看不出来,而是镌刻在西方(和其他)的社会性想象之中。黄金头盔是由一个技艺高超的手工艺者(迈恩,即阿尔伯瑞奇的兄弟)制作的,这使人联想到行会社会和人类劳动的力量,从而将特殊的甚至无法想象的特质注入物质材料之中。最后,阿尔伯瑞奇用塔因头盔(tarnhelm)控制了他的劳动者,戴上头盔之后的隐身效果(不可见性)发挥了极大的作用。这种具有全景式监视能力的资本主义想象,将封建家长制与资本主义多样性之间的竞争引入到瓦格纳的音乐剧中,再次发挥了头盔效果的物性功能。幽灵与物性又一次以一种未曾预见的方式结合起来了。

解构的幽灵论留下的问题在分析政治问题时尤为尖锐。德里达给出了一张表格,合理地列举了当下资本主义民主的十大弊病:从失业、人们无家可归到市场非理性、内线交易、种族战争和国际法等等。不过,这个分析不需要幽灵论甚至解构主义。马克思主义的基本思想甚至左派自由主义,就足以说明逐渐衰落的太平盛世存在的政治和经济问题。德里达也承认这一点,他的分析直截了当地提到了马克思的功劳,他写道,"我并不需要完全赞同马克思主义观点……但我们仍然可以从马克思主义'精神'中找到灵感,以批判预想的司法自治,不停地抨击强势民族国家,抨击技术资本、符号资本和金融资本的集中与国家资本、个人资本的集中,以及由此而来的国际权威在**事实上**的转交"(85)。但是如果马克思主义的范畴已提供了足够的这方面的话语,那么难道除了作为"批判的批判"、鬼魂的提示者、对另一种选择的坚持以及对本体论思维的警惕之外,幽灵论还做过其他什么吗?苏·戈尔丁(1994)这样说道:"德里达谈到虚拟的局限性时,他是用'幽灵逻辑'代替了虚拟政治的'在那儿'(being-there)。"如果不作这样的替换,那么他的分析就有可能面临那种危险。

马克思主义的分析已对不公正做了很好的描述,所以问题就只剩下了解构对正义的获取。① 为什么谈正义问题要看德里达?解构的哪个方面主张为正义作证?如果关于正义的"鬼魂式的承诺"即将

---

① 《时间》(*Die Zeit*)1998 年 5 月 5 日第 11 期上,托马斯·阿什乌尔对德里达作的访谈里,后者也提到了网络的政治内涵。法文的最初版本可在德里达官方网站 http://www.hydra.umn.edu/derrida 上找到。

笼罩当下世界,那为何它要在一种特定的德里达式的伪装中出现? 或者它的身份应该被知晓吗? 德里达不应该在宣称新国际及它对正义所作的贡献时将自己藏于面具之下或者以一种虚拟形式展现自己吗? 在对理性中心主义传统(在这种传统中,解构是一件出色的工具)的批判与正义之间,存在何种必要的联系? 德里达对正义的承诺与正义协调一致还是与之背离?

在对《马克思的幽灵》的评论中,杰姆逊用另一种特别尖锐的方式提出:"新近被描绘的鬼魂或幽灵的概念,与源于德里达早期的著作的某些概念并无多大不同;这些早期的概念中,最初最为人知晓的是'书写'……后来则是'散播'、'婚礼诗歌'(hymen)等。"(杰姆逊, 1995:79)。在解构的周围环境(mise-en-scène)中引入幽灵概念,是否会在其理论成分上带来变动? 杰姆逊论述道,它会的。因为德里达的救世主即将降临的信仰,倾听了新传播技术的"后现代虚拟";换句话说,是物质的重构(108)。我同意这种说法。总体而言,信息模式将语言和符号重构为可被恰当地称为"虚拟现实"的一种结构。救世主以及我们对正义之期望的特殊形式,必须经历这一技术周期,必须要说明书写与电子邮件、散播能力与互联网、第二职业与万维网等之间的差异。只有说明了这些因素,解构才会回归它作为"批判的批判"、对存在论的否定这些最低要求,而永远无力构成一个肯定句。

《马克思的幽灵》举例说明了对虚拟论、解构主义和正义等的辩护之间的同一性。德里达记起了尼采预言式肯定性说法(yea-saying),他写道:"一种解构的想法(在此对我很重要),已经反复指出过肯定性主张与由此而来的允诺的不可缩减性,以及特定的正义思想的不可解构性。"(90)与福柯在"什么是启蒙?"的问题上主张"对历史进行永续批判"(1984:42)的观点很相似,德里达认为"本世纪一种新的启蒙即将到来",我们将在"民主和解放的理念"(90)下焕发生机。后结构主义者将他们自己与批判中的尼采式精神紧密联系起来。尼采是对权力意志、价值重估以及为"舞动的星空"(dancing star)的诞生而鼓吹的创造性的灵魂都持肯定性态度的哲学家。尼采思想的这一面在后结构主义的思想体系中明显缺失。这种缺失,开始于吉尔斯·德勒兹的《尼采哲学》(*Philosophy of Nietzsche*, 1962),延续到福柯的《尼采,谱系,历史》(Nietzsche, Genealogy, History, 1971),直至德里达的《刺激:尼采的风格》(*Spurs: Nietzsche's Style*, 1978)。

厄内斯托·拉克劳在对《马克思的幽灵》的评论中指出，德里达把民主、启蒙、解放以及带有解构的正义全部纳入"新国际"，不免有些危险。这种危险在于正义与解构的机械联合。解构变成了与解放政治一样的伦理实践活动。拉克劳写道："若是从一种封闭于自身之中的存在的不可能性，从一个建构对事件、异质性以及激进的他者之开放性的'本体论'环境联想到对此负责，并向他者的异质性开放的某种伦理律令，那么这种转换就是不合理的。"（1995：92～93）在这种情况下，德里达试图回避的本体论问题，又穿过幽灵论的后门走回来了。幽灵丧失他或者她的一部分可视性，成为正义的一名证人和救世主之允诺的拥有者。这么做，能避开解构主义以及更广泛的后结构主义批判家的批判（他们在其中发现了一种对"新保守主义"甚至新法西斯主义的开放性），但在理论上冒着一种可能倒退到一种那些批判家曾努力回避的本体论上的苟安（security）立场。对正义与民主的义务不是要讨论的问题。我们要研究的是它们与理论策略相关联的方式。如果将要有一个"新国际"，谁会是其中的部分？它的目标是什么？其策略与方法又是什么？《马克思的幽灵》没有遇到这些问题，因此我们很难考察"新国际"到底在一种什么样的意义上的存在。

从《书写与差异》(*Writing and Difference*)到《明信片》(*The Postcard*)，德里达的著作中都有一种在新的语境、一个转型时期中的存在意识。在这转型时期之中，正在显现的事物难以清晰辨认，而是以怪物的形式隐约出现。20世纪60年代后期，德里达明确将自己定位在历史不确定性的节点上：

> 对我来说，虽然这两种解释（的解释）必须承认并突出它们各自的差异，界定它们的不可缩减性，但我认为今天还不存在任何**选择**问题——首先，是我们处在一个选择的范畴看起来尤为无关紧要的地域（让我们说，这是临时性的历史性地域）；其次，是因为我们应该首先尝试构想一个共同的背景，并要明白这一不可缩减的差异性给我们带来了什么。这里有一种问题（且让我们还称之为历史问题），对它的受精、着床、妊娠与分娩过程，我们今天仅仅只是略知一二。我承认，我参考怀孕的过程来描述我们所面对的问题，同时也参考了一个我自己也无法置身事外的社会。在这一社会里，人们对那些已经在宣布自己的诞生

但莫可名状的事物视而不见。这一属于"非人种之下的人种"（the species under nonspecies），正即将以一个不特定的、弱小的、幼稚的以及可怕的怪物的形式而诞生。(1978:293)

德里达面临的历史问题是对这个"莫可名状的"、正在发生的"不特定"的现象（事物）进行命名。这是无法做也不该做的事情。1967年，德里达在世界之"诞生"进程的框架内进行思考，他的解构也带上了不可判定之哲学的"妊娠"式术语的印记。在这一情景中，旧有的宏大叙事及其整体性不再是可信的，但新发现的政治立场也是不可信的。在这一环境下，对西方文化的解构就在一种某一处领地中"分娩"了。正如我们将要看到的，带着对解放的声明和对"新国际"的宣扬，德里达瓦解了20世纪70年代和80年代充满矛盾的批判，使之成为一种确切地说是善意的但没有多少说服力的确实性。

在虚拟现实时代，政治问题应该与一种新唯物主义、一种新的技术文化交叠理论告别。后者与从机械机器向智能机器、向"人工智能"、自动控制系统以及形象、声音、文本的数字化转换器的转型相妥协；它必须从正确评价软、硬件系统在社会空间中的散播以及在新结构中进行人机联合的界面的植入入手。① 无疑，这种概念性—经验性发展的巨大任务，部分地依赖于解构，尤其是在幽灵论的阶段中。不过，不管人们抱有多大的期望，这并不能保证解放政治的出现。马克思和自由（主义）批判仍然具有重要的作用，但作用却有限；因而，在盼望一种激进民主的新的普遍的政治出现之前，我们必须要对这种信息全球化的模式进行实质性的分析。时间与空间、身体与思想、人类与机器、想象与理性、性别与种族、虚拟与现实的等种种重构，在批判理论这只智慧之神化身的猫头鹰②起飞之前，必须固结在力量的一种后现代关系之中。

---

① 对屏幕作为一种时空重组技术的解构主义分析，可以参看韦伯（1995a,1995b）的论著。
② 编者注：Owl of Minerva，[罗神]密涅瓦（Minerva）为智慧女神，即希腊神话中的雅典娜。

第八章 虚拟的种族

全球性种族

"种族"(ethnicity)和"民族"(race)是眼下备受争议的术语。以前,当启蒙运动的话语依然拥有霸权的时候,这些术语或是被看成旧式时代与原始社会的偶像或是非理性的神话而轻易摒弃;它们最好也不过是让人感慨的理想,无法攀升至人性的高度。当今,那些借助于地方群体的一种自然狭隘主义的自发身份认同,也被充斥着日常生活的全球性媒介取消了。然而,人总是频繁地跟那些不同于自己部落、家族、民族、种族或社区的人们在不同程度上遭遇、相处;至少,在某些角落,对种族身份认同的需要还是很强烈。或许,这是一个日益被技术社会化的世界居间促成了的"后现代种族"。

对有些人所称的"新种族"的鼓吹已经扩展到批判性话语中。带着支持被压迫群体反抗统治的目的,许多批判性的思想家不失时机地将"种族"的内涵提炼为"关于身份(identity)的稳定的、前社会化(presocial)的中心所在",自此发现了一种抵抗统治的手段。例如,利萨·娄沃在《移民法案》(*Immigrant Acts*,1996)中,发现"对抗性的团结运动已经围绕着种族身份而被组织起来,因为社会和经济压迫针对的就是这一类身份"(15)。现在,这种防御性的身份认同并没有阻止她投身那些以"身份认同"为基础的社区的"抵抗文化"(23)。她认为,不平等的阶级、种族和性别与人们以国家公民的身份融入抽象意义上的(社会)地位背道而驰。她认为:"亚裔美国人的特殊性反驳了由另一种经济领域和政治领域二者共同呈现的具有普遍性的辩证批判。"(28)她继续说道,在文化层面上,"亚裔美国人充满矛盾的历史产生了在物质上与审美上与公民对于国家的决议不相一致的文化形式"(30)。对于娄沃来说,种族和国家是对立的。

但是种族和国家并不是简单的对立。① 一种全球性的经济和全球性的通讯使斗争的地点变得更加复杂而分散。当娄沃将全球化加入到抵抗文化这道菜中时,菜的味道发生了变化:种族和民族的认同变成了备受争议的解放的支持力量。她写道:"当下正在发生的全球性重构(它超越了民族国家并且须使国际上的劳动力结构具备差异化)带来了生产模式的转换,这使得在眼下,寻找一种整合并超越文化国家主义这一文化活动形式的另一种形式显得尤为必要。"(171)一涉及全球化,种族就变成了对联合团结的阻碍,而不是对抵抗运动的激励。

地方的身份认同越来越与经济及媒介的全球性结构(planetary configuration)相关联。现在民族的划分与跨国性机构相混杂。民族优越感(ethnocentrism)变成了民族前优越感(ethnoexcentrism)。一种抵抗性的文化在国际结构中必须与另一抵抗性文化相啮合。全球主义不像地方主义那样以原始的、单纯的种族为取向,而是推动我们去构想一种彼此相连、彼此深刻影响的新的地方主义。在《原始的激情》(*Primitive Passions*,1996)中,瑞·超给出了一个翻译的概念,作为这种文化重构的范本。瑞·超将全球国家、种族和民族之间的联系看做一次契机,而不是一种威胁。现在,我们有时机去理解我们的特性各异的语言、文化遗产和传统是怎样共同接受这样一种现象的。在进行翻译时,我们学到的新东西不仅与我们遭遇的其他人有关,也和我们自己有关。翻译并不是照搬原文、加以再现、为我所用,或者连这些也做不到。瑞·超借用本杰明的话提醒我们,翻译是一次可以强化我们自己的文化经验的机会。以这种方式来理解,种族就既不是进行身份认同的原初性手段,也不是为获取普遍性所需的原始的能力不足。它变成了通过他者进行自我建构的一个时刻,一种与正变得越来越浓厚的全球化图景相适应的实践活动。

"虚拟种族"这个术语,就像瑞·超所翻译的种族一样,提示了我们在21世纪初面临的一个大问题:除了业已出现在电子传播"空间"

---

① 查找与娄沃立场的相近的批评及其成立的基础,即杂交观念,请参看弗里德曼(1997:70~89)的著作。

里的文化形式之外,这个地球上是否还有一种文化的新形式?是不是正如夏尔丹认为的那样,"全球化"暗示着一个"人类知识圈",一个"人化"(hominization)的新层面,而它又位于地球表层下的电线之中,以高频电波的形式飘在地球大气上面和水下电缆等所有通讯技术设备之中?是否有一种文化形式突破了地表的束缚,使人类与重力/重量的特定结构相联系,在身体上记录下礼仪和习俗,用传统的力量和政治等级制度质询他们自己?虚拟种族是否将自己安插进国家和社区、俗世的民族和种族之间,成为特殊主义和普遍主义、狭隘主义和世界主义等二元范畴中的二选一的对象?虚拟种族是否违背了包括西方理性主义形式在内的所有形式的实在论(essentialism)?虚拟种族是否预示了一个新时代,一个和地球村一样大量生产多样的、分散的、复杂的主体以及全球性社区的"后现代"?在被称为互联网的全球通讯网络中显现的有关种族的种种形式,如此,促使我形成了许多饶有趣味的问题,上述就是其中一些。

要解决这些问题,就又会引发双重疑问:首先,有关"虚拟"这一术语以及它与截然相反的"现实"之关系的清晰表述;其次,"文化"这一术语和相关的术语——"种族"、"民族性"(nationality)与"民族"。

1994年4月,在新西兰的惠灵顿,一个毛利人电台的毛利人记者在一次有关新技术的采访中问我,如果一个西方公司生产一张关于毛利文化的CD-ROM并把它销售到全世界,这会带来什么影响?如果毛利文化的声音、形象和文字被非毛利企业家控制,它是否会存续下去?如果来自其他文化的人获取了这些CD-ROM,了解了毛利人的故事、习俗和文化秘密,但在他们的实际生活中又没有参与、经历这些,那么毛利文化社会是不是还会存在下去?在她看来,她(毛利人)的世界已经由于CD-ROM技术而受到威胁;在高科技时代,她的生活方式的整体性已经面临风险;界定并维持毛利人种族整体性的宗教习俗、秘密、宝贵的信仰和实践很容易经由信息系统被散播,这一信息系统极易打碎、冲散毛利人身份的自治性和一致性。她暗示,种族认同和信息全球化是相互矛盾的。如果麦克卢汉要把电子媒介的飞速发展喻为"地球村"和人类重新部落化的黎明的话,那么毛利人担心的就是在同一个未来里,他们的部落将会被毁灭。

一种对信息技术的完全相反的态度在不同的时间、不同的地点,由一个有着不同背景的人表达出来。在这种情况下,种族问题在合乎理性的普遍主义者的视野中,烟消云散了。这是一个美国白种男人在 19 世纪中叶写下的文字：

> 上个世纪的伟大发现，在国家、民族之间建立了更亲密的联系，导致了政治和社会生活的革命。排外和歧视的旧体制已经停滞或消亡。民族的健康只能通过彼此间自由而畅通无阻的意见交换来维持。电报注定要在世界的文明之中成为强大的力量！它借由一根重要的绳索将地球上各个国家捆绑在一起。偏见和敌视再不会存在，因为各国间交流思想的工具已经被发明出来。（布利吉斯和马伏瑞克,1858:21~22）

如此一种消除了民族特殊主义的、充满乐观自信的、统一和平的地球景象，作为通讯交流技术持续发展结果的例证，是自由思想的主导性叙事，也是（他认为的）人类进步的终极标志。

在一个例子中，通过 CD-ROM 技术进行的毛利文化的全球化（传播）增加了其分裂的危险；而在另一个例子中，电报促进了世界人民的和谐团结。这是部落偏见与西方启蒙文化之间、特殊主义与普遍主义者之间、不同与相同之间、地方主义与全球主义之间的一种敌对吗？这是在电子信息飞速增长并在全球迅速传播时，我们面临的唯一选择吗？在虚拟存在的时代中，种族的命运到底怎样？

现在，文化借助科技而进步。处理符号、声音和形象的机器成了人与人之间的交流媒介，可以远距离即时传递信息。计算机、通讯卫星、电话和现在的电视正被连接到一个新的文化处理集成系统中。反过来，这一集成系统也被连接到眼下分布尚不均衡的全球网络结构中。由于网络是去中心化的，所以言论及其接收的地位无法轻易限定，或者被分出高下等级。这一集成系统是数字化的，所以在有足够带宽的情况下，讯息以光速传播。由于讯息是通过讯息包交换传递的，所以每条讯息并没有指定的路径，可以沿着任意路径到达目的地。整套设备支撑起我们所知的"网络空间"。虽然网络空间还没有明确的规范和固定的结构，还有待于完善，但从它从结构中体现出来的作为一虚拟地域这一特征来看，我们依然能把握网络空间的具体特征。如果虚拟领域已被置入空间之中这种说法可以成立，那么是否也存在"虚拟种族"？虚拟种族是否表达了个人与社区之间的一种新的关系，或者正如一些人认为的那样，它是一个"虚假"的种族？那个毛利人记者和西方进步主义者的观点真是矛盾的吗？或者他们都表达了种族身份的实在论?虚拟的技术文化是否在挑战这个实在论?如果是这样,怎样进行?

语言与虚拟

要分析虚拟种族,我们首先要分析语言。虚拟技术用什么方式、在多大程度上改变了语言在身份和民族之间划出的鸿沟(或者说是"差异")?弗里德利希·尼采从理论上说明了语言是独立于"现实"之外的第二世界或虚拟世界。尼采写道:"语言对于文化发展的意义体现在,人类在语言中建立另外一个独立的世界;这一世界极其稳固,站立其上,就可使其余的世界摆脱束缚,使语言成为这部分世界的主人。"(1986:16)①这里,语言不仅独立于其他"世界",而且还"是世界的主人"。符号编码每时每刻都在调解着个体的思想与经验,使人类文化成为可以即时调节的双重世界。

在尼采的陈述中有三点独立的主张:(1)语言调节人与社会之间的关系,(2)语言在调节这种关系的同时也改变社会,同时(3)这种改变优先于世界的任何直接性。今天,在语言学转向发生的几十年后,语言的首要地位已经无可争议。第三点在本质上是一个经验主义的问题,这并不是我们论文的重点。第二点却吸引了我的重点关注。语言以何种方式改变经验?尤其是,个体和群体之间进行语言交流的形式如何对社会文化结构以及其中的主体地位产生影响?另外,这个问题还必须在语言之外进一步引申,从而把除语言之外的所有的中介符号的结构如形象(静止的和活动的)、动画和声音等都包括进来。

沃尔特·本杰明坚持认为,艺术的技术性复制②改变了受众和作者的关系、接收的条件以及作者的权威性,从而改变了艺术的本质。有人在符号学的意义上考察宏观的符号表现,或者在福柯式的

---

① 在此感谢迈克尔·朗将我的注意力引向这一段落。
② 韦伯(1995b:83)富有说服力地争辩说,本杰明的论文译稿《机械复制时代的艺术作品》("The Work of Arts in the Age of Mechanical Reproduction",1969)并没有提到德语的"technischen"以及英语的"technical"。

意义上考察主体的建构,并提出了(与本杰明)相似的文化观点,这也可能是站得住脚的。如此,文化的技术性复制就转换了身份①,甚至是种族或种族身份的建构。如果这些观点可被接受,讨论的下一步就是将"技术性"这个词分解为多个方面:机械的/电子的和广播的/网络的。

机械的与电子的区别(例如,印刷和电视)相当大地影响了固定物质传播的便利性。在印刷和电视中,生产高度集中,并与接收分离。由于技术的作用与它在社会哪个位置无关,产品的广泛散播就需要有预先成形的、可以接受测试并进行再度符号化加工的内容,正如米歇尔·德·塞图展示的那样。② 但这种内容的物质形式在接收过程中并没有被改变。即使我批评了电视或报纸上的某则广告,每个人还是可以接收到相同的广告内容,不管我对它的批评是多么才华横溢。这种广泛传播文化产品的能力看起来降低了改变产品的容易程度。印刷和电子大众媒介在日常生活的中心建立了一种自言自语、自由散漫的机制。但是,文化和社会批评家已经注意记录这些对于电子媒介的快速发展(而不是新闻纸的出现)带来的集中化的抱怨。③

第二个区分是关于语言在广播和网络上的包装问题。在这种情况下,文化产品可以集中传播,也可以不集中传播。而对于电话和互联网来说,高度去中心化的传播活动取代了广播模式中的等级制度和自言自语。电话从总体上将去中心化的传播限制在一对一的发送和接收形式中;除了允许去中心化的传播,互联网也允许广播和多样化传播。互联网上的各种技术,从不同步的目录服务和新闻组到同步的电子咖啡馆,附带或不带有图片、声音——允许在全球性的交流环境中建立多对多对话活动。如此一种语言包装和交流方式的改变将会怎么影响种族身份的构成?

---

① 现在,"身份"这一术语在批评学理论和文化研究中被广泛运用,但它始终存在着问题。在其心理学版本中,埃里克森将"身份"引入分析推理领域。在哲学传统中,"身份"是逻辑和存在论的一项基本范畴。在社会学理论里,阿多诺的著作里它作为以个体为主体的文化形象批评的一部分出现,尤其是阿多诺1973年的著述里。这条批判线路在后结构主义中及后殖民地的写作中延续着,同时也有重要的改变。

② 相关例子请参看塞图1984年的文章第七节《在城市里行走》(Walking in the City)以及第十二节《作为偷猎的阅读》(Reading as Poaching)。

③ 关于这一点最有趣的叙述是阿多诺1972年的文章。

在探讨这个问题之前,有一个告诫值得一听:我们不能从一种技术决定论的观点来看待语言物质载体的不同。技术形式从来不是"独立的、易变的",而总是已经被嵌入社会和文化进程当中。① 但是,技术形式既有开放式的可能性,也的确存在局限性。一个人并不能乘坐一支雪茄从伦敦飞到维也纳,但是,无意识中的象征性可能就是飞机和雪茄之间的关系。然而,一个人只能在虚拟现实技术当中实现这种飞行;除非能在计算机中生成一个"维也纳",同时那个人的脚还牢牢站在伦敦。区分和记住技术影响的四个层次可能是有用的:

1. 媒介的局限性,它在物质上的限制。
2. 引进媒介的前技术条件;业已认定的激励创新的需要。
3. 媒介普遍的在"文化"上的决定作用,例如,印刷术被分别引入欧洲和中国时遇到的不同情况。
4. 媒介通过实践活动发挥的决定性作用,也即,人们在实践活动中如何使用媒介将活动符号化。

如果我们头脑中有这些概念,技术决定论的问题就无从谈起。

作为一个有用的假设,我将假定符号化技术被安置在与其他社会实践活动的复杂关系中,同时符号化技术和其他社会实践活动在富有历史根据的具体阐述中相互转化;这种技术也受到物质形式的限制,这种形式影响了其被记录的方式。不过,在展开这个关于虚拟种族的话题假设之前,我们有必要考虑相反的一面,那就是:虚拟并不是现实。

非虚拟

我们有很多种方式否定虚拟——可以省略它或者控制它,或者声称它并没有带来什么新花样,也根本没有对现存的事物秩序构成挑战。这里,斯拉沃·齐泽克也以这样的立场发表了看法,他的看法

---

① 华纳(1992)的书里第一章对这一问题与印刷技术的关系的阐述尤其有用。

总的说来并没有太多的关于心理分析(的内容)，而是更倾向于在演讲、谈话中的许多表态和日常生活中去规范、否定它(虚拟)的怪异和新奇。

格特·拉芬克：在您关于电子讨论会的发言中，您重点强调的一个事实是，在最初被应用的一段时期过后，新媒介的魅力就会消失，"虚拟性爱"也会无人问津。那人们对于通过网线进行彼此联络的欲望也会消失吗？

斯拉沃·齐泽克：所谓的"虚拟社区"并不像它看起来的那样是伟大的革命。给我留下深刻印象的是，在某种程度上，这些虚拟现象相反使我们很大程度上发现了自己的虚幻。甚至最自然的身体体验也有符号化、虚拟的成分在里面，比如玩性爱游戏。使我着迷的是一种满足的可能性已经被看做实际的满足。我的很多朋友曾经在法国玩过性爱游戏。他们告诉我，关键并不是真实地遇到一个人，甚至不是手淫，而仅仅是把幻想的东西在键盘上敲出来，这就是魅力本身了。在符号化的秩序下，潜在的可能性已经提供了现实性的满足。在心理分析理论中，"符号化阉割"(symbolic castration)的概念总是被误解。阉割的威胁就像其结果那样——失去性功能。或者在权利关系中，潜在的权威形成了事实上的威胁。以玛格丽特·撒切尔为例。她的观点是，如果你并不依赖国家支持而依靠个人力量，运气就在拐角处。大多数人并不相信这些，他们很清楚他们中的多数人将继续贫困下去。但若要以此来寻找一个能够取得成功的位置，这就已经足够了。

你能够做一些事情，但并没有做，这种想法比真的去做更能给你满足感。据说在意大利，很流行女人在性行为中对男人说一些下流的幻想。你正在做，但这还不够，你需要一些幻想和虚拟的支持。"你很棒，可是昨天我和另外一个人做爱，他更棒……"让我感兴趣的是，所谓的施虐和受虐的、仪式化的性体验。你永远没有结束，仅仅是重复某种前戏。在这种意义上说，虚拟就是你宣布出来，但决不去做。一些人写下契约。即使你在做，你永远没失去控制，永远表现得如同你游戏中的指挥者。吸引我的是这个"断裂"(Spaltung)，这个间隙，可用来保持一定距离。这个距离，远远不是破坏享乐，而是使之更剧烈。在这里我看到虚拟现实巨大的可能性。

　　在计算机里我看到虚拟在符号化虚构上的瓦解。这个观念有悠久的传统。在本瑟姆的圆形监狱我们找到了最纯粹的虚拟。你永远不知道是否有人位于圆形监狱的中心。如果你知道曾经有人在那里，就会少一些惊骇。现在它只是一个"完全黑暗的场所"，本瑟姆这样称呼它。如果有人跟在你身后而你并不确定是谁，比起你知道是谁更加恐怖。完全不确定。①

　　在他回答格特·拉芬克问题的第一句话中，齐泽克否定了互联网传播：不是"革命"。在第二句话中，他又将其普遍化：所有事物都已经变得虚拟，所以它无处不在又不在任何一处。他通过将虚拟和符号化相等同，从而做到了这一点。这是一个有趣的主张，却将包装符号的物质形式危险地锢囚起来。从第三句话开始，齐泽克将"虚拟社区"并入到心理分析的原理中：通过理解所有精神现象中的想象性成分——在最重要的意义上，阉割的威胁就是阉割——心理分析已经知晓了虚拟性别是真实性别。这样一来，虚拟变成了精神分析原理的又一例证，而完全不可能成为对弗洛伊德立场进行再思考乃至重构的新的纪录。齐泽克文章中自由散漫的步骤安排体现了意识形态的经典姿态：当面对一种新奇（事物）时，一次表面上的"革命"（用他的术语）将这种新奇掩盖在业已存在的立场之下。在此，他已成功完成了两大任务：消解了新事物的威胁，同时拓展和巩固了他的立场。

　　他的最后立场——计算机，在虚拟社区中不但没有支撑"革命"，反而在事实上消解了虚拟——胜过了某人（goes one better）。现在，我们发现事实上业已存在的心理分析并没有在现代科技之前发现虚拟；而是发现，同捍卫和支撑虚拟的心理分析形成对比的是，现代科技破坏了虚拟。为了达到这一理论上的逆转，斯拉沃转到了本瑟姆圆形监狱，这根本不是西方科技最近的发展，而只是表明了齐泽克"最纯粹的虚拟"（的事物）。"完全黑暗的场所"，监狱塔楼中的"计算

---

　　①　这次与格特·拉芬克的采访是 1995 年 6 月 20 日在奥地利的林兹（Linz）进行的，其内容可以在拉芬克 1996 年出版的著作中找到。

机空间黑洞"①,拥有监视权利;警卫可能存在,也可能不在,但都对囚禁在其中的囚犯起作用,这种"虚拟"不知何故成了"现实的"虚拟,与互联网上所谓的假的虚拟社区相比,这种矛盾修辞法能够逃过读者的详细审查。这里,齐泽克已经从心理分析的范例移出,进入到对其的解构之中:(监视权利)出现与不出现合而为一,替换了不存在的想象性的有效力量。这一合并看起来没有让齐泽克随着(上述)采访进展到其他问题而停止反思。这阐明了在同一场讨论之内的表述纪录的不连贯性(或者如有人更喜欢使用的那样,是一贯性的转换)。这种转换,在拉康看来,是提示了人的无意识活动,而不是自由散漫的方法的自我功能。

看起来,仅仅在转向本瑟姆之前,或许齐泽克回应拉芬克的质疑时已经表达了一个很有趣的观点。齐泽克宣布,他看到了"虚拟现实事物"很大的可能性,因为它"强化"了表达行动和实施行动之间的"空白"或"距离"。最后,齐泽克发现了互联网虚拟社区的一个方面,那就是新的(至少在强度上,即使意大利女人已经掌握了从男人那里获取快乐的艺术)、积极的事物中都包含"可能性"。但正是在回答这个问题时,齐泽克意味深长地从讨论虚拟滑向了别处。他只是在阐述想象、"符号化虚构"(如他先前所说)。"虚拟现实事物"必须被看做现实以便能恰当地成为虚拟。当一个人在线与伴侣做爱时,他必须在游戏中以"虚拟"对话形式与对方交谈。相反,齐泽克把网络性爱游戏简化为自我表演的"指挥者"。这显然是以特殊效果夸大了现实,目的是告诉读者是自己把自己带入巨大的狂欢式愉悦之中的。问题是,一个人控制或者"指挥"BBS 上的对话,并没有比在现实中面对面交谈或打电话的时候更多。网络社区的虚拟并不是指挥者角色的强化,而是不出现真实面孔,甚至不出现真实声音的同步性。

我已经从对虚拟种族的讨论扯到了齐泽克对虚拟问题的回答。我这样做,不是为了揭示他的思想的局限性——他的文章来自一次即席采访,毕竟不是准备充分的陈述——而是旨在阐明对虚拟进行否定的实践活动。我们必须意识到,新通讯网络的全球化除了可能意味着加快交流速度这一工具化目的之外,可能并没什么了不起。既然虚拟科技还处于早期,其影响还难有定论。然而,我的设想与齐

---

① J. 希利斯·米勒在其关于安东尼·多洛普的《阿亚拉的天使》(Ayala's Angel)一书里用到了这一短语(米勒和阿森西,1999)。

泽克相反:虚拟代表了一个场合,在这里,民族、国家、社会、全球相互交流的新身份(形象)将变得清晰。只有以这种假设为基础,我们才有可能感受到虚拟部落的新奇并评价它的重要性。我试图避免将虚拟以及虚拟以给定书写形式显现的宽泛的实践活动自然化或者标准化。因为"自然"仅仅是我们已经习惯的东西,但是它存在于一种否定的形式中以致我们也被其所用,转变并被建构成某种历史性的表述,某些在时间中出现的东西,某些新的东西;简言之,一个事件。

"现实的"种族

是否有一个现实或真正的种族,相对于它,虚拟的种族就被描述成落后或者先进? 我的目的不是提出这个问题,而是要建立一个作为多样化的历史性表述的关于种族的理论客体。除了强调电子信息时代种族新形式的显现,以及检视当代关于种族真实性的声明在政治上的重要性之外,这一理论客体在具体结构上没有任何特别之处。虚拟种族成了一种历史性的显现形式。正如其他文化形式一样,它与在它之前的种种事物也有力量上的联系。这样,问题就形成了:对于促使种族的相关形式从不同方面看都变得可理解的传播,我们该如何界定它的具体范畴? 互联网电子社区中对种族的理解必须能与技术含量低下的部落性种族相区别。

历史学家皮埃尔·诺拉在《记忆的场所》(*Les lieux de mémoire*,1989)一书中为这一分析提供了有用的起点。诺拉想要建立一个能够自我反省的新的历史理论形式,它与渐逝的20世纪中已发生深刻变化的书写历史的环境相妥协(这一环境深刻阻碍了关于"个体在与国家之过去的联系中建构自己身份的假设"这样一种书写历史)。他区分了书写历史的"现代"活动——在其中,历史学家们单纯地在话语中构建一个国家的过去——和"后现代"活动——在其中,个体和国家在话语中的联系最好是悬而未决的。① 但是这样做,他首先必须分清前历史与历史;二者的这种差别,就如同个体身份赖以形成种族身份的"记忆的现实环境"(前历史)与"记忆的场所"(历

---

① "现代"和"后现代"这两个术语都是我使用的。

史)这两种情景的差别一样(7)。法国的乡村文化是他前者的主要例证,表现为"真正的"和"即时的"。这里,群体或种族中的个人身份"在姿态和习惯中、在无法言说但又世代相传的传统技艺中、在身体与生俱来的对自我的认知中、在未经习得的反省和根深蒂固的记忆中"形成(13)。相反,历史、国家的现代身份是"间接的"和被调节。对诺拉来说,对国家身份进行特别调节的是其物质上的印迹,尤其是档案中的书写的印迹。诺拉认为,对现代的个人来说,国民身份主要在历史话语中被建构,这也许在某种程度上暴露了历史学家的短视。今天,"在媒介的帮助下",故事的第三阶段已经显山露水。电子化通讯"已经替代了与集体性遗产(现代)密切相关的用电影胶片短暂记录、存储当下事件的做法"(7~8)。现在"一个全新的身份和自我的经济"(15)通过电子解码和磁盘存储,以"全能的形象化和电影"以及"电视化存储"的形式破坏并重构了种族。结果,种族不再是集体的现象,而是个人化的,"好像一个内在的声音告诉每个科西嘉人'你一定是科西嘉人'……(或者)作为一个犹太人就是记住他就是犹太人"(16)。①

诺拉正以一种实践历史学家的立场,寻找一种方式以对正在变化的种族形式加以理论化。这种种族形式和记忆的结构有关,从面对面到印刷最后发展到电子化传播。② 他想要开启一项为后现代改写历史的工程。毫无疑问,他的提议很有价值,也是对《记忆的场所》的充分佐证(诺拉,1984),其中充满了他对重构的历史客体的深刻分析。然而,如何理解虚拟种族,诺拉一方面分析不够,另一方面又分析过火。分析不够是因为他对后现代虚拟的理解只包含大众媒介(电影和电视),而不是更新的计算机科技——网络的社区和虚拟现实系统。而在某种程度上分析过火,是他反对种族身份认同的"真正"和"间接"的场所,但却给予前现代、农民结构以优先;当拿现代和后现代做比较时,给现代、国家主义者以优先。

我们不能从反对直接或间接入手开始研究,因为这种自由散漫

---

① 从他们的记忆来讲,许多犹太人同意诺拉对他们处境的评价。一位叫乔·罗森伯格的人说:"我对犹太人从灾难中恢复过来的能力感到无比惊异。他们最好的品质就是对于记忆的渴望。再没其他人对记忆如此着迷!"(引自埃希曼,1996:8)在此,我感谢乔纳森·尤达肯愿意让我看这篇文章。

② 洛特在1993年演示了戏剧是怎样提供一个调节性的范本并像媒介那样发挥功用的。由此我感谢琳达·威廉姆斯,她使我注意到了这项重要的工作。

的思路将前现代曲解为真实的。而这正是诺拉所做的。二进制未能说明面对面接触的社区中的媒介调节作用的问题,以及它们作为权力的技术通过物质化和符号化的实践活动建构客体与种族身份的问题。在上述引文中,诺拉错就错在将农民文化归为"无法言说的传统"。事实上,农民的文化也有特殊的叙述方式,口头上的、表演的,一遍一遍在谷仓和教堂重复等。我们必须明白,这些前现代种族不是通过二进制,而是以各种不同的方式来调节交流的,而且尤其关注媒介中的物性因素。显而易见的是,主要用口头形式传递信息的前现代种族已经相对稳定;如果假设个体有固定的种族身份,那么种族仍然需要在话语和实践活动的被生产或再生产,且面临着革新、质疑和变革。这是我们必须要记住的。

出于同样的原因,诺拉对电影和电视研究不成熟的结论又预先支配了以计算机为媒介的传播之创新性的研究,导致他用极其狭隘的方式描绘了现在的事态。他通过消费的模式来理解种族身份的当代形式:一个人选择一双鞋或者一辆汽车的方式决定了他选择种族传统的方式。他轻易就认定了这一过程的自发性特征,因此忽视了这一类实践活动中社会建构的物质样式。另外,他在某种程度上将20世纪后期理解为仅仅是将书写材料进行存档活动的现代时期的扩展。"以书写作为开头,就以高保真的磁带录音作为结束",他的写作依然回避了计算机这一存储模式(1984:13)。我们要问,磁带录音、电子邮件、电子社区怎样组成了一种结构(用他的例子),从而使犹太人记住自己是犹太人?诺拉注意到了近来犹太人复兴其种族传统的现象,但他一点也没对赋予这种复兴可能性甚至紧要性的、物质的、具体的传播和政治结构做出解释。最后,在诺拉的叙述的其余章节中,前现代和后现代依赖并决定于历史学家对现代、对种族身份时期、对由历史学家叙述民族的过去这一时期的偏好;这些偏好,是历史学家对种族身份自由而散漫的质疑(这至少是历史学家的观点)。我们的任务是,提取诺拉关于种族身份与物性、符号化的结构之关系中富有争论的说法,重新构建这一范畴,表述它的特点,增加对虚拟种族及早期种族的理解。最后,以新构造的政治维度、各种必需力量之间的相互关系以及个人寻找更好生活需经历的痛苦等视角入手,来开启这一工程。

重申地球村

为了理解虚拟种族现象,在某种程度上我们有必要至少从对象本身出发,来理解社会生活的形式,而不是用现代人的眼光把它们看做是一体化的、有惰性的和被动的。这是近几十年来当代文化研究、城市人类学以及一些个人如米歇尔·德·塞图等做出的重要成就。① 我们冒险尝试一种关于大众的新浪漫主义时,这些思想上的重荷让我们更加接近后现代司空见惯的奇异的新世界,使我们瞥见了大众社会的轮廓,而不带有批判理论中标志性的高傲的、轻慢的自卫性反应。出于同样的原因,其他思想家,比如麦克卢汉、鲍德里亚、保罗·维利里奥等在大众文化的"堕落"(descent)中做了急先锋。特别是麦克卢汉(1964),他对新部落文化、电子化传播的地球村的热烈鼓吹(确切地说,有时也自相矛盾),打开了一条通往虚拟种族的富有前景的道路。(需要提及的是)在电子化传播的地球村里,个人的感官使用比例发生了变化,即从现代的以视觉为主到后现代的以触觉为主。麦克卢汉的立场,主要在 20 世纪 60 年代前期发展起来的,那时还没有通过计算机网络进行的传播出现,(因而)他的关注焦点也就局限于广播媒介。

到 20 世纪 80 年代后期,米歇尔·麦菲索利就没有遭遇到类似的不便。在《部落的时间》(Les temps des tribus)一书中,他在更加发达的后现代环境中更新了麦克卢汉的创见,使批判性话语也向后现代种族开放。一开始,麦菲索利重申了麦克卢汉从"视觉时代"转向"接近性的触觉时代,从全球化转向地方化"的观点(麦菲索利,1988:51)。与麦克卢汉很相似,麦菲索利也察觉到日常生活中的新"口述"(orality)存在于一片混沌的"微型团体"(micro-groups)之中,他称这些微型团体为部落。比麦克卢汉更明确,麦菲索利把社会视为一片越来越碎片化、大众化、异质化同时在微观层面却越来越千篇一律又彼此有别的领域。麦菲索利将新部落特征定位为"多样化的体育集会……在大城市的大道上的……商店、超市、商业中心"

---

① 格罗斯伯格和尼尔森在 1992 年的著述中有丰富的文化研究作品的样本。

(125)。尽管他没有详细分析后现代日常生活的这些"基准点"（pivots），他还是在其中看清楚了"部落和大众之间频繁的游走"（126）。

根据麦菲索利的说法，新部落化的特点是接近性、"无以言表的"、"残余物"，这与诺拉的"真正记忆"社区思路很吻合。麦菲索利坚持认为部落是独立于现代"个人主义"之外的，它由感觉的形式决定。他主张一种归属感的"韵味"，从而反驳身份的逻辑和主观/客观的二元论。部落是"理性不及"（nonrational），不是"非理性"（irrational），但仍然有包括接触、强度、"两个都把人们联系起来并使他们保持现状"在内的"新形式的理性"（178）。部落代表了新的后现代傅立叶主义（Fourierism）充满热情的吸引力。它们最主要的特点首先是联系上的灵活性，比如查尔斯·傅立叶希望频繁更换伴侣和社团的"蝴蝶式热情"（butterfly passion）。对于麦菲索利来说，在这方面它们与20世纪60年代的反主流文化不同，后者有稳定的社会梦想。尽管麦菲索利把对部落的理解建立在前现代，甚至是陈旧的接近、接触、感觉交流等原则的基础上，他还是避免了诺拉关于在场的意识形态，"社区的融合……并不意味着对他者而言全部在场……但宁愿建立……一种**接触关系**（tactile relation）"（94）。虽然是这般小心翼翼，他还是会时不时地从自己的分析立场上滑开。有几处，他用本体论的观点看待部落，发现了部落的新实现的存在的整全性，"参与多样化的部落……每个人能够活出**内在**的多元状态"（182;附加强调）。这里，多样化的、去中心化的后现代视野，扩展到了拯救人类、恢复业已失落的团结以及正如"多元状态"成为"内在"一样完成有关进步事业的宏大叙事（领域）。麦菲索利认为，部落显然是现代社会自治、理性客体的进步。"令人欢喜的结局"的富有喜剧性的比喻，就成了他的细微的分析的边界。

对"部落"这一术语的使用可能是问题的起源之一。在后现代语境中，部落无法指代人类学家所说的亲属关系的社会。麦菲索利的部落是城市的，不是乡下的；散居各地，但关系广泛，不是孤立的；它面临着现代化过程中的劳动的分化和制度的区分，已不再与空间与功能的核心化的统一体相联系；不限于生活必需品和面对面的信息交换，商品和通信的进步也渗入其中；它遵奉民族国家，不为世袭阶级所统治。再没有什么比20世纪后期的西方人类生态和以部落著称的打猎群居社会之间的差别更大了。麦菲索利甚至坚持认为，新部落的情感纽带表明了与旧部落的断裂,而不是延续。毕竟,前者不是通过本地神话的指令而是在完全自愿的基础上组成的团体。

除了这些警告之外,麦菲索利能够将一些对计算机通讯的看法融进他对最近的、地区新部落的观点中。他猜测,"科技的发展能够安抚部落的归属感……潜在的,'电缆',电子信息公告板(游戏的、色情的、仪器的,等等)创造了一个传播矩阵;在这里,拥有多种结构和目标的团体出现、强化或者消失;这些团体唤起了对古代部落结构和乡村宗族的回忆"(171~172)。麦菲索利认为,在网络上,全球关系变成了邻居关系,这和麦克卢汉的精神很相像。麦菲索利发现,法国国内互联网的**信息传输**(messagéries)的社交性(sociabilitty)、多情性(amorousness)与在商场购物、参加足球赛和摇滚音乐会、众人咆哮和在街角游荡等是一致的。他的新种族中没有虚拟的部落文化,它克服了后现代资本主义生活中的疏远感和孤立感,克服了新奇、多变而多元的个人主义以及被剪除了资产阶级个人主义的社会性所体现的大众文化的孤独和消极;它鼓吹的是一种没有苦难、自杀、滥用药物、身份混乱、种族主义、群体冲突等(现象)的主流青年文化。他对"新部落"带有偏爱的评价,使他没能以一种唯物主义的方式修正其研究,也没有对日常生活各方面的复杂结构进行清晰的表述。例如,观看一档类似"X 档案"(*The X-Files*)的电视节目,接着在播放广告的时候通过调制解调器上网连接到关于"X 档案"这个话题的新闻组,发表评论,或者看看别人怎么说,然后到商场买一件(印有)"X 档案"的 T 恤——对于这样不同的活动,麦菲索利没有说明它们是怎样以各自不同的方式建构主体的。

又一次简短的不确定性

在符号化技术的发展史中,在哪一个时间点上提到"虚拟"才恰当?一切都取决于虚拟怎样被理解。现在,有很多关于虚拟的概念可以澄清这个问题[1],但是我要转向皮埃尔·列维的作品《虚拟现实

---

[1] 请参看鲍德里亚 1995a、德里达 1995 年、海姆 1993 年及维利里奥 1995 年的作品。

是什么?》(*Qu'est-ceque le virtuel?*,1995a)①,因为我注意到了他处理现实和虚拟之间的根本性差异的方法。首先,我们必须避免两种倾向:脱离现实,将虚拟当作进化和辩证的"下一阶段"加以鼓吹;或者将虚拟当作现实的虚假示例加以摒弃。相反,虚拟必须被理解为现实的历史表达,它和其他表达一样充分而真实;但这种表达与计算机通讯技术紧密联系在一起。皮埃尔富有成效地通过区分现实/潜在(real/potential)及真实/虚拟(actual/virtual)之间的对立,将这种联系理论化。这些是他从西方的哲学传统中找到的。两组术语之间的不同在于,前者更加算式化(algorithmic):即潜在很容易转化为现实;确切地说,能变成现实的可能性是"预先确定的"。在后一种情况中,关系更"有疑问",要求有更多"创造"才能将虚拟转化为真实。这种区分,从德勒兹(1994:208~214)那里得来,只适用于简要说明不确定和复杂性的相关程度。但是,德勒兹用这种区分来将思想归类,所以列维将其使用到互联网上。

列维的创新之处在于,他提出了眼下正在发生的一个转向:不是虚拟正在变成真实,而是真实向虚拟转化。我们进入这样一种情景:在这里,真实成了虚拟,正在诉说不确定的可能性,而不是确定的事情。他认为:"虚拟,不是反现实(从现实到全部可能性的转型),而是身份的转变,是对正被讨论的物体本体论重力中心(ontological gravity of the object)的取代:不以现状为主要定义标准(一个"结论"),实体(entity)从此以后在有争议的领域找到了自身本质上的一致性。"(第一、二章)他给出了一个超文本的例子。② 在这个例子中,与书相比,文本的确定性、它的连续的结构和意义及其联合的逻辑,在更大程度上是由读者判断的。这样,我们找到面前的一些事物,它们的确定性在相当程度上是不确定的。

---

① 我的引文出自互联网上一本书的复本,http://www.hypermedia.univ-paris8.fr/PIERRE/VIRTo.htm。

② 请参看阿希斯(1997)的文章,里面有关于超文本的精彩讨论。

空间里的犹太人

互联网不是一个同质化的社会事物。它包括记录的信息、数据库;这些连同在机构中和实践中被记录下的个人(非书写)留下的印迹一起,组成了外在于个人思想的个人身份。我修正了福柯对规训监视(disciplinary surveillance)的分析,把这种现象称作"超级圆形监狱"(superpanopticon)。① 在这些电子化的质询中,种族身份被缝合进或者附着于个人;在某些情况下,种族身份会变得多元而分散。目前,这些印迹并不完全是虚拟的,因为它们相对固定,是按照计算机产生文件的客观程序形成的。互联网还包括电子邮件交换,其间个人和群体大体上都是通过固定的地址交换信息,而地址指的是个人在非电子化的社会空间已经形成的身份。这里,民族,从其显现程度来看,与个人在法律上的名字相联系。这一情况在互联网超媒介地带(hypermedia zone)即万维网中变得更加不明确。在互联网上,个人制作"主页"就是把自己展现给任何一个在线的人。他们可以使用图片、声音和文本告诉别人他是谁,包括他的种族(不管是继承的还是自己命名的)。网络的其他部分仍然更倾向于将种族虚拟化,这就是可以即时进行文本信息交换的电子公告板和 MOO(多用户领域,目标导向)。在 MOO 中,身份是由参与者提供的名字、性别构成的,但自我介绍中也可能包含种族特征。这种身份在与其他人交谈之中、在现实的信息交换之中进一步形成与重新形成,但并不是他们内在思想的简单流露。既然关于种族的身体(身体特征和口音)在 MOO 上是看不见的,这种存在于电子社区中的种族就是完全虚拟的,②尽管多数美国白人用户都假定,与之在线交流的也是一个美国白人。

正如诺拉所认为,互联网上的交流看起来倾向于从根本上消解种族之间的区别,包括地域以及古代普遍的宗教仪式。作为自我属

---

① 请参看波斯特(1995)论著的第 5 章。
② 纳卡穆拉(1995)的文章有对互联网上民族和种族的分析;她认为,在 MOO 里,种族没有被根除。

性的种族的固定性看起来与在互联网的虚拟空间中构建的身份正好相反。为了探讨这个问题,我订阅了一个被称作"网络犹太人"(Cyber-Jew)的邮件列表服务,所有订阅者能通过这个信息系统收到任何人发来的信息。"网络犹太人"由以色列的某些人发起,美国和其他国家的许多人参与,它明确地提出了网络种族的问题。① 一个参与者问道,"网络逾越节家宴"(cyber seder)②是否真的是犹太教的逾越节家宴。他问:"频繁接触的(祈祷)在网络上是如何实现的?"面对面的亲密到什么程度才表现出晚餐上必不可少的精神影响?

我是在一个东欧犹太工人阶层的移民家庭中长大的。我祖父的一代人不属于教派的神职人员,所以我们不举行类似逾越节家宴这样的犹太教仪式。但当他的兄弟姐妹和其他亲戚来我们家时,犹太民族的气息就弥漫在空气中。他们说意第绪语(Yiddish),吃犹太食物,而且其行为方式明显不同于"美国人"。而我父亲是一个彻底被美国化的人,他力求讲话没有地方口音,衣着也追求时髦,而且力图提高他在社会上和经济上的地位。他与一个有更浓厚的犹太教背景的女人再婚(我母亲去世了)。在她的家庭里,我开始参加逾越节家宴。自从我和他们生活在一起(大概10岁开始),我几乎把他们看做是外人。我这么想,因为我所想象的都是我父亲的厌恶和我祖父在政治上对他们的蔑视。虽然有这些矛盾,但在某种程度上,逾越节家宴对我来说还是一个自然的、必要的事件。我在美国已经变成一个犹太人。

多年以后,虽然已经有几十年不参加任何犹太仪式或者任何宗教服务活动,我仍然顺从地认为自己是一个犹太人。我相信,这一种族身份"粘住"我,是我幼年同祖父那一代人一起生活的缘故。他们原先不相信任何宗教教条,但沉浸在欧洲的犹太文化中(接受了耳濡目染)。食物的味道,说话的口音,身体语言和接触的方式(掐着我的脸颊叫我"小伙子",这是我不大喜欢的事情)——这些日常生活中极微小的经验使我成为犹太人,我相信这些生活的细节也是生产种族

---

① 用来管理邮件列表服务器的协调员是莫什·多尔,此外,"网络犹太人"的联系方式是 CYBERJEW@bguvm.bgu.ac.il。多尔是世界未来社会、伊斯兰教会及世界宗教未来主义者网的成员之一。它发布的某些信息带有一丝科幻色彩,比如他们的一个成员就在思考宇宙中第一个犹太宗教是什么。我从1996年4月开始订阅此邮件。在网上,"网络犹太人"的网址是 http://www.jewishnet.net。

② 逾越节家宴是一种传统的在逾越节期间的聚餐形式,用于纪念以色列人逃出埃及奴役的历史。

的"工厂"。那么,回答我上面提出的问题,童年时期面对面接触的亲密性看起来就是种族身份认同的最充分的条件。如果情况就是那样,"网络犹太人"(Cyber-Jew)可能吗?

上面提到的"网络犹太人"假定互联网不是一个溶解种族的装置,而是代表着犹太人历史上的一个新阶段。他写道:"我感觉我们处在一个模拟的时代,神庙已被摧毁,拉比(Rabbi)①需要重建犹太人的崇拜,佩戴上泰菲拉(tefillah),此后形成犹太教(Synagogue)。我们是否处在一个新的雅木尼雅(Yavneh)时代?"②这个问题十分切中肯綮,因为犹太历史的一个阶段就是犹太人的离散,一个确切地讲就是当犹太民族在空间上无法相互接近的时期。事实上,欧洲的反犹作品常常指责犹太人为已灭绝的民族,他们没有故乡,没有土地的根基,没有诺拉想象的那些民族认同的核心条件。犹太人因此成为被移走的优秀民族。不同于游牧部落的迁移和变更,犹太人直到建立起以色列才有了空间。正如我们在上文看到的,当诺拉写道"犹太人必须记得自己是犹太人"时,他是以某种方式将民族从一个地方分离出来;这种方式开启了没有空间调节而仍有记忆发生的可能性,就像互联网。

这就是很多"网络犹太人"参与者的明确观点:互联网,不但没有消解种族,反使我们都成为犹太人;无论在地球的哪个位置,人都能与另外一个人联系。互联网在这里是一个中立的沟通手段,将预先设定的种族身份连接起来了。无数主页是由犹太人创建的,比如大多伦多联盟(The Federation of Greater Toronto, http://www.feduja.org)和查巴(Chabad, http://www.utexas.edu/students/cjso/Chabad/houses.html);创建者中还有其他种族和宗教团体,包括罗马教皇。这有力地证明了,网络空间提供了一个加强社区团结的中立的舞台,是一个巩固个体对团体的义务、在薄弱的电子媒介中固结种族身份的空间。就像一个"网络犹太人"的参与者所说,"现代通讯,包括飞机和计算机网络,正在做一些其他的事:为全世界的犹太人成为完整的以色列(是人,不是国家)的一部分创造了可能性"。网络提供便利的另一个深刻例证是MOO上远距离学习功能的开

---

① 编者注:拉比是犹太人对有学识的人的尊称。

② 泰菲拉是犹太男性佩戴的皮制条带,每天清晨,当祈祷者复述经文时都会戴上它。雅木尼雅时期代表着政治与社会的彻底重组,就像犹太会堂系统向拉比系统转化时一样。

发。一个参与者这样说:

> 让我简单地告诉你关于我正在多样性大学(Diversity University)中创建的犹太学习中心。到目前为止,我建了一个教室、一个关注希伯来历法的房间以及一个关注犹太故事的房间。在这里,阅读故事的人成为故事中的一个角色,有时还要与其他角色对话。多样性大学中一些来自康涅狄格和夏威夷的成员相聚在一个犹太光明节(Chanukah)上,一起点蜡烛、吃土豆饼,等等。

在 MOO 里,一个人会学习到犹太教的历史,也会成为一个《圣经》中的角色。在网络空间中,过去和现在的种族被合并入屏幕像素的字节流中。用巴巴拉·克什布赖特—吉姆布莱特(1996)的话说,一个人类学家检视犹太民族的真正划分时,"有了新的通讯技术,就有可能收集以新形式集中大量广布的信息流"。

那些自称"网络犹太人"的人面临数不清的困难。别人怎样才能知道电子社区中的参与者是犹太人?或者他们的参与就(自行)建构了种族身份吗?犹太教的传统习惯在网络空间中怎样延续?另外,转到网上以后,琐细的活动变得不可能,不仅空间成问题,时间也成问题。一个参与者在邮件列表服务器上提出:"祈祷者的时间被限定在地球时间,也就是限定在地球上的人所经历的一天的循环中——换句话说十二小时或者日出和日落之间的任意几小时。存在于网络空间,就要改变人与太阳的关系,但没必要改变'一天'的概念。"犹太活动的基本特征遇到的难题困扰着网络空间中的种族。看起来,前工业化时期兴起的社会形式的变迁放到高技术背景下就会是一个很大的困难。就像一个持怀疑态度的"网络犹太人"参与者写的:"确切地说,正是因为在网上我们都没见过面,正式的交流标准就很容易垮掉。"很多人怀疑网络对任何形式的种族都没有益处。

还有一些人更乐观,但他们把互联网的希望寄托于网络中世界精神的复兴,而不是犹太教的简单转型。这里,一个参与者准确表达了新的可能性:

> 我们将"网络空间"视作可能的重要的新技术,通过它世界上的犹太社区可能会不得不重新检视自己,并重新形成公社形

式(communal)。

上帝的思想大量涌入,作为其中的标志(token)之一,就是需要我们构建犹太社区的新形式,还有上帝的新的犹太形象(比如名字)、祈祷的新形式、新的种族理解、新的与拉比的口头律法(Oral Torah of the Rabbis)不同而且源自书面塔纳卡律法(Written Torah of Tanakh)的律法……创造互联网和网络空间——试问,除了这样一个标志,是否还有更多其他的?这不仅仅是人类历史的改变,更是其结构的改变——上帝生命循环的改变……犹太教的一个"新范式"。

"上帝生命循环的改变"(shift in the life-cycle of God)提出了形式最为极端的虚拟种族的问题:如果互联网表现出从精神上"改变人类历史"的可能,我们还能像夏尔丹的"人类知识圈"或列维的"集体智能"那样,以任何可被人辨认的形式说起种族或者说起一些新的全球意识吗?如果网络空间是一个复兴整个世界伟大精神的契机,我们在某种意义上难道还没有超越种族认同的历史形式、开始迈向个人与团体未知关系吗?在接下来的段落中,列维设想了一种在网络空间中远远不同于历史性,甚至想象得到的种族的新的集体智能:

> 如果我们追溯集体智能的根源,我们会逐渐创造出技术、符号系统、组织和规则的社会形式,允许我们一起思考,集中我们的智力和精神力量,以增加我们的想象力和我们的经验,以设想出我们在现实时间中和所有层面上所面对的复杂问题的实际解决方案。我们会不断地学会在一个新的宇宙中调整自己,不断改变它和它的漂浮(状态),尽可能成为它的创造者(author),集体将自身创作为一个物种。集体智能的目的不在于通过人类的集体来掌握自我,而是从根本上放松控制(并)改变身份的概念、统治和冲突爆发的机制,去除管制交流的障碍并沟通彼此孤立的思想。(列维,1995b:n. p.)

列维将互联网视为"集体智能"的惊人观点将个体置于一虚拟客体的位置上。这是一个未完成的、偶然的状态。在这里,身份是临时的、与创造进程之间的一种流动的联系,一个不确定的实体。对这个实体的认可,永远都不会错,因为它永远不凝固,它的主体位置是"从来没有"(never before)而不是"总准备好"(always already)。网络空间中的个体与文本、图片、听觉构成等持续不断的全球性转换过程相联系,它不能将自己捆绑在历史种族固定结构中的事物之上。

第九章　网络民主：互联网是一个公共空间？

> 我是我自身这个版本的广告。
>
> ——戴维·拜恩

问题的利害性

关于互联网对政治施加影响的讨论集中在如下一系列问题上：接触途径、技术决定主义、加密、商品化、知识产权、公共空间、分散化、无政府主义、性别及种族。虽然这些问题可以在很多立场上提出，但只有其中一部分能完整地评估新传播通讯技术中在身份构成这一文化层面上将面临的风险。如果问题被设定在与主导性的政治结构、支配力以及意识形态有关的框架内——比如，当主体或身份建构的话题被排除在讨论范围之外时——相关的讨论其实就犹如盲人摸象。很多问题显然是紧迫但有实际限制的，例如加密和商品化。在对网络进行加密时，美国政府力求确保它跟可能利用网络威胁国家安全的"恐怖分子"保持距离。但实际上，来自国家机器的对人民的危险总是多于来自所谓的恐怖分子的。很多公民在遭受不公正的对待，其公民权遭到政府和恐怖分子的双重侵犯，而前者尤甚。事实上，从好的一方面来讲，恐怖主义在协助进行政府宣传，它使公民的注意力忽略了政府滥用职权，而转向想象中极度危险的外部敌人。

从加密角度来看网络的民主前景，现行的国家政府安全政策反而是对自身的限制：国家安全被当作国家内每个公民的安全，而这是一个非常模糊的提法。① 社会空间的新形式可能会以新的方法赋予个人以力量,但考虑到探讨这种可能性会对现有的力量格局不利,它就可能被扼杀,因为这种力量格局被历史上最强力机构——美国政府看在眼里。

关于商品化的问题也提供了一个小小的焦点,它通常把关于互联网政治的讨论局限于哪家公司或哪种类型的公司能从哪种类型格局的互联网上获取多大利润这类问题。电话公司、电报公司或两者的结合能保证在为大众提供铁路时刻表、500个电视频道和各取所需的电影这些东西的同时,还能得到足够的市场和利润吗?另一问题由此而生:互联网应该被用来传输大型虚拟主题公园这样的娱乐产品吗?或者,使其具备电子零售商店那样的功能,用以出售商品吗?这些问题吸引了国内公司的管理者和马克思主义批判学者。他们关注加密问题,关注互联网是否可以被理解为现存组织机构的延伸甚至替代后者。毫无疑问,互联网已经融入现在的社会功能之中,并以新的形式拓展了其现有的功能。比如,它正把购物行为改变成电子形式。而互联网对政治的深远影响在于,它建构了新的社会功能——虽然一些人不太能够适应那些具有明显特征的现代组织模式。问题在于,这些新功能仅仅在选用了一种不限制讨论从开端一直到现在的模式解释框架时才能被理解。如果一个人把政治理解为对现行政府的行政、立法及司法的限制或扩展,那么这个人甚至不会提出用新形式参与政府的问题。于是,提出互联网与民主之关系的问题,就是冒险挑战我们关于所提问题的理论和观念。

其他人则试图通过检视"互联网上的政治行为是怎样实施的"这一问题来审视互联网政治的独特性。这里的问题不再仅仅是代议制民主等现存制度的扩张,也不是现存政治理论(马克思主义或自由主义)中自由散漫的力量。相反,一些学者已经看到网络组织和动员的现实成就。比如,劳拉·格拉克就分别检视了在两种类型的政治行动中各自使用电子邮件、邮件列表服务和新闻组的情况:对易初莲花商场(一种用于商业目的的消费者数据库)以及克林顿政府努力推行只有使美国政府才能在网上解码信息的"加密芯片"(Clipper Chip,一套加密设备的驱动程序)。在这两个例子中,抗议活动都源于网络,一种源于大众的力量,另一种则源于政治集团,它们都相当有效

---

① 请参看列维1994年的著述中对是否加密的争执的回顾。

地改变了现状:易初莲花商场从市场上被取消,加密芯片的使用也没能成为法律。她认为,传统的政治领域不具备网络政治这种种具体的特点。网络政治是独一无二的。格拉克强调:"网络的两种具有修辞色彩的特征——社会特质和新型的传输模式——对在线修辞社区非常重要,因为它们在实体的公共性以及面对面传递信息的方式'不在场'时,支撑了社区建构'在场'、传输讯息的活动。"(1997:5)格拉克的研究提醒我们:网络政治冲破了一般事物的本质,并很可能成为后现代的根据。

如果一个人将有关现代政府制度的政治理论搁置一边,而试图打开一条通往互联网所预示的"后现代"的可能性的通道,那么他立刻就会遭遇两种困难:(1)缺乏足够的政治"后现代"理论,(2)民主问题。主流政治规范和意识形态本身就是与启蒙运动相联系的"现代"范畴。下面就让我来依次阐述以上两点。

菲利普·拉库·拉伯特(1990)和让-鲁克·南希(1991)等理论家指出"左/右"谱系之分在讨论当代政治问题时的局限性。现代意识形态的谱系源于1789年法国大革命中立法议员的座位布局,它记录一个备受争议关于解放的宏大叙事。首先,它概括了一个线性的、不断演化的进步的历史,这一历史闭塞了非西方团体和女性之间微妙的暂时性;并强制性地在其身上附加了一个对过去的整体性的、强而有力的解释,这个解释从消除观点差异、不连续性、不可能性、偶然性——简言之,就是从非线性视角——更轻易地认识相关现象。其次,关于启蒙运动的叙述在历史核心建立了解放过程,这是一个需要前社会、基础性以及个性化身份为基础的过程。个人被置于历史之外或之前,后来则陷入了外在锁链加之于身的困局。在现代视角下,政治就是从历史设置的偶然性的障碍中费力提炼出来的自治的行动者的精华部分。关于客体的现代观点急切地要将自由本体化,但在此过程中隐藏了其历史性的建构。后现代的取向将不得不考虑到社会和语言中的身份构建,使关于自由的问题从关于理论的假设和结论中转移,开始转向前理论、无基础的和宽泛的话语。后现代理论家们已经发现,现代理论对行动者自由的坚持以及它在抵抗性主体的符号话语中所留下的强制性、重复性的印迹,已使身份结构呈现出现代形式——这是一种其本身独有的、意识形态的和立法性的姿态,从而,身份结构没有向解放的方向迈出一步。如果后现代视角要摆脱现代理论的限制,它就不能用本体论的观点来表现任何形式的主体。

后现代立场仅限于对身份建构的坚持。为了避免现代政治理论的缺陷，后现代理论严格限制了其定义新政治方向的能力范围。就受众而言，如果语言要树立一种不寻常的规则或是可能持相当程度上悬而未决的怀疑态度，那么，这种理论上的禁欲主义在眼下就是一种必要的条件。对怀疑论者，只能说那些可选择的"现代"立场，更加不可取。

但要确立认可和分析互联网文化的立场还有很多困难。因为后现代理论仍需借用"民主"这个现代术语，即使该术语在厄内斯托·拉克劳（1990）等的研究中那样已被"激进"修饰过了。人们可能借用拉克劳式的术语，把后现代或后马克思主义民主的特征描述成"为人们开启了新的言论立场，赋予此前被排除在外的群体以力量并激活了社会生活的新的方面，使其都成为政治过程的一部分"。虽然互联网常遭非难，说它有高人一等的优越感（2亿用户），但在其中确实存在一个正在成长的、充满活力的草根参与阶层，其部分地由地方公共图书馆组成（波利和希斯勒，1994）。但现代怀疑论者可能会坚持问，这类主动精神难道不就是现存政治制度的延伸，而既不是"后"的存在，也不是某种"断裂"的存在？作为回应，我只能声称，"后现代"立场不需要被看做新时代的形而上的主张；理论家被困在现存的框架之中，对此他们可能满腹不满，可心里又不愿这样；在缺乏连贯的可选择的政治制度下，人们最好是去检视互联网与旧民主的新形式之间的关系，同时也要保持具有各种可能性的开放态度，因为可能显现的或许会是民主之外的任何事物；而且，若是让我们进入当下，这种事物的结构就会全在我们的想象之中。民主，作为所有人都必须遵守的制度，肯定比历史上的其他选择更优越。这个词也包含了批判的可能性，因为现存的所谓民主形式肯定不能实现自由和平等的愿望。现存制度对这一术语的殖民现状鼓励人们从别处寻找替代物，为互联网中涌现出的力量关系的新格局重新命名。

去中心化的技术

我曾主张将政治上后现代立场的局限性搁置一边。当遭遇互联网之后技术决定主义的老问题再度被提起时，我的这种主张很快就站住了脚。当人们提到技术问题,我们可以马上看看互联网是如何干扰旧立场的基本假设的。毕竟互联网是去中心化的传播系统。就像电话网络,任何接入互联网的人都可以打电话和发送讯息,当然也可以通过广播系统进行类似操作。就是说,可以给很多个接受者发送讯息,而且可以"实时"发送,或者将数据储存以后发送信息,或者二者兼备。互联网也是在基础性的组织层面上去中心化的,因此,作为联网的网络,新的网络只要满足一定的传播协议的要求,就可以加入进来。作为一名历史学家,我发现其最引人之处在于,这种独特的结构应该产生于不同文化社区的汇合,尽管这些文化社区看起来没什么共同性:通过推动去中心化保证不受核攻击的冷战时期的国防部、对任何形式的审查制度及传播限制都深恶痛绝的计算机程序工程师的反传统文化的思潮等;以及习惯性地交换、共享思想和数据的大学研究的领域。除此之外,还有使所有信号形式在密码系统中联成一体、能够即时性地进行转换、毫不费力地进行复制的数字电子的技术基础。如果互联网的技术结构不需成本即能复制产品、即时进行散播、彻底去中心化,那它会给社会、文化和政治制度带来怎样的影响?

这些问题只有一个答案,就是问题本身是一个错误的问题。技术的影响来自一系列广泛的假设。在这些假设中,技术就是影响其他物质的物质结构形式。而技术与人类之间的关系是外在的,即从预先就把人类被看做是熟练地使用物质这一主观立场出发,再将其加于技术上。但互联网技术造成怎样的影响与传播的物质形态无关;而且在互联网带来的许多方面的影响中,只有一项参与了人的主观立场的转变。互联网自身就让人不由得提出技术会带来什么样的影响的问题。它在人类和物质之间、物质和非物质之间安插了一种新的关系体制,重构了技术和文化之间关系的同时,也因此削弱了在过去发展起来的关于技术之影响的话语(这一话语的生发看起来自然而然)的立足点。界定互联网技术影响的唯一方式是建立互联网,在其中加入一系列构成电子地理的关系。对于其他通讯技术来说,这种方式也是可行的。不过,只有互联网如此彻底地改变了言论和接收的基本环境。

从一种不同的观点来看,互联网更像是一个社会空间而非一件东西,所以它的影响更像德国的影响而非一把锤子能施加的影响:德国力图使其境内的民众都成为德国人(至少是大部分人);而锤子的作用不是把人民变成锤子而是将金属打入木头(尽管海德格尔主义者①和一些其他人不会认同这一点)。假如我们把互联网理解为锤子,我们无法辨认出它与德国相像的地方。问题是,现代化视角试图将互联网简化为锤子。在这种现代性的宏大叙述中,互联网是一种沟通的有效工具,也推进了那些被认为是预先建构的工具性身份的用户的目标。

我觉得互联网正像德国,如此复杂以致在附加一些条件后,它就可以部分被看做锤子。如果我使用互联网的数据库功能或者纯粹把发送电子邮件作为纸质信件的替代物,那么它的作用可以被合情合理地看做与锤子是相似的。数据库放到了互联网上,它就可能比其他同类的数据库更容易或更廉价地被获取;相对于邮局与传真机,电子邮件也是如此。但是,关于互联网,我想强调的是那些展示了新的交流方式和提出了参与者之间新的力量关系的方面。关于互联网与民主的关系,我们需要提出:在通讯中的个体之间,是否产生了新的提示新兴力量结构的关系?互联网上有新型政治吗?有一种解决问题的方法是绕开技术问题,重提公共领域的问题,测量一下互联网民主究竟能在多大程度上被理解。因为空间的暗喻与公共领域这一术语是相关的,所以提出互联网的政治本质与"公共领域"概念之关系的问题是非常恰当的。公共领域观点并不直接涉及制度的结构,那些都是形式主义者关于程序的讨论;或直接与一个既定社会团体的主张有关,这需要假设一个特定的、连我自己都有些怀疑的社会机构;而是提示了一个交流的舞台,就像古希腊的集会或者作为殖民的新英格兰的市政大厅一样。如果互联网也拥有一个公共领域,谁居住其间?怎样居住?尤其是,人们必然问,这个公共领域中交换的是怎样的信息?没有面对面的交流,仅仅是屏幕上的电子在闪烁②,这一空间里存在什么样的社区?何种有关政治的特殊的、虚拟的体现形式会在转瞬即逝的网络空间里留下印迹?现代主义那些爱争吵的老家伙可能激烈地反对将这一有尊严的术语——"社区"归结为互联网上的

---

① 当我写下这些话时,我忘了海德格尔在对技术进行讨论时曾以锤子为例(1962:69,ff.)。而当我阅读多恩·伊德富有启发性的著作(1990:31~34)时突然想起了这件事。正如我所提到过的,海德格尔的意思其实并非真的指人类变成了锤子,但有些相近之处:"此在"(Dasein)被"吸"进了设备中。(102)

② 请参看海勒斯(1993)最具启示性的文章。

信息流。他们是对的吗？如果是的,网络民主又是怎样一种现象？

互联网是一种公共领域？

  公共领域的问题是对任何一种民主进行再定义的核心所在。当代的社会关系看起来缺乏交流实践的基础。过去这类实践是民主政治的范本：集会、新英格兰市政大厅、村教堂、咖啡屋、酒馆、公共广场、乡村剧场、联合礼堂、公园、工厂的餐厅,甚至街头角落等都是公共领域。今天,这些地方大多还在,但已不复是政治讨论和活动的组织中心了。看起来,媒介尤其是电视与其他形式的电子传媒,孤立了市民并替换了旧式政治空间中的自我。克林顿政府一个关注健康改革的运动足以佐证：1994年7月中旬,克林顿政府感到国会没有像大众那样赞同政府关注健康改革的建议。为了让国会确信关注健康改革是明智之举,行政部门于是在电视上投放了广告,展现普通市民如何讲话赞成对这一运动立法。因为不是为了针对全体市民,而仅仅定位于议会官员,广告**只在华盛顿**播放。行政部门调用媒介直接作用于立法部门——这就是信息时代的政治。

  在这种情况下,人们可能会问,公共领域在哪里？哪里可以让公民针对必须协调的公共政策自由交换意见？约翰·哈特利(1992)作了一个大胆而令人信服的论断,说媒介就是公共领域："电视、大众化报纸、杂志和照片,现代的大众媒介,就是公众的领域,是公共场所被创造出来并得以存在的方式和地方。"①维利里奥也提出这样的观点："从现在开始,在街角预演的'视觉机器'中,大街同公共集会地点的屏幕、电子显示屏相比,已经黯然失色。"(1994:64)"公共"越来越倾向于滑入"公开",就像"文字"被"图像"取代。审视这些变化,必须摒除怀旧、追溯之情,并且使用现代人的政治和理论才行。

  哈贝马斯认识到公共领域的瓦解和随之而来的民主政治危机,1962年出版了《公共领域的结构转型》(*The Structural Transformation of the Public Sphere*)(哈贝马斯,1989)。在这部

---

  ① 要研究媒介在公共信息领域内扮演的角色,请参看哈特利(1992:1)的著述。哈特利特别检视了图表在报纸中的角色。

影响巨大的作品中,他追溯、描述了公共领域中民主在 17 世纪、18 世纪的发展以及在 20 世纪衰落的过程。在那部作品中,也可能就是从那时候起,哈贝马斯的政治意图是通过公共领域的重建,推进由理性主导的"启蒙运动";不是大量现代实践的工具理性,而是代表了最优秀的民主传统的批判理性。哈贝马斯将公共领域界定为:一致以实用主义为取向的非强制的对话空间。这一立场招致利奥塔(1984)等后结构主义者的攻击。利奥塔质疑了通过理性辩论使舆论模型获得解放的可能性。争论在于,后结构主义者批判哈贝马斯的启蒙运动理念将自治理性的主体视为民主的普遍基础。所以,在使用公共领域这一范畴评估互联网民主之前,我应该回顾关于哈贝马斯立场争论在最近的发展。

20 世纪 80 年代,利奥塔的批判得到南希·弗雷泽(1989,1990)这样的女性主义者的拓展;南希·弗雷泽指出了哈贝马斯立场中的性别盲点。① 甚至在后结构主义者和女性主义者之前,奥斯卡·耐格特和亚历山大·克鲁格(1993)就开始通过提出"反"公共领域概念来责难哈贝马斯,尤其是无产阶级的反公共领域。正如米里亚姆·汉森在他们著作的前言(ix～xli)中明确提出的,他们的观点的重要性在于耐格特和克鲁格将公共领域定义的地域从启蒙运动的历史先验主义理想化转移到多重性和异质化的话语中。特别是在考察与自由民主的关系时,公共领域概念的这一关键性转变更是凸显了自身意义。在意识形态上,自由主义的一大理想就是将公共领域缩减为现存的民主制度。哈贝马斯对自由主义进行了批判,并欲找寻完全对立的另外一种选择,但他仍然将政治普遍化和垄断化了。相反,耐格特和克鲁格使公共领域去中心化和多元化,打开了一条新的批判路径,或许还是一种新的政治。②

公共领域概念发展的最后一步是瑞塔·费斯基(1989)所做的整合。她整合了耐格特和克鲁格的观点,包括女性主义性别分析和后结构主义对自治主体的批判。在费斯基看来,公共领域的概念必须建立在政治抗议的"经验"上(耐格特和克鲁格的认识),必须承认和

---

① 请重点参看弗雷泽 1989 年的著述中第六章,《批判理论急需什么?哈贝马斯与性别案例研究》(What's Critical about Critical Theory? The Case of Habermas and Gender)。兰德斯 1988 年的论著中有关于哈贝马斯历史学分析的评论。

② 米里亚姆·汉森 1993 年为耐格特和克鲁格写的前言对其自身权利尤其具有重要作用。

扩大主体的多样性（后结构主义者的认识），而且必须考虑到性别差异（女性主义的认识）。她写道：

> 与中产阶级的公共领域不同，女性公共领域并不主张代表的普遍性，而提供了一个作为被边缘化的群体的女性立场的文化价值的批判。从这种意义上说，它组成了"部分"公共领域或者反公共的领域……但在"公共"领域范围内，它的观点被导向外部，在全社会之内表达了女性观点和价值。（167）

费斯基仔细修正了哈贝马斯的公共领域概念，把这个概念从其家长制的、中产阶级的、以理性为中心的附加观念中剥离出来；然而，她仍然调用了公共领域的概念，并或多或少地将政治缩减成公共领域。这一点，在她讨论的结论中变得明确了：

> 一些对集体认同和团结形式的呼吁是对抗性运动出现的有效的、必要的前提；女性主义理论家强调差异的绝对性，反对任何将身份作为一种压迫的幻象统一起来的观点，但也没能说明这种多样性和碎片化如何与以共同利益为基础的目标导向的政治斗争相协调的。对分享压迫经历的要求，提供了一个起点，从这个起点开始，妇女作为一个群体可以面对性别问题；与此同时，性别社会的概念也包含了强烈的理想化成分。（168~169）

最后，费斯基将公共领域看做女性主义政治的中心。这样，我们就必然要问，如何区分这一公共领域和其他的政治讨论。从哈贝马斯的不可能的（反事实）理性传播理想这一高度看，这一公共领域为所有受压迫的人们增加了、开启了、拓展了政治讨论的（范围）。

我们面对如何定义"公共"概念的问题。总体上，自由理论求助于古希腊对家族或家庭与城邦的区分方式，前者是"私人的"，而后者是"公共的"。当这一术语跨越了政治范畴走向经济理论（像在李嘉图和马克思身上发生的一样），情况开始变得复杂起来："政治经济"这一术语把古希腊意义中的公共和私人联系在了一起，因为"经济"涉及他们管理（私人的）家庭。旧用法保留了集会的公共空间，但涉及普通货物的讨论时，就不再是市场交易了。在新用法中，经济领域被称作"政治经济"，但被理解为"私人的"。更糟糕的是，如今"私人的"普遍用法指代孤立的、不被任何人看见,也不被任何机器记录或监视的言论和行为。① "私有"现在仅限于家庭范围。在某种程度上,这回归到古希腊的用法,尽管其间的家庭结构已发生了巨大变化。比如,在弗雷泽的论断中,"公共"领域与"私人"领域的对立在于"谈话"的地点,"公民探讨公共事务的地方"对民主很重要(弗雷泽,1990:57)。那么在使用关于解放政治的"公共"一词时,就有一系列的问题。

一旦更新的电子媒介通讯尤其是互联网被考虑在内,困难就被成倍地放大了。现在,"交谈"、面对面的会见以及"公共"话语等问题已经被交换符号的电子形式弄得混淆而且更加复杂。如果"公共"话语是作为从没见过面也可能永远不会见面的遥远的个体发送到屏幕上的像素形式存在,就像互联网的"虚拟社区"、"电子咖啡馆"、电子公告板、电子邮件、计算机会议甚至电视会议,那么"公共"话语和"私人"信件、印刷品等还有什么区别? 面对面交谈的公共领域时代显然结束了:民主问题因此必须考虑到新形式的电子媒介话语。信息模式下的民主讲演需要怎样的条件? 这种情况下,什么样的"主体"在说、写或者交流? 需要什么样的主体、身体和机器来促进民主交流和解放运动? 对哈贝马斯来说,公共领域是对称关系中具体主体的同质性空间,通过批判言论和表达合法声明寻求一致。我认为,这种模式在电子政治的舞台中会被系统化地否定。所以我们被建议抛弃哈贝马斯将互联网看做政治领域的公共领域的概念。

与我的主张相反,朱迪思·珀罗勒(1991)转而用哈贝马斯式的视角看待电子公告板上的对话,她发现理想化的言论情形的条件在那里不适用。她认为这些对话一定程度上被机器控制并"歪曲"了:这里合法的"有意义的、真实的、真诚的、恰当的主张……看起来是体现了机器的物理性和逻辑性的特点,而不是人们商议的结果"(351)。言论的基本条件被设定在虚拟社区的程序里,并停留在讨论范围之外。她继续说:"多数计算机界面既不允许用户质疑数据的有效性,也不允许数据被任何人加以合理地在技术上的改动。"(354)在哈贝马斯的行动交往理论框架之内,这些观点无法被驳倒;但问题依然停留在这些标准是否能抓住电子形式交流的具体特征上。

现在,信息机器厚实的文化为即使不是最多也可算很多的关于

---

① 利昂(1994:14~17)的书里有对隐私和电子监控关系的讨论。

政治问题的长篇大论提供了界面；全人类民主社会的幻想仅仅使批判性的反省变得模糊，并拨转了起决定作用的后现代政治理论的发展方向。批判理论过久地坚守着公共领域，哀叹着媒介"干扰"的事实，以及先是广播后是电视在政治中的僵滞状态。但事实上，政治言论长久以来一直在被电子机器控制：现在的问题在于，机器促成了新的去中心化的对话形式，并创造出新的人—机集合体、新的个体以及集体"声音"、"忧虑"、"交流"，这些都是政治结构和团体的新阻碍。如维利里奥曾写道："当公共'形象'（实时的）比公共'空间'更重要时，'公共'的概念还剩下什么？"(1993:9)如果媒介的技术基础被习惯性地看做对民主的威胁，理论如何解释向技术建构（互联网）的转变？看起来，互联网促进了语言的去中心化（即使非民主本身），威胁了国家（不被监视的对话），嘲讽了私有财产（信息可被无限复制）而且愚弄了道德（散布脱光衣服的形象）。

一种后现代的技术？

互联网在很多领域拓展了业已存在的身份和制度。世界性新闻组网络系统有青少年搞的让人不愉快的恶作剧；数据库让研究者和公司获取低成本信息；电子邮件提供快速、安全的信息传递；数字化的形象使色情信息更广泛传播；等等。从延续了有效手段的工具传统以及主流的现代文化将它们的特征转移到新领域的意义上来说，互联网是现代的。这些问题还需要从细节上、从不同的立足点来研究，但到现在为止上述结论还是成立的。互联网的其他领域不太容易被现代观点包容。对这些网络空间的审视提出了新的对技术的理解问题，最后将导致对网络政治方面的再评价。我提到现在已被理解为"虚拟社区"的公告板，提到了MOO现象，提到了虚拟现实技术与互联网的结合体。

在这些情况下，利益攸关是对传播活动过程中身份建构的直接诉求。个体在电子化的交谈和信息传递过程中不断创造自己，并复制不同的自己。现在，在特征明显的宽泛的实践活动中，已肯定没有什么新东西了:阅读一本小说①,在 CB 电台讲话,甚至收看电视广告;我认为,所有这些不同程度和不同方式的活动都鼓励个体在参与交流的过程中形成不同的身份。然而,我已列出的发生在有限互联网领域中的情况却远远超越或至少截然不同于后面这些例子。交流中的个体表现出的自我定位所需的语言和行动比读小说和看电视广告时更少。在互联网上,个体阅读、理解交流的信息,写成句子发送出去。小说和电视广告由它们所质询的个体去理解,但阅读者和收看者并不直接参与其中,他们只是普遍的受众;当然,他们能充分利用语言行动表达反馈。(我避免把我自己这里正在制造的区别置入二进制主动/被动的框架,因为这一对东西与现代的自治行动者联系得如此紧密以至于看起来我是在把互联网描述成现代普遍理想的实现、"主动性"的言论。我拒斥这一做法,因为它关于身份的观点,还停留在本质固定、前社会和有语言能力之前等层次上;而我要强调的是,互联网的话语建构这主体,就像主体改变着他/她自己一样。我想将主体建构定位在自由/决定论和积极/消极对立面之外。)个体在网上建构自己的身份,正在进行对话时也是这样,这并不是一种纯意识的行为。但在自由马克思主义者看来,这种行为不能算是自由,因为它并不涉及回归于基本主体。这意味着主体建构的"民主化",因为话语行为并不限于单向的讲话,也不限于面对面交流中区分的性别和种族。互联网的神奇之处在于,技术将文化活动、所有形式符号化都交到每个参与者手中;它从根本上离散了言论、出版、电影制作和广播电视——简言之,所有进行文化生产的设备——的中心地位。

性别和虚拟社区

让我们检视一下互联网传播中的性别,以此来弄清楚一些利益攸关的问题,并厘清一些可能存在的关于该论点的混淆情况。在实时聊天室、MOO 和 MUD 中,参与者必须创建一个最起码包含名字和性别在内的身份。不像年龄和种族,性别是网络身份的一个普通

---

① 瑞恩在 1994 年对阅读小说与虚拟现实之间的关系进行了细微的、复杂的比较。她并未直接着手研究 MOO 和网络虚拟社会。

属性。但是,这个性别不一定和现实中的性别有联系。有性别的身体被有性别的文本所取代。已有研究指出,虽然在公告板的讨论组中,没有任何关于性别的暗示,但这并没有消除男性至上主义甚至社会普遍存在的性别等级。① 妇女在社会中承受的劣势地位延伸到网络的"虚拟社会":在电子空间里,妇女无法被充分地代表(尽管这一状况正在改进,在 1998 年,美国的上网女性首次超过了男性),她们面临各种形式的骚扰和性别歧视。事实上,性别身份是自我指定的。但这一事实本身并不减少人的烦恼和家长统治的限制。互联网上的社会关系常常受到参与者的认真对待,以至现实生活中的性别问题在网络空间中也会呈现新的一面。有一种对网络性别的表述,说它是超越了现实生活等级的再生产而例现了"记录"行为的新条件。

"琼"(Joan)的例子在这方面很有指导意义。一个名叫亚历克斯(Alex)的男子化名为"琼"的残疾妇女出现在 BBS 上,想借此体验他向往的妇女交谈中的"亲昵"状态。亚历克斯想以女人的身份与其他女人交谈,因为现实生活中的男性身份限制了他把自己的想法付诸实践。林斯蒂·范·戈尔德认为当亚历克斯的诡计被戳穿时,很多和他交流过的像"琼"一样的女性会受到深深的伤害。但范·戈尔德也说,她们最大的失望是"琼"并不存在(1991:373)。在这个例子中,性别的建构表明互联网的复杂性不能通过文化与社会形式所假定的是或不是来解决。亚历克斯依靠网上的虚拟社会来掩盖他男性身份中女性气质的缺失。中了他的诡计的妇女对虚拟朋友"琼"的"死亡"表现出深深的遗憾。这就是"现实"中很难找到的虚拟社会的独特之处。网络空间中,一个人可以创造出不同于现实生活中的性别存在;可以用这种身份交朋友,并随着这些关系的发展、改变和结束体验快乐与悲伤。尽管如此,在"最坏"的情况下,一个人也必须承认新技术条件下交流中最起码的事实是:它无法消除面对面、书信和电子广播交流所建立起来的权力关系的记号。

尽管如此,网络社区的结构性条件的确带来了对性别决定(包括

---

① 切尔尼在 1994 年的论著中总结道,男人和女人在 MOO 上有性别差异明显的交流。一份对多次 BBS 谈话的研究也得出同样悲观的结论,此分析可以在赫瑞 1993 年的论著中找到。赫瑞认为,一个还存在性别差异的空间是无法培植出民主的。但她没有衡量 BBS 中性别主义的程度与面对面场景中的程度的差别,甚至无法指明如何进行这种衡量。她的这篇文章可在 http://www.cios.org/www/ejc/V3N293.htm 上找到。

性别偏好)的抵制,并且与之决裂。① 必须决定一个人的性别和性别偏好的事实本身引发了新奇的、引人注目的个人身份的问题。如果一个人要成为一个男子,那他必须选择成为一个男子。进一步,一个人必须在语言中表现他的性别选择;不过仅仅是在语言中,不能带有身体的任何标记和姿态、可识别的衣着,或者说话的声调等。表现一个人的性别仅通过文本方式就能完成,尽管这不包括多种多样的电子社区发明的图标符号,像字符组成的图释和笑容——比如:—)等。一个人也可以通过在对话中假设并在对话中表演来体验相反的性别。② 最后,随着交流的进行,通过计算机和调制解调器完成的对话的特殊结构与一个人产生了新的关系,产生了电子人,他不同于先前信息模式中的任何具体性别。这些电子人的性别挑战并违背了现代性别系统的界限,而不带有参与者任何在此立场上的必需性的倾向。③

如果网络交流没有彻底排除业已存在的技术力量,它就会变幻不定地依靠互联网的具体特征来复制这些力量。互联网的一些方面,比如互相认识的个体之间的电子邮件,不会导致性别系统的瓦解。在这种情况下,电子人并不压倒或取代具体的个体,尽管研究已经表明了自我表现中的一些差异(更多的自发性和更少的监视)。④ 从电子邮件现代性谱系的一端到后现代,人们进入公告板进行交谈,这些身份和性别都是固定不变的,除非遇到陌生人。然后,更加后现代的例子会是这样的情形:身份是创造出来的,但话语由正常的对话组成,就像在"虚拟社会"一样。进一步,从寻常言论中被去除的是网络转播聊天(IRC)。⑤ 这里对话实时进行而几乎没有等级和结构。

---

① 凯斯 1996 年和威克福德 1997 年的论述中可以找到关于性取向和网络身份的讨论。萨迪·普朗特(1995,1996)认为,网络与男性气质迥异,因此更适于女性特征。

② 关于性别转换中的教育问题,K. K. 坎贝尔在一封题为"虚拟维尼熊的进攻"(Attack of the Cyber-Weenies)电子邮件里有所论及。坎贝尔细述当其在 BBS 上用一个女性假名时是怎样受到骚扰的。在此,我要感谢德波拉·霍尔贝特,她提醒我注意到这一信息。

③ 瑞德在 1992 年的著述里对虚拟空间的文化内涵有精彩绝伦的论述,其 1994 年再版时也包括了该文。

④ 吉尔·塞尔彭特莉在 1995 年时研究了有不同网络结构的不同交流形式。基斯勒、西格尔和麦克吉尔在 1991 年的报告中提到同步性和平等主义是这些交流中的趋势。

⑤ 要了解对 IRC 的十分吸引人的研究,参见瑞德 1992 年的一份电子格式的论文,同时发表在《网络》(*Intertek*)三月刊上(1992 年冬:7~15)。

第九章 网络民主：互联网是一个公共空间？

也许互联网带来的全部新鲜感就在于多用户领域，它是主体导向的（MOO），分为冒险游戏和社会类型。更多研究应该放在这些建构主体之技术之间的差异上。

在社会多样性的 MOO 上，后现代身份的表演更有可能。这里的身份是造出来的，也是易变的；详细的自我描述也是镇静沉着的；住所也以文本形式描述，个体之间的交流纯粹为了这样做。然而 MOO 用户并没有享受到一个民主的乌托邦。存在着一个具体与网络空间的这种形式相关的等级制度：创建并维持 MOO 的站长有权改变规则，并拥有其他玩家没有的其他权利。在这些"上帝"之后是玩家他们自己，他们借助在电子空间中的经历、使用程序语言积累一定的技术甚至特权，用来获取指挥权。这些常规成员与"访客"不同，访客是临时身份，在 MOO 中几乎没有权利和技术。①

另一个更微不足道的问题是，政治区分的标准是打字技术，因为这在一定程度上决定谁经常讲话，尤其是当对话以相当快的速度进行的时候。即使在网络空间，也有可被称为"政治不平等"的不对称出现。网络社区的显著特点就是用不同的方式阻止民族、阶级、年龄、身份和性别等等级制度的流行。② 在现实世界看上去不能被削减的等级制度，在网络 MOO 中只起很小的作用。其结果，网络空间与现实人类地理之间的关系肯定构成对身份建构的敌视和挑战。从这种意义上说，网络社区作为场所起到的作用与现代社会不同。它们起到了哈贝马斯公共领域的作用。虽然这是被重构的，但人没有故意或刻意为之。它们不是展示合法声明或批判理性现实的地方，而是新的自我所建构的新集合的纪录。由于视听特征强化了当下对话的文本模式，对虚拟现实的要求可能会更加迫切。③ 如果有人抱怨说这些电子村落不过是白日梦，那么男大学生们可能变得更难令人相信。

---

① 我要感谢查尔斯·斯蒂弗，他为我指出这个区别，并提供了其他有用的评价及建议。
② 请参看纳卡穆拉 1995 年的论著，她认为种族在 MOO 上仍存在，但与"真实生活"中不同。
③ 库蒂斯和尼科尔斯在 1995 年的著述中有关于这些新发展的讨论。

电子人政治

互联网游戏社区中性别解构的例子说明了在信息模式中将政治理论化是多么不容易。因为互联网记录下了电子人的新社会形象,并且开始了自我建构的传播活动,我们所了解的政治也被重新构建。网络语言的外表——它在无实体空间之中的数字化的、由机器调节的"所指"①,为政治理论带来了空前的新奇性。电子人是怎样被管理的?他们的自我建构实践怎样在现存的政治领域弹回(rebound)的?互联网上的力量关系怎样连接或者影响着源自面对面关系、印刷关系和广播关系等的力量关系?假设美国政府和公司不全部以自己的形象来塑造互联网,而网络民主的空间保留下来并且在人群中扩展得越来越广泛,后现代政治还会出现什么?

如果遇到这些情况,一种可能是我们已知的权威将发生剧烈的变化。政治权威的本质已经从中世纪以来具体的世袭形式转变到现代选民的工具理性要求。在上述每种情况下,都有神秘的光环笼罩在权威拥有者的身上。而在网络社会,这种光环就很难延续。互联网似乎拒绝吹捧拥有显赫身份个人的捐赠。学术研究的例子能很好说明这个问题。经典和权威在文本的电子属性中难以形成。文本变成"超文本",在阅读过程中被重构;它将读者转变成作者,并不断暗中破坏专家或"权威者"的胸有成竹、泰然自若。② 沃尔特·本杰明评价电影及罗兰·巴特评价小说时也曾得出类似论断。③ 但互联网中关系的物质结构证明了,跟电影与小说相比,互联网上的权威力量在一个更基础的层面上具有可逆性。

如果是网络文本的布局与传播使学术权威受到挑战和改造,那么政治权威也有可能遭受同样的命运。如果"民主"这一术语指向其

---

① 冈布瑞歇特1994年的文章里对此问题有重要见解。
② 波内特1991年用令人信服的逻辑探讨了这一问题。
③ 本杰明写道:"作者与公众之间的区别将逐渐丧失本质性特征……在任何一个时刻,读者都有可能变成作者。"(1969:232)巴特(1974:4)对读者文本(texte lisibleu)与作者文本(texte scriptible)的概念有所阐释。同时,巴特还对位置转换的理论化有所研究。

中个体的主权及由他们决定政府官员的系统,就需要一个新术语来指称领袖和追随者的关系;这一关系经由网络调节,并由网络中不断变化的身份构成。

人名中英文对照

Espen Aarseth	埃斯朋·阿希斯
Theodor Adorno	西奥多·阿多诺
Leon Battista Alberti	利昂·巴蒂斯塔·阿伯蒂
Salvador Allende	萨尔瓦多·阿兰德
Louis Althusser	路易斯·奥苏瑟
Benedict Anderson	本尼迪克特·安德森
Arjun Appadurai	阿君·阿帕杜莱
Kwam Appiah	奎姆·阿皮亚
Douglas Armato	道格拉斯·阿曼托
Manuel Asensi	曼努埃尔·阿森西
Thomas Assheuer	托马斯·阿什乌尔
Alan Aycock	阿兰·艾库克
Étienne Balibar	埃提尼·巴里巴尔
Anne Balsamo	安妮·波萨摩
Francis Barker	弗朗西斯·巴克尔
Roland Barthes	罗兰·巴特
Jean Baudrillard	让·鲍德里亚
Caroline Bayard	卡洛琳·巴亚德
Margaret Bell	玛格丽特·贝尔
Walter Benjamin	沃尔特·本杰明
Ieremy Bentham	伊莱美·本瑟姆
Homi Bhabha	霍米·巴巴
Jay Bolter	杰·波尔特
James Boyle	詹姆斯·博伊尔
Rosi Braidotti	罗斯·布雷德蒂

Charles Briggs	查尔斯·布利吉斯
Wendy Brown	温蒂·布朗
John Browning	约翰·勃朗宁
Norman Bryson	诺曼·布莱森
Austin Bunn	奥斯汀·布恩
Kathleen Burnett	凯斯林·波内特
Vannevar Bush	范尼沃·布什
Judith Butler	朱迪斯·巴特勒
David Byrne	戴维·拜恩
K. K. Campbell	K. K. 坎贝尔
Sue Ellen Case	苏·爱伦·凯斯
Manuel Castells	曼纽尔·卡斯泰斯
Pheng Cheah	朋·切
Lynn Cherny	林·切尔尼
Chris Chesher	克里斯·切希
Rey Chow	瑞·超
Steve Cisler	史蒂夫·希斯勒
Pierre Clastres	皮埃尔·克拉斯特里斯
Michael Clough	迈克尔·克劳
Patricia Clough	帕特利夏·克劳
Jean-Louis Comolli	让—路易斯·科姆利
Marie-Jean Antoine Condorcet de Caritat Nicolas	玛莉—让·安东尼·孔多塞 德·卡利泰特·尼古拉斯
Rosemary Coombe	罗斯玛莉·库姆
Simon Cooper	西蒙·库珀
Richard Coyne	理查德·科内
Jonathan Crary	乔纳森·克拉里
Ciaran Cronin	夏兰·克罗宁
Pavel Curtis	派维·库蒂斯
John-Thor Dahlburg	约翰—索尔·达尔伯格
François Debrix	弗朗索·戴布瑞克斯
Michel de Certeau	米歇尔·德·塞图
Ronald Deibert	罗纳德·德贝特
Manuel De Landa	曼纽尔·德·兰德

Gilles Deleuze	吉尔斯·德勒兹
Don DeLillo	唐·德利罗
James Der Derian	詹姆斯·迪尔·迪兰
Jacques Derrida	雅克·德里达
Rene Descartes	瑞尼·笛卡尔
Irene Diamond	艾琳·戴蒙德
Denis Diderot	丹尼斯·狄德罗
Bob Dole	鲍伯·多尔
Hubert Dreyfus	休伯特·德雷福斯
Moshe Dror	莫什·多尔
Oswald Ducrot	奥斯瓦尔德·杜克罗特
Paul Du Gay	保罗·杜·盖
Stephen Duncombe	斯蒂芬·顿科姆
Bosah Ebo	波萨·埃博
Jacques Ellul	雅克·埃吕尔
Erik Erikson	埃里克·埃里克森
Robert Eshman	罗伯特·埃希曼
Shawn Fanning	肖·凡宁
Maggie Farley	麦吉·法利
Andrew Feenberg	安德鲁·芬博格
Rita Felski	瑞塔·费斯基
Vilém Flusser	维勒姆·弗拉瑟
Donna Foote	多纳·福特
Henry Ford	亨利·福特
Michel Foucault	米歇尔·福柯
Charles Fourier	查尔斯·傅立叶
Elizabeth Fox-Genovese	伊丽莎白·福克斯—基诺瓦斯
Nancy Fraser	南希·弗雷泽
Sigmund Freud	西格蒙德·弗洛伊德
Jonathan Friedman	乔纳森·弗里德曼
Paul Frissen	保罗·弗里森
John Kenneth Galbraith	约翰·肯尼斯·加尔布雷斯
Bill Gates	比尔·盖茨
Henry Gates	亨利·盖茨

Ernest Gellner	厄内斯特·盖尔纳
William Gibson	威廉·吉布森
Newt Gingrich	纽特·金里奇
Jonathan Goldberg	乔纳森·戈德堡
Sue Golding	苏·戈尔丁
Lucien Goldmann	吕·戈德曼
Joshua Gordon	约书华·戈登
Al Gore	艾尔·戈尔
Philip Graham	菲利普·格拉汉姆
Lawrence Grossberg	劳伦斯·格罗斯伯格
Elizabeth Grosz	伊丽莎白·格罗兹
David Grusin	戴维·格鲁辛
Félix Guattari	费立克斯·瓜塔里
Jean-Marie Guéhenno	让－马里·盖埃诺
Hans Ulrich Gumbrecht	汉斯·乌尔里希·冈布瑞歇特
Laura Gurak	劳拉·格拉克
Johann Gutenberg	约翰·古腾堡
Jürgen Habermas	尤尔根·哈贝马斯
Debora Halbert	德波拉·霍尔贝特
Stuart Hall	斯图亚特·霍尔
Waiter Hamilton	威特·汉密尔顿
Miriam Hansen	米里亚姆·汉森
Donna Haraway	唐娜·哈拉维
Amy Harmon	艾米·哈蒙
David Harris	戴维·哈里斯
John Hartley	约翰·哈特利
Nancy Hartsock	南希·哈特索克
Katherine Hayles	凯瑟琳·海勒斯
Kate Hayles	凯特·海勒斯
Martin Heidegger	马丁·海德格尔
Michael Heim	迈克尔·海姆
Susan Herring	苏珊·赫瑞
Ken Hillis	肯·希雷斯
Michael Hiltzik	迈克尔·希尔兹克

Michael Hobart	迈克尔·霍巴特
David Holmes	戴维·霍尔姆斯
Max Horkheimer	马克斯·霍克海默
Robert Lee Hotz	罗伯特·李·霍兹
P.J. Huffstutter	P.J.霍夫斯塔德
Don Ihde	多恩·伊德
Luce Irigaray	卢斯·伊里加利
Shelly Jackson	谢莉·杰克逊
Boyle James	波勒·杰姆斯
Fredric Jameson	弗雷德里克·杰姆逊
Martha Jaszi	玛莎·亚兹
Martin Jay	马丁·杰
Adrian Johns	艾德里安·约翰斯
John Johnston	约翰·约翰斯顿
Michael Joyce	迈克尔·乔伊斯
Lynne Joyrich	林恩·约里奇
Jonathan Judaken	乔纳森·尤达肯
C.J. Keep	C.J.库帕
Sara Kiesler	萨拉·基斯勒
Rodney King	罗德尼·金
Barbara Kirshenblatt-Gimblett	巴巴拉·克什布赖特—吉姆布莱特
Alexander Kluge	亚历山大·克鲁格
Graham Knight	格拉汉姆·奈特
Peter Kollock	皮特·克洛克
Peter Krapp	皮特·克莱普
Friedrich Kutler	弗里德利希·基特勒
Jacques Lacan	雅克·拉康
Ernesto Laclau	厄内斯托·拉克劳
Philippe Lacoue-Labarthe	菲利普·拉库—拉伯特
Joan Landes	琼·兰德斯
George Landow	乔治·兰德
Michael Lang	迈克尔·朗
Richard Lanham	理查德·拉汉姆
Jaron Lanier	杰伦·拉尼尔

Brenda Laurel	布兰德·劳瑞尔
Klaus Lenk	克劳斯·伦克
Paul Levinson	保罗·列文森
Pierre Lévy	皮埃尔·列维
Daniel Liebeskind	丹尼尔·利伯斯康德
Eric Lott	埃里克·洛特
Geert Lovink	格特·拉芬克
Lisa Lowe	利萨·娄沃
Celia Lury	希丽亚·鲁利
Martin Luther	马丁·路德
David Lyon	戴维·利昂
Jean-François Lyotard	让-弗朗索·利奥塔
Madonna	麦当娜
Michel Maffésoli	米歇尔·麦菲索利
Lisa Malkki	利萨·摩尔基
Lev Manovich	列夫·马诺维奇
Robert Markley	罗伯特·马克利
Carolyn Marvin	卡洛琳·马尔文
Karl Marx	卡尔·马克思
Jeffrey Masten	杰弗瑞·马斯滕
Andrew Mattson	安德鲁·马特逊
Augustus Maverick	奥古斯特·马伏瑞克
Heather McCabe	西塞·麦克凯比
Anne McClintock	安妮·迈克林托克
Timothy McGuire	蒂莫西·麦克吉尔
Marshall McLuhan	马歇尔·麦克卢汉
Angela McRobbie	安吉拉·麦克罗比
Timothy McVeigh	蒂莫西·麦克维
Michael Metteer	迈克尔·米梯尔
Joshua Meyrowitz	约书华·梅罗维茨
Greg Miller	格莱格·米勒
J. Hillis Miller	J.希利斯·米勒
Nancy Miller	南希·米勒
Timothy Mitchell	蒂莫西·米歇尔

William Mitchell	威廉·米歇尔
Terence Monmaney	特伦斯·莫曼尼
David Morely	戴维·莫利
Margaret Morse	玛格丽特·莫尔斯
Mitchell Moss	米歇尔·莫斯
Stuart Moulthrop	斯图亚特·墨瑟罗普
Abbe Mowshowitz	阿贝·莫休维茨
Janet Murray	杰尼特·墨莱
Jean-Luc Nancy	让—鲁克·南希
Lisa Nakamura	利萨·纳卡穆拉
Clifford Nass	克里福德·纳斯
Nicholas Negroponte	尼古拉斯·尼葛洛庞蒂
Oskar Negt	奥斯卡·耐格特
Carey Nelson	加利·尼尔森
David Nichols	戴维·尼科尔斯
Friedrich Nietzsche	弗里德利希·尼采
David Noble	戴维·诺伯尔
Pierre Nora	皮埃尔·诺拉
Mark Nunes	马克·努涅斯
Daniel Okrent	丹尼尔·奥克伦特
Walter Ong	沃尔特·昂
Jon Pareles	琼·帕瑞利斯
Blaise Pascal	布莱斯·帕斯卡
Milorad Pavic	米洛莱德·派维克
Donald Pease	唐纳德·皮斯
Vito Peraino	威托·派瑞诺
Ross Perot	罗斯·皮洛特
Judith Perrolle	朱迪思·珀罗勒
Richard Perry	理查德·佩里
Chuck Philips	切克·菲利普斯
Sadie Plant	萨迪·普朗特
Jean Armour Polly	让·艾玛尔·波利
John Pomfret	约翰·波弗莱特
David Porush	戴维·波鲁什

Mark Poster	马克·波斯特
Neil Postman	尼尔·波斯特曼
Lee Quinby	李·昆比
John Rajchman	约翰·瑞奇曼
Jacques Ranciere	雅克·瑞切尔
Ronald Reagan	罗纳德·里根
Byron Reeves	布莱恩·里维斯
Elizabeth Reid	伊丽莎白·瑞德
Ernest Renan	厄内斯特·瑞南
David Ricardo	戴维·李嘉图
Bruce Robbins	布鲁斯·罗宾斯
Kevin Robins	凯文·罗宾斯
Pat Robertson	帕特·罗伯逊
Richard Rorty	理查德·罗蒂
Mark Rose	马克·罗斯
Joel Rosenberg	乔·罗森伯格
Roy Rosenzweig	罗伊·罗森维格
Kristin Ross	克利斯汀·罗斯
Roger Rouse	罗杰·罗斯
R. L. Rutsky	R. L. 拉斯基
Marie-Laure Ryan	玛莉—劳瑞·瑞恩
Diana Saco	戴安娜·萨科
Pamela Samuelson	帕梅拉·萨缪尔森
Saskia Sassen	萨斯基亚·塞森
Zachary Schiffman	扎卡里·谢夫曼
Dan Schiller	丹·谢勒
Annette Schlichter	阿内特·辛利特
Christine Schöpf	克利斯汀·肖波夫
Hillel Schwartz	希勒尔·史华兹
Joan Scott	琼·斯科特
Jill Serpentelli	吉尔·塞尔彭特莉
William Shakespeare	威廉·莎士比亚
Mary Shelley	玛丽·谢莉
Jane Siegel	简·西格尔

Steve Silberman	斯蒂夫·希尔伯曼
Jane Smiley	简·斯迈利
Mike Snider	迈克·施耐德
Felix Stalder	费里克斯·斯托德尔
Julian Stallabrass	朱莉·斯托拉帕拉斯
Peter Stallybrass	彼得·斯托利布拉斯
Lawrence Sterne	劳伦斯·斯特恩
Charles Stivale	查尔斯·斯蒂弗
Gerfried Stocker	格弗雷德·斯托克
Ann Laura Stoler	安·劳拉·斯托勒
Sandy Stone	萨迪·斯通
Thomas Streeter	托马斯·斯特尔特
Don Tapscott	唐·泰普斯科特
Irene Taylor	埃瑞尼·泰勒
Jon Taylor	琼·泰勒
Pierre Teilhard de Chardin	皮埃尔·夏尔丹
Margaret Thatcher	玛格丽特·撒切尔
Claude Thibaut	克洛德·辛巴
John Thompson	约翰·汤普森
Alexis de Tocqueville	亚历克斯·德·托克维尔
Tzvetan Todorov	茨维坦·托德洛夫
John Tomlinson	约翰·汤姆林森
Linus Torvalds	李纳斯·托尔瓦兹
Anthony Trollope	安东尼·多洛普
Sherry Turkle	谢莉·特克尔
Jack Valenti	杰克·瓦伦蒂
Lindsy Van Gelder	林斯蒂·范·戈尔德
Jonathan Vankin	乔纳森·范金
Nancy Vickers	南希·威克尔斯
Paul Virilio	保罗·维利里奥
Richard Wagner	理查德·瓦格纳
Suzanna Waiters	苏珊娜·威特斯
Nina Wakeford	尼娜·威克福德
David Waldstreicher	戴维·瓦尔德斯特瑞彻

Amy Wallace	埃米·华勒斯
Suzanna Danuta Walters	苏珊娜·达努塔·沃尔特斯
Todd Ward	托德·沃德
Andrew Warhol	安德鲁·沃霍尔
Andy Warhol	安迪·沃霍尔
Michael Warner	迈克尔·华纳
Samuel Weber	萨缪尔·韦伯
Kenneth Weiss	肯尼斯·威斯
Robyn Wiegman	罗宾·魏格曼
Jon Wiener	琼·维纳
Norbert Wiener	诺伯特·维纳
Anthony Wilden	安东尼·维尔登
Linda Williams	琳达·威廉姆斯
Peter Woodmansee	彼得·伍德蒙斯
Kathryn Woodward	凯瑟琳·伍德沃德
George Yúdice	乔治·尤戴斯
Ian Zack	伊恩·扎克
Michael Zimmerman	迈克尔·齐曼
Slavoj Žižek	斯拉沃·齐泽克
Shoshana Zuboff	肖沙娜·朱伯夫

BIBLIOGRAPHY
（原文参考书目）

Aarseth, Espen. 1997. *Cybertext: Perspectives on Ergodic Literature.* Baltimore, Md.: Johns Hopkins University Press.
Adorno, Theodor. 1972. *Dialectic of Enlightenment.* Trans. John Cumming. New York: Continuum.
———. 1973. *Negative Dialectics.* Trans. E. B. Ashton. New York: Seabury.
———. 1978. "On the Fetish Character in Music and the Regression of Listening." In *The Essential Frankfurt School Reader,* ed. Andrew Arato and Eike Gebhardt, 29. New York: Urizen.
Althusser, Louis. 1970. "Contradiction and Overdetermination." Trans. Ben Brewster. In *For Marx,* 87–128. New York: Vintage.
Anderson, Benedict. 1983. *Imagined Communities: Reflections on the Origin and Spread of Nationalism.* New York: Verso.
Appadurai, Arjun. 1990. "Disjuncture and Difference in the Global Cultural Economy." *Public Culture* 2, no. 2: 1–24.
Appiah, Kwame, and Henry Gates, eds. 1995. *Identities.* Chicago: University of Chicago Press.
Aycock, Alan. 1999. *"Technologies of the Self": Foucault and Internet Discourse.* Available at http://www.ascusc.org/jcmc/vol1/issuez/aycock.html.
Balibar, Étienne. 1991. "Citizen Subject." In *Who Comes after the Subject?* ed. Eduardo Cadava, Peter Connor, and Jean-Luc Nancy, 33–57. New York: Routledge.
———. 1994. "Subjection and Subjectivation." In *Supposing the Subject,* ed. Joan Copject, 1–15. New York: Verso.
Barker, Francis. 1995. *The Tremulous Private Body: Essays on Subjection.* Ann Arbor: University of Michigan Press.
Barthes, Roland. 1974. *S/Z.* Trans. Richard Miller. New York: Hill and Wang.
———. 1977. "Death of an Author." In *Image, Music, Text,* ed. Stephen Heath, 142–48. New York: Hill and Wang.
Baudrillard, Jean. 1983. "What Are You Doing after the Orgy?" Trans. Lisa Liebmann. *Artforum* 22, no. 2 (October): 42–46.
———. 1991a. *La guerre du golfe n'a pas eu lieu.* Paris: Galilée.

———. 1991b. "The Reality Gulf." *Guardian*, January 11.
———. 1993. *The Transparency of Evil: Essays on Extreme Phenomena*. London: Verso.
———. 1994a. *La pensée radicale*. Paris: Sens & Tonka.
———. 1994b. *Simulacra and Simulation: The Body, in Theory*. Ann Arbor: University of Michigan Press.
———. 1995a. *Le crime parfait*. Collection L'espace critique. Paris: Galilée.
———. 1995b. *The Gulf War Did Not Take Place*. Bloomington: Indiana University Press.
———. 1995c. "Radical Thought." *CTheory* 18, nos. 1–2: n.p.
———. 1995d. "Radical Thought." *Parallax* 1 (September): 53–62.
———. 1998. *Paroxysm: Interviews with Philippe Petit*. Trans. Chris Turner. London: Verso.
Bayard, Caroline, and Graham Knight. 1995. "Vivisecting the 90's." *CTheory* 18, nos. 1–2.
Benjamin, Walter. 1969. "The Work of Art in the Age of Mechanical Reproduction." In *Illuminations*, trans. Harry Zohn, 217–51. New York: Schocken.
Bolter, J. David. 1990. *Writing Space: The Computer, Hypertext, and the History of Writing*. Cambridge, Mass.: Eastgate Systems.
Bolter, Jay, and Richard Grusin. 1996. "Remediation." *Configurations* 4, no. 3: 311–58.
Boyle, James. 1997. *Foucault in Cyberspace: Surveillance, Sovereignty, and Hard-Wired Censors*. Available at http://www.wcl.american.edu/pub/faculty/boyle/foucault.html.
Braidotti, Rosi. 1997. "Nomadism, the European Union, and Embedded Identities: An Interview." *Crossings: A Counter-Disciplinary Journal of Philosophical, Cultural, Historical, and Literary Studies* 1, no. 2: 1–18.
Briggs, Charles F., and Augustus Maverick. 1858. *The Story of the Telegraph, and a History of the Great Atlantic Cable*. New York: Rudd & Carleton.
Brown, Wendy. 1998. "Democracy's Lack." *Public Culture* 10, no. 2: 425–29.
Browning, John. 1997. "Africa 1, Hollywood 0." *Wired* 5, no. 3: 61–62, 64, 185–88.
Bryson, Norman. 1988. "The Gaze in the Expanded Field." In *Vision and Visuality*, ed. Hal Foster, 87–108. Seattle: Bay Press.
Bunn, Austin. 1998. "Progress or Piracy? Next-generation Walkman Has Music Industry Howling." *OC Weekly*, November 6–12, pp. 17–18.
Burkhalter, Byron. 1999. "Reading Race Online: Discovering Racial Identity in Usenet Discussions." In *Communities in Cyberspace*, ed. Marc Smith and Peter Kollock, 60–75. New York: Routledge.
Burnett, Kathleen. 1991. "The Scholar's Rhizome: Networked Communication Issues." At http://www.scils.rutgers.edu/~kburnett/burnetth.html.
Bush, Vannevar. 1945. "As We May Think." *Atlantic Monthly*, July, 101–8.
Butler, Judith. 1993. "Endangered/Endangering: Schematic Racism and White Paranoia." In *Reading Rodney King, Reading Urban Uprising*, ed. Robert Gooding-Williams, 15–22. New York: Routledge.
———. 1995. "Contingent Foundations: Feminism and the Question of 'Postmodernism.'" In *Feminist Contentions: A Philosophical Exchange*, ed. Seyla Benhabib, 35–57. New York: Routledge.
———. 1997. *Excitable Speech: A Politics of the Performative*. New York: Routledge.
Case, Sue Ellen. 1996. *The Domain-Matrix: Performing Lesbian at the End of Print Culture*. Bloomington: Indiana University Press.

Castells, Manuel. 1993. "The Informational Economy and the New International Division of Labor." In *The New Global Economy*, ed. Martin Carnoy. University Park: Pennsylvania State University Press.

———. 1997. *The Power of Identity.* Vol. 2 of *Information Age.* Ed. Manuel Castells. Malden, Mass.: Blackwell.

Certeau, Michel de. 1984. *The Practice of Everyday Life.* Trans. Steven Rendall. Berkeley: University of California Press.

Chardin, Teilhard de. 1959. *The Phenomenon of Man.* Trans. Bernard Wall. New York: Harper and Row.

Cheah, Pheng, and Bruce Robbins, eds. 1998. *Cosmopolitics: Thinking and Feeling beyond the Nation.* Minneapolis: University of Minnesota Press.

Cherny, Lynn. 1994. "Gender Differences in Text-Based Virtual Reality." *Proceedings of the Berkeley Conference on Women and Language*, April, n.p.

Chesher, Chris. 1995. "Colonizing Virtual Reality." *Cultronix* 1, no. 1: n.p.

———. 1997. "The Ontology of Digital Domains." In *Virtual Politics: Identity and Community in Cyberspace*, ed. David Holmes, 79–92. London: Sage.

Chow, Rey. 1996. *Primitive Passions: Visuality, Sexuality, Ethnography, and Contemporary Chinese Cinema.* New York: Columbia University Press.

Clastres, Pierre. 1989. *Society against the State.* Trans. Robert Hurley. New York: Zone Books.

Clough, Michael. 1996. "U.S. Business Could Help Undercut China's Internet Controls." *New York Times*, September 15.

Clough, Patricia. 2000. *Autoaffection: Unconscious Thought in the Age of Teletechnology.* Minneapolis: University of Minnesota Press.

Coombe, Rosemary. 1998. *The Cultural Life of Intellectual Property: Authorship, Appropriation, and the Law.* Durham, N.C.: Duke University Press.

Comolli, Jean-Louis. 1980. "Machines of the Visible." In *The Cinematic Apparatus*, ed. Teresa de Lauretis and Stephen Heath, 121–42. New York: St. Martin's Press.

Cooper, Simon. 1997. "Heidegger and a Further Question concerning Technology." *Arena* 9: 23–56.

Coyne, Richard. 1995. *Designing Information Technology in the Postmodern Age: From Method to Metaphor.* Cambridge: MIT Press.

Crary, Jonathan. 1992. *Techniques of the Observer: On Vision and Modernity in the Nineteenth Century.* Cambridge: MIT Press.

Curtis, Pavel, and David Nichols. 1995. "MUDs Grow Up: Social Virtual Reality in the Real World." At ftp.parc.xerox.com in /pub/Moo/Papers (access date February 1995).

Dahlburg, John-Thor. 1996. "Technology Lets Tentacles of Terrorism Extend Reach." *Los Angeles Times*, August 6.

De Landa, Manuel. 1997. *A Thousand Years of Nonlinear History.* New York: Zone Books.

Deibert, Ronald. 1997. *Parchment, Printing, and Hypermedia: Communication in World Order Transformation.* New York: Columbia University Press.

Deleuze, Gilles. 1994. *Difference and Repetition.* Trans. Paul Patton. New York: Columbia University Press.

Deleuze, Gilles, and Félix Guattari. 1987. *A Thousand Plateaus: Capitalism and Schizophrenia.* Trans. Brian Massumi. Minneapolis: University of Minnesota Press.

DeLillo, Don. 1997. *Underworld: A Novel.* New York: Simon and Schuster.
Der Derian, James. 1994. "Simulation: The Highest Stage of Capitalism?" In *Baudrillard: A Critical Reader,* ed. Douglas Kellner, 189–208. London: Blackwell.
Derrida, Jacques. 1978. "Structure, Sign, and Play in the Discourse of the Human Sciences." In *Writing and Difference,* trans. Alan Bass. Chicago: University of Chicago Press.
———. 1987. "Geschlecht II: Heidegger's Hand." Trans. John Leavey. In *Deconstruction and Philosophy,* ed. John Sallis, 161–96. Chicago: University of Chicago Press.
———. 1989. "Psyche: Inventions of the Other." Trans. Catherine Porter. In *Reading de Man Reading,* ed. Lindsay Waters and Wlad Godzich, 25–65. Minneapolis: University of Minnesota Press.
———. 1993. "Back from Moscow in the U.S.S.R." In *Politics, Theory, and Contemporary Culture,* ed. Mark Poster, 197–235. New York: Columbia University Press.
———. 1994. *Specters of Marx: The State of the Debt, the Work of Mourning, and the New International.* Trans. Peggy Kamuf. New York: Routledge.
———. 1995. "Archive Fever: A Freudian Impression." *diacritics* 25, no. 2: 9–63.
———. 1996. *Archive Fever: A Freudian Impression.* Chicago: University of Chicago Press.
Diamond, Irene, and Quinby, Lee, eds. 1988. *Feminism and Foucault: Reflections on Resistance.* Boston: Northeastern University Press.
Diderot, Denis. 1965. *Encyclopedia: Selections.* Trans. Nelly Hoyt and Thomas Cassirer. New York: Bobbs-Merrill.
Dreyfus, Hubert. 1995. "Heidegger on Gaining a Free Relation to Technology." In *Technology and the Politics of Knowledge,* ed. Andrew Feenberg and Alastair Hannay, 97–107. Bloomington: Indiana University Press.
Ducrot, Oswald, and Tzvetan Todorov. 1979. *Encyclopedic Dictionary of the Sciences of Language.* Trans. Catherine Porter. Baltimore, Md.: Johns Hopkins University Press.
Ebo, Bosah, ed. 1998. *Cyberghetto or Cybertopia? Race, Class, and Gender on the Internet.* Westport, Conn.: Praeger.
Ellul, Jacques. 1964. *Technological Society.* Trans. John Wilkinson. New York: Random House.
Erikson, Erik. 1968. *Identity: Youth and Crisis.* New York: Norton.
Eshman, Robert. 1996. "Caught in a Net of Controversy." *Jewish Journal.*
Farley, Maggie. 1999. "China Activists Hack Holes in Wall." *Los Angeles Times,* January 4.
Feenberg, Andrew. 1991. *Critical Theory of Technology.* New York: Oxford University Press.
Felski, Rita. 1989. *Beyond Feminist Aesthetics: Feminist Literature and Social Change.* Cambridge: Harvard University Press.
Flusser, Vilém. 1984. *Towards a Philosophy of Photography.* Göttingen: European Photography.
———. 1992. *Die Schrift: Hat Schreiben Zukunft?* Göttingen: Edition Immatrix.
Foote, Donna. 1999. "You Could Get Raped." *Newsweek,* February 8, 64–65.
Foucault, Michel. 1978. *The History of Sexuality: An Introduction.* Trans. Robert Hurley. Vol. 1. New York: Pantheon.
———. 1980. "On Popular Justice." In *Power/Knowledge,* ed. Colin Gordon, 1–36. New York: Pantheon.

———. 1983. "Réponse aux questions." *Littoral* 9: 28–29.
———. 1984a. "What Is an Author?" Trans. Josue Harari. In *The Foucault Reader*, ed. Paul Rabinow, 101–20. New York: Pantheon.
———. 1984b. "What Is Enlightenment?" In *The Foucault Reader*, ed. Paul Rabinow, 32–50. New York: Pantheon.
———. 1986. "Of Other Spaces." *diacritics* (spring): 22–27.
———. 1991. "Governmentality." In *The Foucault Effect*, ed. Graham Burchell, Colin Gordon, and Peter Miller, 87–104. Chicago: University of Chicago Press.
Fox-Genovese, Elizabeth. 1986. "The Claims of a Common Culture: Gender, Race, Class and the Canon." *Salmagundi* 72 (fall): 131–43.
Fraser, Nancy. 1989. *Unruly Practices*. Minneapolis: University of Minnesota Press.
———. 1990. "Rethinking the Public Sphere." *Social Text*. Minneapolis: University of Minnesota Press.
Friedman, Jonathan. 1997. "Global Crises, the Struggle for Cultural Identity, and Intellectual Porkbarrelling." In *Debating Cultural Hybridity*, ed. Pnina Werbner and Tariq Modood, 70–89. London: Zed Books.
Frissen, Paul. 1997. "The Virtual State: Postmodernisation, Informatisation, and Public Administration." In *The Governance of Cyberspace*, ed. Brian Loader, 111–25. New York: Routledge.
Galbraith, John Kenneth. 1958. *The Affluent Society*. New York: Houghton Mifflin.
Gellner, Ernest. 1996. "The Coming of Nationalism and Its Interpretation." In *Mapping the Nation*, ed. Gopal Balakrishnan, 98–145. New York: Verso.
Goldberg, Jonathan. 1990. *Writing Matter: From the Hands of the English Renaissance*. Stanford, Calif.: Stanford University Press.
Golding, Sue. 1994. "Virtual Derrida." In *Philosophic Fictions*, ed. Jelica Sumic-Riha, 2:61–66. Lubljana, Slovenia: Academy of Philosophy.
Gordon, Joshua. 1996. "Cyber-Censorship Grows in East Asia." *Los Angeles Times*, September 27.
Graham, Philip. 2000. "Hypercapitalism." *New Media and Society* 2, no. 2 (June): 131–56.
Grossberg, Lawrence, and Carey Nelson, eds. 1992. *Cultural Studies*. New York: Routledge.
Grosz, Elizabeth. 1995. *Space, Time, and Perversion: Essays on the Politics of Bodies*. New York: Routledge.
Guattari, Félix. 1995. *Chaosmosis: An Ethico-Aesthetic Paradigm*. Trans. Paul Bains and Julian Pefanis. Bloomington: Indiana University Press.
Guéhenno, Jean-Marie. 1995. *The End of the Nation-State*. Trans. Victoria Elliott. Minneapolis: University of Minnesota Press.
Gumbrecht, Hans Ulrich. 1994. "A Farewell to Interpretation." Trans. William Whobrey. In *Materialities of Communication*, ed. Hans Ulrich Gumbrecht and K. Ludwig Pfeiffer, 389–402. Stanford, Calif.: Stanford University Press.
Gurak, Laura. 1997. *Persuasion and Privacy in Cyberspace: The Online Protests over Lotus Marketplace and the Clipper Chip*. New Haven, Conn.: Yale University Press.
Habermas, Jürgen. 1989. *The Structural Transformation of the Public Sphere*. Trans. Thomas Burger. Cambridge: MIT Press.
Hall, Stuart. 1995. "Stitching Yourself in Place." *xs2cs electronic archive*.
———. 1996. "The Question of Cultural Identity." In *Modernity: An Introduction to Modern Societies*, ed. Stuart Hall et al. London: Blackwell.

Hall, Stuart, and Paul du Gay, eds. 1996. *Questions of Cultural Identity*. London: Sage.
Hamilton, Walter. 1998. "Theglobe.com Sets Record for 1st-Day Trading." *Los Angeles Times*, November 14.
Haraway, Donna. 1991. *Simians, Cyborgs, and Women: The Re-Invention of Nature*. New York: Routledge.
———. 1997. *Modest_Witness@Second_Millennium.FemaleMan©_Meets_OncoMouse™: Feminism and Technoscience*. New York: Routledge.
Harmon, Amy. 1996. "Daily Life's Digital Divide." *Los Angeles Times*, July 3.
———. 1997. "Why the French Hate the Internet." *Los Angeles Times*, January 27.
———. 1999. "Protests Held against Windows System." *New York Times*, February 17.
Hartley, John. 1992. *The Politics of Pictures: The Creation of the Public in the Age of Popular Media*. New York: Routledge.
Hartsock, Nancy. 1990a. "Foucault on Power: A Theory for Women?" In *Feminism/Postmodernism*, ed. Linda Nicholson, 157–75. New York: Routledge.
———. 1990b. "Rethinking Modernism: Minority vs. Majority Theories." *Cultural Critique* 6–7: 187–206.
Hayles, N. Katherine. 1993. "Virtual Bodies and Flickering Signifiers." *October* 66 (fall): 69–91.
———. 1997. "Corporeal Anxiety in *Dictionary of the Khazars*: What Books Talk about in the Late Age of Print When They Talk about Losing Their Bodies." *Modern Fiction Studies* 43, no. 3: 800–820.
———. 1999. *How We Became Posthuman: Virtual Bodies in Cybernetics, Literature, and Informatics*. Chicago: University of Chicago Press.
Heidegger, Martin. 1959. *An Introduction to Metaphysics*. Trans. Ralph Manheim. New York: Anchor.
———. 1962. *Being and Time*. Trans. John Macquarrie and Edward Robinson. New York: Harper and Row.
———. 1969. *Identity and Difference*. Trans. Joan Stambaugh. New York: Harper and Row.
———. 1977. *The Question concerning Technology and Other Essays*. Trans. William Lovitt. New York: Harper and Row.
Heim, Michael. 1993. *The Metaphysics of Virtual Reality*. New York: Oxford University Press.
———. 1998. *Virtual Realism*. New York: Oxford University Press.
Herring, Susan C. 1993. "Gender and Democracy in Computer-Mediated Communication." *Electronic Journal of Communications* 3, no. 2.
Hillis, Ken. 1999. *Digital Sensations: Space, Identity, and Embodiment in Virtual Reality*. Minneapolis: University of Minnesota Press.
Hiltzik, Michael. 1999. "Net Effect: Old Media, New Tech." *Los Angeles Times*, April 12.
Hobart, Michael, and Zachary Schiffman. 1998. *Information Ages: Literacy, Numeracy, and the Computer Revolution*. Baltimore, Md.: Johns Hopkins University Press.
Holmes, David. 1993. "The Breaking Down of the Senses: Virtual Reality and Technological Extension." Paper presented at the Australasian Association for the History, Philosophy, and Social Studies of Science Conference, La Trobe University, May, n.p.
Hotz, Robert Lee. 1993. "Computer Code's Security Worries Privacy Watchdogs." *Los Angeles Times*, October 4.

Huffstutter, P. J. 1999. "Studios Fume as Pirates Flood Internet with Films." *Los Angeles Times,* August 14.

Ihde, Don. 1990. *Technology and the Lifeworld: From Garden to Earth.* Bloomington: Indiana University Press.

"Internet Stimulus." 1999. *Herald Tribune,* June 24.

Irigaray, Luce. 1985. *Speculum of the Other Women.* Trans. Gillian Gill. Ithaca, N.Y.: Cornell University Press.

Jameson, Fredric. 1991. *Postmodernism; or, The Cultural Logic of Late Capitalism.* Durham, N.C.: Duke University Press.

———. 1995. "Marx's Purloined Letter." *New Left Review* 209 (January–February): 71–109.

———. 1998. "Notes on Globalization as a Philosophical Issue." In *The Cultures of Globalization,* ed. Fredric Jameson and Masao Miyoshi, 54–77. Durham, N.C.: Duke University Press.

Jaszi, Martha, and Peter Woodmansee, eds. 1994. *The Construction of Authorship: Textual Appropriation in Law and Literature.* Durham, N.C.: Duke University Press.

Jay, Martin. 1982. "Should Intellectual History Take a Linguistic Turn?" In *Modern European Intellectual History,* ed. Dominick LaCapra and Steven Kaplan, 86–110. Ithaca, N.Y.: Cornell University Press.

Johns, Adrian. 1998. *The Nature of the Book: Print and Knowledge in the Making.* Chicago: University of Chicago Press.

Joyce, Michael. 1987. *Afternoon: A Story.* Cambridge, Mass.: Eastgate Systems.

Joyrich, Lynne. 1996. *Re-Viewing Reception: Television, Gender, and Postmodern Culture.* Bloomington: Indiana University Press.

Keep, C. J. 1993. "Knocking on Heaven's Door: Leibniz, Baudrillard, and Virtual Reality." *Ejournal* 3, no. 2.

Kiesler, Sara, Jane Siegel, and Timothy McGuire. 1991. "Social Psychological Aspects of Computer-Mediated Communication." In *Computerization and Controversy,* ed. Charles Dunlop and Rob Kling, 330–49. New York: Academic Press.

Kirshenblatt-Gimblett, Barbara. 1996. "The Electronic Vernacular." In *Connected: Engagements with Media,* ed. George Marcus, 21–65. Chicago: University of Chicago Press.

Kittler, Friedrich. 1990. *Discourse Networks: 1800/1900.* Trans. Michael Metteer. Stanford, Calif.: Stanford University Press.

———. 1993. *Draculas Vermächtnis: Technische Schriften.* Leipzig: Reclam Verlag.

———. 1994. "Unconditional Surrender." In *Materialities of Communication,* ed. Hans Gumbrecht and Ludwig Pfeiffer, 319–34. Stanford, Calif.: Stanford University Press.

———. 1997. "There Is No Software." In *Being on Line, Net, Subjectivity, Lusitania,* ed. Alan Sondheim. Vol. 8.

———. 1999. *Gramophone, Film, Typewriter.* Trans. Geoffrey Winthrop-Young and Michael Wutz. Stanford, Calif.: Stanford University Press.

Kittler, Friedrich A., and John Johnston. 1997. *Literature, Media, Information Systems: Essays.* Critical Voices in Art, Theory, and Culture. Amsterdam: G1B Arts International.

Kollock, Peter. 1999. "The Economies of Online Cooperation." In *Communities in Cyberspace,* ed. Marc Smith and Peter Kollock, 220–39. New York: Routledge.

Krapp, Peter. 1996. "Derrida Online." *Oxford Literary Review* 18, nos. 1–2: 159–73.

Laclau, Ernesto. 1990. *New Reflections on the Revolution of Our Time.* New York: Verso.
———. 1995. "The Time Is out of Joint." *diacritics* 25, no. 2: 92–93.
———. 1996. "The Question of Identity." In *The Politics of Difference: Ethnic Premises in a World of Power,* ed. Edwin Wilmsen and Patrick McAllister, 45–58. Chicago: University of Chicago Press.
Lacoue-Labarthe, Philippe. 1990. *Heidegger, Art, and Politics.* Trans. Chris Turner. New York: Blackwell.
Landes, Joan. 1988. *Women and the Public Sphere in the Age of the French Revolution.* Ithaca, N.Y.: Cornell University Press.
Landow, George. 1992. *Hypertext: The Convergence of Contemporary Critical Theory and Technology.* Baltimore, Md.: John Hopkins University Press.
———. 1997. *Hypertext 2.0. Parallax.* Rev., amplified ed. Baltimore, Md.: Johns Hopkins University Press.
Lanham, Richard. 1989. "The Electronic Word: Literary Study and the Digital Revolution." *New Literary History* 20, no. 2: 265–90.
Lanier, Jaron. 1990. "Life in the Data-Cloud." *Mondo 2000,* 44–54.
Laurel, Brenda. 1991. *Computers as Theatre.* New York: Addison-Wesley.
Lenk, Klaus. 1997. "The Challenge of Cyberspatial Forms of Human Interaction to Territorial Governance and Policing." In *The Governance of Cyberspace,* ed. Brian Loader, 126–35. New York: Routledge.
Levinson, Paul. 1997. *The Soft Edge: From the Alphabet to the Internet and Beyond.* New York: Routledge.
Lévy, Pierre. 1995a. *Qu'est-ce que le virtuel?* Paris: La Decouverte.
———. 1995b. *Toward Superlanguage.* Available at http://www.uiah.fi/bookshop/isea_proc/nextgen/01.html.
———. 1997. *Collective Intelligence.* Trans. Robert Bonomo. New York: Plenum Press.
Levy, Steven. 1994. "The Battle of the Clipper Chip." *New York Times,* June 12, 44–51.
Lott, Eric. 1993. *Love and Theft: Blackface Minstrelsy and the American Working Class.* New York: Oxford.
Lovink, Geert. 1996. "Civil Society, Fanaticism, and Digital Reality: A Conversation with Slavoj Zizek." *CTheory: Theory, Technology, and Culture* 19: 1–2.
Lowe, Lisa. 1996. *Immigrant Acts.* Durham, N.C.: Duke University Press.
Lury, Celia. 1993. *Cultural Rights: Technology, Legality, and Personality.* New York: Routledge.
Lyon, David. 1994. *The Electronic Eye: The Rise of Surveillance Society.* Minneapolis: University of Minnesota Press.
Lyotard, Jean-François. 1984. *The Postmodern Condition: A Report on Knowledge.* Trans. Geoff Bennington and Brian Massumi. Minneapolis: University of Minnesota Press.
Maffésoli, Michel. 1988. *Le temps des tribus: Le déclin de l'individualisme dans les sociétés de masse.* Paris: Meridiens Klincksieck.
Malkki, Liisa. 1995. *Purity and Exile: Violence, Memory, and National Cosmology among Hutu Refugees in Tanzania.* Chicago: University of Chicago Press.
Manovich, Lev. 1994. *An Archeology of a Computer Screen.* Telepolis. Available at http://www-apparitions.ucsd.edu/~manovich/text/digital_nature.html.
Markley, Robert. 1996. "The Metaphysics of Cyberspace." In *Virtual Realities and Their Discontents,* ed. Robert Markley, 55–77. Baltimore, Md.: Johns Hopkins University Press.

Marvin, Carolyn. 1988. *When Old Technologies Were New: Thinking about Electric Communication in the Late Nineteenth Century.* New York: Oxford.

Marx, Karl. 1970. *A Contribution to the Critique of Political Economy: Introduction.* Trans. S. Ryazanskaya. New York: International.

Masten, Jeffrey, Peter Stallybrass, and Nancy Vickers, eds. 1997. *Language Machines: Technologies of Literary and Cultural Production.* New York: Routledge.

Mattson, Andrew, and Stephen Duncombe, eds. 1996. *Primary Documents.* Vol. 5.

McCabe, Heather. 1999. "The Net: Enemy of the State?" *Wired News,* August 12.

McClintock, Anne. 1995. *Imperial Leather: Race, Gender, and Sexuality in the Colonial Contest.* New York: Routledge.

McLuhan, Marshall. 1962. *The Gutenberg Galaxy.* Toronto: University of Toronto Press.

———. 1964. *Understanding Media: The Extensions of Man.* New York: McGraw-Hill.

McRobbie, Angela. 1994. *Postmodernism and Popular Culture.* New York: Routledge.

Meyrowitz, Joshua. 1985. *No Sense of Place: The Impact of Electronic Media on Social Behavior.* New York: Oxford University Press.

Miller, Greg. 1999. "Online Power Gives David a Little Leverage on Goliath." *Los Angeles Times,* February 1.

Miller, Greg, and Davan Maharaj. 1999. "Will Cyber Patents Stymie Hollywood Giants?" *Los Angeles Times,* September 13.

Miller, J. Hillis, and Manuel Asensi. 1999. *Black Holes: Cultural Memory in the Present.* Stanford, Calif.: Stanford University Press.

Miller, Nancy. 1982. "The Text's Heroine: A Feminist Critic and Her Fictions." *Diacritics* 12, no. 2 (May): 48–53.

Mitchell, Timothy. 1998. "Nationalism, Imperialism, Economism: A Comment on Habermas." *Public Culture* 10, no. 2: 417–24.

Mitchell, W. J. T. 1994. *Picture Theory.* Chicago: University of Chicago Press.

Mitchell, William J. 1994. *The Reconfigured Eye: Visual Truth in the Post-Photographic Era.* Boston: MIT Press.

———. 1997. *City of Bits.* Cambridge: MIT Press.

Monmaney, Terence. 1997. "Cult Targeted Web Sites for Abuse." *Los Angeles Times,* March 28.

Morely, David, and Kevin Robins. 1995. *Spaces of Identity: Global Media, Electronic Landscapes, and Cultural Boundaries.* New York: Routledge.

Morse, Margaret. 1998. *Virtualities: Television, Media Art, and Cyberculture.* Bloomington: Indiana University Press.

Moss, Mitchell. 1998. "Technology and Cities." *Cityscape* 3, no. 3: 107–27.

Moulthrop, Stuart. 1991. *Victory Garden: A Fiction.* Computer software. Eastgate Systems.

Mowshowitz, Abbe. 1992. "Virtual Feudalism: A Vision of Political Organization in the Information Age." *Information and the Public Sector* 2: 213–31.

Murray, Janet. 1997. *Hamlet on the Holodeck: The Future of Narrative in Cyberspace.* New York: Free Press.

Nakamura, Lisa. 1995. "Race in/for Cyberspace: Identity Tourism and Racial Passing on the Internet." *Works and Days* 13, no. 1–2: 181–93.

Nancy, Jean-Luc. 1991. *The Inoperative Community.* Trans. Peter Connor. Minneapolis: University of Minnesota Press.

Negroponte, Nicholas. 1995. *Being Digital*. New York: Knopf.
Negt, Oskar, and Alexander Kluge. 1993. *Public Sphere and Experience: Toward an Analysis of the Bourgeois and Proletarian Public Sphere*. Trans. Peter Labanyi, Jamie Owen Daniel, and Assenka Oksiloff. Minneapolis: University of Minnesota Press.
Nietzsche, Friedrich. 1986. *Human, All Too Human*. Trans. R. J. Hollingdale. Cambridge: Cambridge University Press.
Noble, David. 1977. *America by Design: Science, Technology, and the Rise of Corporate Capitalism*. New York: Knopf.
———. 1998. "Digital Diploma Mills: The Automation of Higher Education." *netWorker: The Craft of Network Computing* 2, no. 2: 9–14.
Nora, Pierre. 1989. "Between Memory and History: Les Lieux de Mémoire." *Representations* 26: 7–25.
———, ed. 1984. *Les lieux de mémoire*. 3 vols. Paris: Gallimard.
Nunes, Mark. 1995. "Baudrillard in Cyberspace: Internet, Virtuality, and Postmodernity." *Styles* 29: 314–27.
Okrent, Daniel. 1999. "Raising Kids Online: What Can Parents Do?" *Time*, May 10, 38–43.
Ong, Walter. 1982. *Orality and Literacy: Technologizing the Word*. New York: Routledge.
Pareles, Jon. 1998. "With a Click, a New Era of Music Dawns." *New York Times*, November 15.
Pavic, Milorad. 1988. *Dictionary of the Khazars: A Lexicon Novel*. New York: Vintage.
Pease, Donald. 1995. "Author." In *Critical Terms for Literary Study*, ed. Frank Lentricchia and Thomas McLaughlin, 106–9. Chicago: University of Chicago Press.
Peraino, Vito. 1999. "The Law of Increasing Returns." *Wired* 7, no. 8 (August): 144–45.
Perrolle, Judith. 1991. "Conversations and Trust in Computer Interfaces." In *Computerization and Controversy*, ed. Charles Dunlop and Rob Kling, 350–63. New York: Academic Press.
Perry, Richard. 1995. "The Logic of the Nation State." *Indiana Law Review* 28, no. 3: 551–74.
Philips, Chuck. 1999. "IBM Aims to Unplug Online Music Pirates." *Los Angeles Times*, February 8.
Plant, Sadie. 1995. "The Future Looms: Weaving Women and Cybernetics." *Body and Society* 1, nos. 3–4: 45–64.
———. 1996. "On the Matrix: Cyberfeminist Simulations." In *Cultures of Internet: Virtual Spaces, Real Histories, Living Bodies*, ed. Rob Shields, 170–83. London: Sage.
Polly, Jean Armour, and Steve Cisler. 1994. "Community Networks on the Internet." *Library*, June 15, 22–23.
Pomfret, John. 1999. "Frank Debate Surges on Internet Sites in China." *International Herald Tribune*, June 24.
Porush, David. 1998. "Telepathy: Alphabetic Consciousness and the Age of Cyborg Literacy." In *Virtual Futures: Cyberotics, Technology, and Post-Human Pragmatism*, ed. Joan Dixon and Eric Cassidy, 45–64. London: Routledge.
Poster, Mark. 1995. *The Second Media Age*. Cambridge: Blackwell.
———, ed. 1988. *Jean Baudrillard: Selected Writings*. Stanford, Calif.: Stanford University Press.
Postman, Neil. 1985. *Amusing Ourselves to Death*. New York: Penguin Books.

Quinby, Lee. 1994. *Anti-Apocalypse: Exercises in Genealogical Criticism.* Minneapolis: University of Minnesota Press.

Rajchman, John, ed. 1995. *The Identity in Question.* New York: Routledge.

Reeves, Byron, and Clifford Nass. 1996. *The Media Equation: How People Treat Computers, Television, and New Media Like Real People and Places.* New York: Cambridge University Press.

Reid, Elizabeth. 1992. "Electropolis: Communication and Community on Internet Relay Chat." *Intertek* 3, no. 3: 7–15.

———. 1994. "Virtual World: Culture and Imagination." In *Cybersociety,* ed. Steve Jones, 164–83. New York: Sage.

Renan, Ernest. 1996. "What Is a Nation?" In *Becoming National: A Reader,* ed. Geoff Eley and Ronald Suny, 42–55. New York: Oxford University Press.

Rorty, Richard. 1967. "Metaphysical Difficulties of Linguistic Philosophy." In *The Linguistic Turn: Recent Essays in Philosophical Method,* ed. Richard Rorty, 1–19. Chicago: University of Chicago Press.

Rose, Mark. 1993. *Authors and Owners: The Invention of Copyright.* Cambridge: Harvard University Press.

Rosenzweig, Roy. 1999. "AQ as Web-Zine: Responses to AQ's Experimental Online Issue." *American Quarterly* 51, no. 2: 237–46.

Ross, Kristin. 1995. *Fast Cars, Clean Bodies: Decolonization and the Reordering of French Culture.* Cambridge: MIT Press.

Rouse, Roger. 1991. "Mexican Migration and the Social Space of Postmodernism." *Diaspora* 1, no. 1: 8–23.

———. 1995. "Questions of Identity: Reflections on the Cultural Politics of Personhood and Collectivity in Transnational Migration to the United States." *Critique of Anthropology* 15, no. 4: 351–80.

Rutsky, R. L. 1999. *High Technē: Art and Technology from the Machine Aesthetic to the Posthuman.* Minneapolis: University of Minnesota Press.

Ryan, Marie-Laure. 1994. "Immersion vs. Interactivity: Virtual Reality and Literary Theory." *Postmodern Culture* 5.

———, ed. 1999. *Cyberspace Textuality: Computer Technology and Literary Theory.* Bloomington: Indiana University Press.

Saco, Diana. 2002. *Cybering Democracy: Public Space and the Internet.* Minneapolis: University of Minnesota Press.

Samuelson, Pamela. 1992. "Some New Kinds of Authorship Made Possible by Computers and Some Intellectual Property Questions They Raise." *University of Pittsburgh Law Review* 53: 685–704.

———. 1997. "Big Media Beaten Back." *Wired* 5, no. 3: 61 ff.

Sassen, Saskia. 1997. "Electronic Space and Power." *Journal of Urban Technology* 4, no. 1: 1–17.

———. 1998. *Globalization and Its Discontents.* New York: New Press.

Schiller, Dan. 1999. *Digital Capitalism: Networking the Global Market System.* Cambridge: MIT Press.

Schwartz, Hillel. 1996. *The Culture of the Copy: Striking Likenesses, Unreasonable Facsimiles.* New York: Zone.

Serpentelli, Jill. 1995. *Conversational Structure and Personality Correlates of Electronic Communication.* Available at ftp.parc.xerox.com in/pub/Moo/Papers.

Silberman, Steve. 1998. "Ex Libris: The Joys of Curling Up with a Good Digital Reading Device." *Wired* 6, no. 7: 98 ff.
Smiley, Jane. 1995. *Moo*. New York: Knopf.
Snider, Mike. 2000. "Media vs. Web in Digital Copyright War." *USA Today*, February 17, A1.
Stalder, Felix. 1998. "The Network Paradigm: Social Formations in the Age of Information." *Information Society* 14, no. 4: 301–8.
Stallabrass, Julian. 1995. "Empowering Technology: The Exploration of Cyberspace." *New Left Review* 211 (May–June): 3–32.
Stocker, Gerfried, and Christine Schöpf, eds. 1997. *Fleshfactor: Informationsmachine Mensch*. Vienna: Springer-Verlag.
Stoler, Ann Laura. 1995. *Race and the Education of Desire: Foucault's History of Sexuality and the Colonial Order of Things*. Durham, N.C.: Duke University Press.
Stone, Allucquere Rosanne. 1995. *The War of Desire and Technology at the Close of the Mechanical Age*. Cambridge: MIT Press.
Streeter, Thomas. 1996. *Selling the Air: A Critique of the Policy of Commercial Broadcasting in the United States*. Chicago: University of Chicago Press.
Tapscott, Don. 1996. *The Digital Economy: Promise and Peril in the Age of Networked Intelligence*. New York: McGraw-Hill.
Taylor, Jon. 1994. *Electronic Frontiers Japan* 1:206.
Thompson, John. 1996. *The Media and Modernity*. London: Polity.
Tocqueville, Alexis de. 1955. *The Old Regime and the French Revolution*. Trans. Stuart Gilbert. Garden City: Doubleday.
Tomlinson, John. 1999. *Globalization and Culture*. Chicago: Chicago University Press.
Turkle, Sherry. 1995. *Life on the Screen: Identity in the Age of the Internet*. New York: Simon and Schuster.
———. 1998. "Cyborg Babies and Cy-Dough-Plasm." In *Cyborg Babies: From Techno-Sex to Techno-Tots*, ed. Robbie Dumit and Joseph Davis-Floyd, 317–29. New York: Routledge.
Van Gelder, Lindsy. 1991. "The Strange Case of the Electronic Lover." In *Computerization and Controversy*, ed. Charles Dunlop and Rob Kling, 364–75. New York: Academic Press.
Vankin, Jonathan. 1999. "Downloading the Future: The MP3 Revolution—the End of the Industry as We Know It." *LA Weekly*, March 26–April 1, 36, 38, 40.
Virilio, Paul. 1986. *Speed and Politics: An Essay on Dromology*. Trans. Mark Polizzotti. New York: Semiotext(e).
———. 1989. *War and Cinema: The Logistics of Perception*. Trans. Patrick Camiller. New York: Verso.
———. 1993. "The Third Interval: A Critical Transition." In *Rethinking Technologies*, ed. Verena Conley. Minneapolis: University of Minnesota Press.
———. 1994. *The Vision Machine*. Trans. Julie Rose. Bloomington: Indiana University Press.
———. 1995. *La vitesse de libération*. Paris: Galilée.
Wakeford, Nina. 1997. "Cyberqueer." In *Lesbian and Gay Studies: A Critical Introduction*, ed. Andy Medhurst and Sally Munt, 20–38. London: Cassell.
Waldstreicher, David. 1995. "Rites of Rebellion, Rites of Assent: Celebrations, Print Culture, and the Origins of American Nationalism." *Journal of American History* 82, no. 1 (June): 37–61.

Wallace, Amy. 1999. "Can Studios Tame the Net?" *Los Angeles Times Calendar,* May 16, 3, 18–22.

Walters, Suzanna Danuta. 1996. "From Here to Queer: Radical Feminism, Postmodernism, and the Lesbian Menace (or, Why Can't a Woman Be More Like a Fag?" *Signs* 21, no. 4: 830–69.

Ward, Todd, and Irene Taylor, eds. 1998. *Literacy Theory in the Age of the Internet.* New York: Columbia University Press.

Warner, Michael. 1992. *The Letters of the Republic: Publication and the Public Sphere in Eighteenth-Century America.* Cambridge: Harvard University Press.

Weber, Samuel. 1995a. "Humanitarian Interventions in the Age of the Media." *suitcase* 1, nos. 1–2: 130–45.

———. 1995b. *Mass Mediauras: Essays on Form, Technics, and Media.* Stanford, Calif.: Stanford University Press.

Weiss, Kenneth. 1998. "Wary Academia Eyes Cyberspace." *Los Angeles Times*, March 31.

Wiener, Norbert. 1950. *The Human Use of Human Beings: Cybernetics and Society.* New York: Doubleday.

Wilden, Anthony. 1972. *System and Structure: Essays in Communication and Exchange.* London: Tavistock.

Woodward, Kathryn, ed. 1997. *Identity and Difference.* London: Sage.

Yúdice, George. 1992. "We Are Not the World." *Social Text* 31/32: 202–16.

Zack, Ian. 1998. "Universities Finding a Sharp Rise in Computer-Aided Cheating." *Los Angeles Times,* September 23.

Zimmerman, Michael. 1990. *Heidegger's Confrontation with Modernity: Technology, Politics, and Art.* Bloomington: Indiana University Press.

Zuboff, Shoshana. 1988. *In the Age of the Smart Machine: The Future of Work and Power.* New York: Basic Books.

INDEX
（原文索引）

Aarseth, Espen, 96, 191, 194
Adorno, Theodor, 14, 90, 194
Alberti, Leon Battista, 99
Allende, Salvador, 113
Althusser, Louis, 17
Anderson, Benedict, 122–23
Appadurai, Arjun, 103
Appiah, Kwame, 193
Assheuer, Thomas, 193
Aycock, Alan, 190

Balibar, Étienne, 120, 192
Balsamo, Anne, 191
Barker, Francis, 142
Barthes, Roland, 66, 99, 188, 196
Baudrillard, Jean, 14, 16, 20, 23–27, 113–15, 118, 132–37, 140, 161, 192–94
Bayard, Caroline, 193
Benjamin, Walter, 63–64, 93, 153, 188, 194, 196
Bentham, Jeremy, 155–57
Bhabha, Homi, 194
Bolter, Jay, 55–56, 94
Boyle, James, 190
Braidotti, Rosi, 128
Briggs, Charles F., 151
Brown, Wendy, 116
Browning, John, 62
Bryson, Norman, 98
Bunn, Austin, 52

Burnett, Kathleen, 196
Bush, Vannevar, 95
Butler, Judith, 72–74, 191
Byrne, David, 171

Campbell, K. K., 195
Case, Sue Ellen, 75–76, 190–91, 195
Castells, Manuel, 7–9, 56, 102, 189
Certeau, Michel de, 153, 161, 194
Cheah, Pheng, 103
Cherny, Lynn, 195
Chesher, Chris, 131, 189
Chow, Rey, 149–50
Cisler, Steve, 175
Clastres, Pierre, 192
Clough, Michael, 192
Clough, Patricia, 5
Comolli, Jean-Louis, 191
Condorcet, Marie-Jean-Antoine Nicolas de Caritat, 22, 66
Coombe, Rosemary, 90
Cooper, Simon, 189
Coyne, Richard, 189
Crary, Jonathan, 130
Curtis, Pavel, 196

Dahlburg, John-Thor, 111
Debrix, François, 193
Deibert, Ronald, 104
De Landa, Manuel, 37

Deleuze, Gilles, 27, 113, 145, 164
DeLillo, Don, 39, 58
Der Derian, James, 193
Derrida, Jacques, 20, 59, 73, 132, 138–46, 189–90, 193–94
Descartes, René, 6, 13, 36, 120
Diamond, Irene, 71
Diderot, Denis, 22
Dole, Bob, 105
Dreyfus, Hubert, 34
Dror, Moshe, 194
Ducrot, Oswald, 81
Du Gay, Paul, 193
Duncombe, Stephen, 192

Ebo, Bosah, 3
Ellul, Jacques, 22–23
Erikson, Erik, 6–7, 194
Eshman, Robert, 194

Fanning, Shawn, 50
Farley, Maggie, 111
Feenberg, Andrew, 22
Felski, Rita, 179–80
Flusser, Vilém, 83, 85, 192
Foote, Donna, 192
Ford, Henry, 43
Foucault, Michel, 5, 16, 20, 28, 65–73, 87, 93, 99, 118, 145, 165, 190
Fourier, Charles, 162
Fox-Genovese, Elizabeth, 191
Fraser, Nancy, 179, 181, 195
Freud, Sigmund, 142
Friedman, Jonathan, 193
Frissen, Paul, 127

Galbraith, John Kenneth, 41
Gates, Bill, 44
Gates, Henry, 193
Gellner, Ernest, 192
Gibson, William, 99
Gingrich, Newt, 192
Goldberg, Jonathan, 87
Golding, Sue, 143
Goldmann, Lucien, 73
Gordon, Joshua, 192
Gore, Al, 112, 192
Graham, Philip, 56–57

Grossberg, Lawrence, 194
Grosz, Elizabeth, 191
Grusin, David, 55–56
Guattari, Félix, 26–27, 36, 113
Guéhenno, Jean-Marie, 101
Gumbrecht, Hans Ulrich, 196
Gurak, Laura, 173
Gutenberg, Johann, 81, 88

Habermas, Jürgen, 115–16, 121–22, 179–82, 192, 195
Halbert, Debora, 195
Hall, Stuart, 125, 193
Hamilton, Walter, 45
Hansen, Miriam, 179
Haraway, Donna, 10, 95
Harmon, Amy, 46, 110, 117
Harris, David, 50
Hartley, John, 178, 195
Hartsock, Nancy, 70–72
Hayles, Katherine, 74, 82, 94–95, 135, 137, 195
Heidegger, Martin, 19, 25, 27–36, 189, 195
Heim, Michael, 99, 130, 194
Herring, Susan, 195
Hillis, Ken, 131
Hiltzik, Michael, 45
Hobart, Michael, 5
Holmes, David, 130
Hotz, Robert Lee, 192
Huffstutter, P. J., 54

Ihde, Don, 195
Irigaray, Luce, 72

Jackson, Shelly, 94
Jameson, Fredric, 9–10, 117, 135, 144
Jaszi, Martha, 190
Jay, Martin, 40
Johns, Adrian, 87–89
Johnston, John, 83, 191
Joyce, Michael, 94
Joyrich, Lynne, 10–11
Judaken, Jonathan, 194

Keep, C. J., 135
Kiesler, Sara, 196

King, Rodney, 74
Kirshenblatt-Gimblett, Barbara, 168
Kluge, Alexander, 179–80, 195
Knight, Graham, 193
Kollock, Peter, 57
Krapp, Peter, 193
Kutler, Friedrich, 82–85, 191

Lacan, Jacques, 157
Laclau, Ernesto, 145, 174, 193–94
Lacoue-Labarthe, Philippe, 173
Landes, Joan, 195
Landow, George, 94
Lang, Michael, 194
Lanham, Richard, 94
Lanier, Jaron, 130
Laurel, Brenda, 37
Lenk, Klaus, 105
Levinson, Paul, 191
Lévy, Pierre, 18, 26–27, 126, 164, 169, 195
Liebeskind, Daniel, 99
Lott, Eric, 194
Lovink, Geert, 155–56, 194
Lowe, Lisa, 148–49, 193
Lury, Celia, 86, 90
Luther, Martin, 17
Lyon, David, 195
Lyotard, Jean-François, 9–10, 179

Madonna, 135
Maffésoli, Michel, 161–63
Malkki, Liisa, 2
Manovich, Lev, 193
Markley, Robert, 55–56
Marvin, Carolyn, 192
Marx, Karl, 17, 49–50, 66, 78, 116, 124, 134, 139, 143, 181
Masten, Jeffrey, 191
Mattson, Andrew, 192
Maverick, Augustus, 151
McCabe, Heather, 189
McClintock, Anne, 71
McGuire, Timothy, 196
McLuhan, Marshall, 23–24, 91, 116, 126, 136, 151, 161–63, 191
McRobbie, Angela, 4
McVeigh, Timothy, 105
Metter, Michael, 191

Meyrowitz, Joshua, 141
Miller, Greg, 45, 190
Miller, J. Hillis, 194
Miller, Nancy, 70
Mitchell, Timothy, 116
Mitchell, William, 98–99
Monmaney, Terence, 101
Morely, David, 104
Morse, Margaret, 4
Moss, Mitchell, 102
Moulthrop, Stuart, 94
Mowshowitz, Abbe, 102, 192
Murray, Janet, 94

Nancy, Jean-Luc, 173
Nakamura, Lisa, 194, 196
Nass, Clifford, 11
Negroponte, Nicholas, 192
Negt, Oskar, 179–80, 195
Nelson, Carey, 194
Nichols, David, 196
Nietzsche, Friedrich, 5, 13, 66, 87, 144–45, 152
Noble, David, 41, 60–61
Nora, Pierre, 158–62, 166–67
Nunes, Mark, 132

Okrent, Daniel, 110
Ong, Walter, 191

Pareles, Jon, 48
Pascal, Blaise, 22
Pavic, Milorad, 94
Pease, Donald, 190
Peraino, Vito, 52
Perot, Ross, 192
Perrolle, Judith, 182
Philips, Chuck, 52
Plant, Sadie, 195
Polly, Jean Armour, 175
Pomfret, John, 112
Porush, David, 81
Poster, Mark, 133, 194
Postman, Neil, 14
Quinby, Lee, 71, 190

Rajchman, John, 193
Rancière, Jacques, 194

Reagan, Ronald, 1
Reeves, Byron, 11
Reid, Elizabeth, 195–96
Renan, Ernest, 192
Ricardo, David, 181
Robbins, Bruce, 103
Robins, Kevin, 104
Robertson, Pat, 131
Rorty, Richard, 40
Rose, Mark, 65, 191
Rosenberg, Joel, 194
Rosenzweig, Roy, 95
Ross, Kristin, 192
Rouse, Roger, 103, 194
Rutsky, R. L., 189
Ryan, Marie-Laure, 94, 136–37, 195

Saco, Diana, 193
Samuelson, Pamela, 62, 94
Sassen, Saskia, 120
Schiffman, Zachary, 5
Schiller, Dan, 56
Schöpf, Christine, 190
Schwartz, Hillel, 190
Scott, Joan, 194
Serpentelli, Jill, 195
Shakespeare, William, 142
Shelley, Mary, 94
Siegel, Jane, 196
Silberman, Steve, 91
Smiley, Jane, 191
Snider, Mike, 63
Stalder, Felix, 189
Stallabrass, Julian, 131
Stallybrass, Peter, 191
Stern, Lawrence, 99
Stivale, Charles, 196
Stocker, Gerfried, 190
Stoler, Ann Laura, 71
Stone, Sandy, 60, 74, 99
Streeter, Thomas, 62

Tapscott, Don, 41–43
Taylor, Irene, 191
Taylor, Jon, 192
Teilhard de Chardin, Pierre, 126, 150, 169
Thatcher, Margaret, 155
Thibaut, Claude, 113
Thompson, John, 192
Tocqueville, Alexis de, 119, 192
Todorov, Tzvetan, 81
Tomlinson, John, 104
Torvald, Linux, 50
Trollope, Anthony, 194
Turkle, Sherry, 12, 189

Valenti, Jack, 63
Van Gelder, Lindsy, 185
Vankin, Jonathan, 52
Vickers, Nancy, 191
Virilio, Paul, 23–26, 113–15, 161, 178, 182, 194

Wagner, Richard, 143
Wakeford, Nina, 195
Waldstreicher, David, 192
Wallace, Amy, 53
Walters, Suzanna, 191
Ward, Todd, 191
Warhol, Andy, 124, 135
Warner, Michael, 123, 125, 194
Weber, Samuel, 189, 193–94
Weiss, Kenneth, 60
Wiegman, Robyn, 192
Wiener, Norbert, 35
Wilden, Anthony, 191
Williams, Linda, 194
Woodmansee, Peter, 190
Woodward, Kathryn, 193

Yúdice, George, 49

Zack, Ian, 60
Zimmerman, Michael, 189
Žižek, Slavoj, 155–58
Zuboff, Shoshana, 22